Bundes-kleingartengesetz

Textsammlung

bearbeitet von
Dr. Lorenz Mainczyk
Ministerialrat i.R., vormals Bundesministerium
für Raumordnung, Bauwesen und Städtebau,
Rechtsanwalt, Bonn

7. Auflage, Stand: Januar 2015

::rehm

Bibliografische Information der Deutschen Nationalbibliothek

Die Deutsche Nationalbibliothek verzeichnet diese Publikation
in der Deutschen Nationalbibliografie;
detaillierte bibliografische Daten sind im Internet
über http://dnb.d-nb.de abrufbar.

Bei der Herstellung des Buches haben wir uns zukunftsbewusst für
umweltverträgliche und wiederverwertbare Materialien entschieden.
Der Inhalt ist auf elementar chlorfreiem Papier gedruckt.

ISBN 978-3-8073-0470-0

E-Mail: kundenbetreuung@hjr-verlag.de

Telefon: +49 89/2183-7928
Telefax: +49 89/2183-7620

© ::rehm, eine Marke der Verlagsgruppe Hüthig Jehle Rehm GmbH

www.rehmnetz.de

Dieses Werk, einschließlich aller seiner Teile, ist urheberrechtlich
geschützt. Jede Verwertung außerhalb der engen Grenzen des
Urheberrechtsgesetzes ist ohne Zustimmung des Verlags unzulässig
und strafbar. Dies gilt insbesondere für Vervielfältigungen,
Übersetzungen, Mikroverfilmungen und die Einspeicherung
und Verarbeitung in elektronischen Systemen.

Satz: TypoScript GmbH, München
Druck: CPI Clausen & Bosse, Leck

Vorwort zur 7. Auflage

Nachdem die 6. Auflage vergriffen ist, wurde eine Neuauflage der Textsammlung erforderlich. Aufbau, Gliederung und Auswahl der Gesetze und anderen Vorschriften bleiben unverändert. Die nach Erscheinen der 6. Auflage eingetretenen Rechtsänderungen der in die Sammlung aufgenommenen Bestimmungen wurden in der vorliegenden Auflage berücksichtigt. Aktualisiert wurden insoweit z. B. die für das Kleingartenwesen bzw. die Kleingärtnerorganisationen relevanten Regelungen des BGB über die Haftung des Vereins für Organe sowie über die Haftung von Organmitgliedern und besonderen Vertretern und über die Haftung von Vereinsmitgliedern. Im Bereich des BauGB wurden u. a. die zuletzt geänderten Vorschriften über die Bauleitplanung, über die Zulässigkeit von Vorhaben und schließlich über die Gutachterausschüsse in die Textsammlung übernommen.

Die Fundstellen der Bauordnungen der Länder einschließlich der Rechts- und Verwaltungsvorschriften der Länder zum BKleingG wurden ebenfalls aktualisiert.

Die Gesetze bzw. Vorschriften der ehemaligen DDR, wie das ZGB und das BewertungsG von 1970 sowie das noch im Hinblick auf die Überleitung von Kleingärtnerorganisationen als Zwischenpächter in der damaligen DDR relevante Vereinigungsgesetz von 1990 wurden in der Textsammlung beibehalten. Das fortgeltende VeränderungsG wurde ebenfalls abgedruckt.

Die auf den aktuellen Stand gebrachte Textsammlung soll allen am Kleingartenrecht Interessierten eine zuverlässige Hilfe und Kurzinformation zum geltenden Kleingartenrecht und den Nebengesetzen an die Hand geben.

Bonn, Januar 2015   Der Verfasser

Inhaltsverzeichnis

Seite

Vorwort zur 7. Auflage V
Abkürzungsverzeichnis XI

Einleitung 1
1. Anwendungsbereich 1
1.1 Kleingartenbegriff 1
1.2 Abgrenzung von anderen ähnlichen Nutzungsarten 2
1.3 Dauerkleingärten 3
1.4 Eigenheime und vergleichbare Baulichkeiten in Kleingartenanlagen 4
2. Gartenlauben und ihre Nutzung 5
3. Kleingartenpachtverträge 6
3.1 Gestufte Pachtverhältnisse (Zwischenpacht) 7
3.2 Kleingärtnerische Gemeinnützigkeit 7
3.3 Vertragsdauer 8
3.4 Pachtzins und Nebenleistungen 9

    3.4.1 Pachtobergrenze 9

    3.4.2 Zwischenpächterzuschlag 10

    3.4.3 Ermittlung des Pachtzinses und Anpassung an den Höchstpachtzins 10

    3.4.4 Erstattung der Aufwendungen des Verpächters für die Kleingartenanlage 11

    3.4.5 Kostenüberwälzung der öffentlich-rechtlichen Lasten auf die Kleingärtner 12

        a) Grundsteuer 13

        b) Beiträge 13

        c) Gebühren 14

	Seite
3.5 Kündigung	14
3.5.1 Fristlose Kündigung	14
3.5.2 Ordentliche Kündigung	14
a) Nicht unerhebliche Pflichtverletzungen	15
b) Neuordnung der Kleingartenanlage	16
c) Eigenbedarfskündigung	16
d) Andere wirtschaftliche Verwertung	17
e) Planverwirklichung	17
3.5.3 Kündigungsfrist	18
3.5.4 Kündigung von Zwischenpachtverträgen	18
3.6 Kündigungsentschädigung	19
4. Bereitstellung und Beschaffung von Ersatzland	20
5. Zwangsweise Begründung in Pachtverhältnissen	21
6. Überleitung der Kleingartenpachtverträge in den alten Ländern bei Inkrafttreten des BKleingG	21
7. Überleitungs- und Sonderregelungen in den neuen Ländern	22
7.1 Überleitung der Kleingartennutzungsverhältnisse	22
7.2 Eigentum an baulichen Anlagen in Kleingärten	23
7.3 Kleingartenpachtverträge über gemeindeeigene und sonstige Grundstücke	24
7.4 Zwischenpachtprivileg	24
7.5 Pachtzinsen	25
7.6 Bestandsschutz	25
7.7 Neuregelung der Zwischenpachtverhältnisse/ Vertragseintritt des Grundstückseigentümers	25

Inhaltsverzeichnis

	Seite
Gesetzestexte	27

1. Bundeskleingartengesetz (BKleinG) 27
2. Gesetz zur Änderung des Bundeskleingartengesetzes (BKleingÄndG) 40
3. Gesetz zur Änderung schuldrechtlicher Bestimmungen im Beitrittsgebiet (Schuldrechtsänderungsgesetz – SchuldRÄndG) – Auszug 42
4. Bürgerliches Gesetzbuch (BGB) – Auszug – 48
5. Einführungsgesetz zum Bürgerlichen Gesetzbuche (EGBGB) – Auszug 94
6. Gesetz zur Sachenrechtsbereinigung im Beitrittsgebiet (Sachenrechtsbereinigungsgesetz – SachenRBerG) – Auszug 109
7. Baugesetzbuch (BauGB) – Auszug 117
8. Gesetz über Naturschutz und Landschaftspflege (Bundesnaturschutzgesetz – BNatSchG) – Auszug 166
9a. Bewertungsgesetz (BewG) – Auszug 174
9b. Bewertungsgesetz (BewG) DDR – Auszug 179
10. Grundsteuergesetz (GrStG) – Auszug 182
11. Gesetz zur Regelung offener Vermögensfragen (Vermögensgesetz – VermG) – Auszug 188
12. Zivilgesetzbuch (ZGB) der ehemaligen DDR – Auszug 200
13. Gesetz über Vereinigungen (Vereinigungsgesetz) DDR 207
14. Erste Durchführungsverordnung zum Vereinigungsgesetz DDR 219

Anhang 225

1. Bauordnungen der Länder – Übersicht 225
2. Bauordnung für das Land Nordrhein-Westfalen (BauO NRW) – Auszug 227
3. Rechts- und Verwaltungsvorschriften der Länder zum Kleingartenrecht – Übersicht 239

Stichwortverzeichnis 247

Abkürzungsverzeichnis

Abs.	Absatz
a. F.	alte Fassung
ABl	Amtsblatt
AG	Amtsgericht
Art.	Artikel
BauGB	Baugesetzbuch
BauNVO	Baunutzungsverordnung
BauO	Bauordnung
BauR	Baurecht, Zeitschrift für das gesamte öffentliche und private Baurecht (Jahr, Seite)
BauROG	Bau- und Raumordnungsgesetz
BauZVO	Verordnung zur Sicherung einer geordneten städtebaulichen Entwicklung und der Investitionen in den Gemeinden (Bauplanungs- und Zulassungsverordnung) vom 20.6.1990 – GBl I DDR S. 739 –
BayBO	Bayerische Bauordnung
BDG	Bundesverband Deutscher Gartenfreunde
BewG	Bewertungsgesetz
BFH	Bundesfinanzhof
BGB	Bürgerliches Gesetzbuch
BGBl	Bundesgesetzblatt
BGH	Bundesgerichtshof
BGHZ	Entscheidungen des BGH in Zivilsachen
BKleingÄndG	Gesetz zur Änderung des Bundeskleingartengesetzes
BKleingG	Bundeskleingartengesetz
BMBau	Bundesministerium für Raumordnung, Bauwesen und Städtebau
BR	Bundesrat
BStBl	Bundessteuerblatt
BT-Drs.	Bundestags-Drucksache
BVerfG	Bundesverfassungsgericht
DVBl	Deutsches Verwaltungsblatt (Jahr, Seite)

Abkürzungsverzeichnis

EGBGB	Einführungsgesetz zum Bürgerlichen Gesetzbuch
EGZGB	Einführungsgesetz zum Zivilgesetzbuch
ff.	fortfolgende
GBl	Gesetzblatt
GG	Grundgesetz
GMBl	Gemeinsames Ministerialblatt
GVBl	Gesetz- und Verordnungsblatt
i. d. F.	in der Fassung
KAG	Kommunalabgabengesetz
KGO	Kleingarten- und Kleinpachtlandordnung vom 31.7.1919
LandAnpG	Landwirtschaftsanpassungsgesetz
LG	Landgericht
LPG	Landwirtschaftliche Produktionsgenossenschaft
MinBl (MBl)	Ministerialblatt
NJ	Neue Justiz, Zeitschrift für Rechtsentwicklung und Rechtsprechung in den Neuen Ländern
NJW	Neue Juristische Wochenschrift
Nr.	Nummer
n. v.	nicht veröffentlicht
NW	Nordrhein-Westfalen
OLG	Oberlandesgericht
OVG	Oberverwaltungsgericht
Rn.	Randnummer
s.	siehe
S.	Seite
SchuldRAnpG	Schuldrechtsanpassungsgesetz
SchuldRÄndG	Schuldrechtsänderungsgesetz
StAnz	Staatsanzeiger
Urt.	Urteil
VermG	Vermögensgesetz, Gesetz zur Regelung offener Vermögensfragen
VGH	Verwaltungsgerichtshof
vgl.	vergleiche

VKSK	Verband der Kleingärtner, Siedler und Kleintierzüchter (in der ehemaligen DDR)
V/VO	Verordnung
z. B.	zum Beispiel
ZGB	Zivilgesetzbuch der ehemaligen DDR
ZOV	Zeitschrift für offene Vermögensfragen
ZPO	Zivilprozessordnung

Einleitung

1. Anwendungsbereich

Das Bundeskleingartengesetz (BKleingG) ist Sonderrecht. Es ist ein in sich geschlossenes, stark vom öffentlichen Recht her bestimmtes einheitliches Rechtsgebiet und findet nur auf Pachtverträge über Kleingärten i. S. dieses Gesetzes Anwendung. Was ein Kleingarten i. S. d. Gesetzes ist, ergibt sich aus den Bestimmungen des § 1 BKleingG.

1.1 Kleingartenbegriff

Nach § 1 Abs. 1 BKleingG ist ein Kleingarten eine Grundstücksfläche, die dem Nutzer (Kleingärtner) zur nichterwerbsmäßigen gärtnerischen Nutzung, insbesondere zur Gewinnung von Gartenbauerzeugnissen für den Eigenbedarf und zur Erholung auf Grund eines schuldrechtlichen Vertrages – in der Regel eines Pachtvertrages – überlassen worden ist (kleingärtnerische Nutzung) und die in einer Anlage liegt, in der mehrere Einzelgärten mit gemeinschaftlichen Einrichtungen, z. B. Wegen, Spielflächen, Vereinshäusern zusammengefasst sind (Kleingartenanlage). Wesensmerkmal des Kleingartens ist die Nutzung fremden Landes (BVerfGE 52, 1, 32). Diese Begriffsmerkmale grenzen den Kleingarten gegenüber anderen Formen der gärtnerischen Nutzung ab.

(1) Kleingärtnerische Nutzung

Die nichterwerbsmäßige gärtnerische Nutzung ist ein zentrales Merkmal des Kleingartens. Sie umfasst die Erzeugung von Obst, Gemüse und anderen Früchten durch Selbstarbeit des Kleingärtners oder seiner Familienangehörigen. Kennzeichnend für diese Nutzungsart ist die Vielfalt der Gartenbauerzeugnisse, die zumindest teilweise für mehrere Jahre angelegt sein muss (BGH, VIZ 2000, 149). Sie ist eine zwingende Voraussetzung der Kleingarteneigenschaft. Zweites Element der kleingärtnerischen Nutzung ist die Erholungsfunktion des Kleingartens. Erholung i. S. d. BKleingG ist sowohl die gärtnerische Betätigung als auch Ruhe und Entspannung. Die Gartenfläche darf also, wenn es ein Kleingarten sein soll, nicht allein aus Rasenbewuchs und Zierbepflanzung bestehen. Die Gewinnung von Gartenbauerzeugnissen ist ein notwendiges prägendes Merkmal des Kleingartens (BGH, U. v. 14.6.2004 – III ZR 281/03).

(2) Kleingartenanlage

Der Garten muss ferner, um ein Kleingarten i. S. d. BKleingG zu sein, in einer Anlage liegen, in der mehrere Einzelgärten – die absolute

Untergrenze liegt nach dem BGH bei fünf Pachtparzellen (U. v. 27.10.2005 – III ZR 31/05) – mit gemeinschaftlichen Einrichtungen zusammengefasst sind. Das Gesetz nennt als Gemeinschaftseinrichtungen beispielhaft Wege, Spielflächen und Vereinshäuser. Jede dieser Einrichtungen genügt, um die Eigenschaft „Kleingartenanlage" zu begründen. Ein schmaler kurzer Stichweg ist allerdings keine gemeinschaftliche Einrichtung (BGH a.a.O.). Kleingärtnerisch genutzte Flächen außerhalb einer Kleingartenanlage sind keine Kleingärten i. S. des BKleingG.

Der Kleingartencharakter einer Anlage setzt nach der Rechtsprechung des BGH darüber hinaus voraus, dass in der Regel wenigstens ein Drittel der Fläche zum Anbau von Gartenerzeugnissen für den Eigenbedarf genutzt wird (BGH, NJW-RR 2004, 1241). Abweichungen vom Regelfall können sich aus der Größe der Kleingartenanlage mit flächenmäßig großzügigen Gemeinschaftseinrichtungen ergeben, z. B. bei sog. Kleingartenparks.

(3) Baulichkeiten

Für die rechtliche Einordnung einer Anlage spielen auch die Beschaffenheit und die Art der Nutzung der auf den Parzellen befindlichen Baulichkeiten eine wesentliche Rolle. S. hierzu Nr. 1.4.

1.2 Abgrenzung von anderen ähnlichen Nutzungsarten

Nach § 1 Abs. 2 Nr. 1 BKleingG sind Eigentümergärten keine Kleingärten. Gemeint sind hiermit Gärten, die Eigentümer der Kleingartenanlage oder der Gartenfläche selbst nutzen oder durch die Familienangehörigen nutzen lassen. Keine Kleingärten sind ferner Wohnungsgärten und Arbeitnehmergärten. Die Rechtsverhältnisse dieser Gärten richten sich nach den für das Hauptvertragsverhältnis geltenden Vorschriften.

Charakteristisch für die kleingärtnerische Nutzung ist der Anbau verschiedener Kulturen. Grundstücke, auf denen vertraglich nur bestimmte Erzeugnisse angebaut werden dürfen, sind daher keine Kleingärten, z. B. Obstplantagen. Ebenfalls keine Kleingärten sind Grundstücksflächen, die vertraglich nur mit einjährigen Pflanzen bestellt werden dürfen (Grabeland).

Abzugrenzen sind auch Kleingartenanlagen von anderen Gartenkomplexen, z. B. von Freizeit- und Erholungsanlagen. Eine Kleingartenanlage i. S. des BKleingG liegt nur dann vor, wenn die Nutzung der Parzellen zur Gewinnung von Gartenbauerzeugnissen den Charakter der Anlage maßgeblich prägt. In der Regel ist die Kleingarteneigenschaft anzunehmen, wenn ein Drittel der Gesamtfläche der Anlage für den

Anbau von Obst, Gemüse und anderen Früchten verwendet wird. In Einzelfällen wird diese Grenze unterschritten werden, wenn z. B. die Kleingartenanlage oder die Einzelgärten atypisch groß sind (Kleingartenparks) oder sonstige Besonderheiten vorliegen (Topographie, Bodenqualität u. Ä.).

Die Wochenendsiedlergärten in den neuen Ländern sind ebenfalls keine Kleingärten i. S. d. BKleingG. Hierbei handelt es sich um Grundstücksflächen, die der Erholung und Freizeitgestaltung dienen und mit den dieser Zweckbestimmung dienenden Baulichkeiten (Datschen, Bungalow) bebaubar waren. Nach der Ordnung für Wochenendsiedlungen des Verbandes für Kleingärtner, Siedler und Kleintierzüchter (VKSK) in der ehemaligen DDR (B des Präsidiums des Zentralvorstandes vom 21.6.1985) waren lediglich die Möglichkeiten zur Erzeugung von Obst und Gemüse zu nutzen. Diese Vertragsverhältnisse sind durch das Schuldrechtsanpassungsgesetz (SchuldRAnpG) – Art. 1 des Schuldrechtsänderungsgesetzes – gesetzlich neu geregelt worden.

1.3 Dauerkleingärten

Dauerkleingärten sind nach § 1 Abs. 3 BKleingG Kleingärten auf einer Fläche, die im Bebauungsplan für Kleingärten festgesetzt ist (§ 9 Abs. 1 Nr. 15 BauGB). Im Flächennutzungsplan ausgewiesene „Dauerkleingärten" (§ 5 Abs. 2 Nr. 5 BauGB) sind keine Dauerkleingärten i. S. d. BKleingG. Der kleingartenrechtliche Begriff „Dauerkleingärten" und der gleiche Begriff im Baugesetzbuch sind nicht deckungsgleich. Gemeinsam ist dem bauplanungsrechtlichen und kleingartenrechtlichen Begriff, dass hierunter nur solche kleingärtnerisch genutzte Flächen fallen, die auf Grund von Pacht- oder ähnlichen Verträgen bewirtschaftet werden.

Die Differenzierung des BKleingG zwischen Dauerkleingärten und anderen Kleingärten ergibt sich aus der rechtlichen Natur des Bebauungsplans. Der Bebauungsplan ist Ortsgesetz. Er wird von der Gemeinde als Satzung beschlossen und enthält die rechtsverbindlichen Festsetzungen für die städtebauliche Ordnung und Entwicklung in einem Teil der Gemeinde. Der Bebauungsplan hat daher Rechtsnormcharakter.

Der Flächennutzungsplan dagegen ist nur ein vorbereitender Bauleitplan. Er enthält keine rechtsverbindlichen Nutzungsregelungen, sondern lediglich richtungsweisende Darstellungen, aus denen die rechtsverbindlichen Festsetzungen des Bebauungsplans (erst) zu entwickeln sind.

Einleitung

1.4 Eigenheime und vergleichbare Baulichkeiten in Kleingartenanlagen

Die kleingärtnerische Nutzung ist ein zentrales Merkmal des Kleingartens und damit auch ein wesentliches Abgrenzungsmerkmal zu anderen Bodennutzungen. Sie ist aber nicht das alleinige Entscheidungskriterium der Kleingarteneigenschaft einer Gartenparzelle oder eines Gartenkomplexes als Kleingartenanlage. Insoweit stellt das Urteil des BGH vom 24.7.2003 – III ZR 2003/02 – klar, dass es nicht allein auf die kleingärtnerische Nutzung ankommt, sondern auch auf die vorhandenen Baulichkeiten in den Gartenparzellen.

Bauplanungsrechtlich ist die kleingärtnerische Nutzung als Grünflächennutzung zu bewerten. Sie schließt aber auch eine ihr dienende und in Umfang und Art beschränkte bauliche Nutzung nicht aus. Zulässig sind jedoch nur solche baulichen Anlagen, die der kleingärtnerischen Nutzung dienen und von ihrer Funktion der kleingärtnerischen Nutzung auch räumlich-gegenständlich zu- und untergeordnet sind. Es handelt sich hierbei um bauliche Anlagen, die im Hinblick auf die Hauptnutzung, die kleingärtnerische Nutzung, lediglich eine Hilfsfunktion haben. Das sind vor allem Gartenlauben, die den Anforderungen des § 3 Abs. 2 BKleingG entsprechen und sonstige der kleingärtnerischen Nutzung dienende bauliche Anlagen, z. B. Gewächshäuser usw.

Nicht zulässig sind dem Wohnen dienende Gebäude (Eigenheime) und vergleichbare Bauwerke. Denn diese dienen nicht der kleingärtnerischen Nutzung und sind insoweit auch keine ihr untergeordnete bauliche Anlage. Diese Baulichkeiten können die Anlage derart beeinflussen, dass der Gartenkomplex nicht mehr als Kleingartenanlage i. S. d. § 1 Abs. 1 BKleingG angesehen werden kann. Das ist der Fall, wenn mehr als die Hälfte der Parzellen mit Eigenheimen oder diesen nahe kommenden Baulichkeiten bebaut ist (BGHZ 156, 71). Der Kleingartencharakter einer Anlage kann aber auch dann zu verneinen sein, wenn weniger als die Hälfte der Parzellen mit derartigen Gebäuden bebaut ist (BGH NJ 2004, 464). Das gilt vor allem dann, wenn weitere Umstände hinzutreten, die die Anlage nicht mehr als Kleingartenanlage, sondern als Siedlungsgebiet erscheinen lassen, wenn die Anlage z. B. von einer Straße durchquert wird, an der diese Baulichkeiten liegen. Entscheidend für die Einordnung eines Gebäudes in der Gartenparzelle als Eigenheim ist die Wohnhausqualität (nach den Maßstäben des DDR-Rechts in den neuen Ländern). Hierzu gehören die bautechnischen (Mindest-)Anforderungen: Heizung, Sanitäranlagen, Stromanschluss, usw.

2. Gartenlauben und ihre Nutzung

Gartenlauben sind zwar kein Bestandteil der kleingärtnerischen Nutzung, aber seit jeher im Kleingartenwesen üblich.

§ 3 Abs. 2 BKleingG enthält einige Regelungen über Gartenlauben. Danach ist eine Laube in einfacher Ausführung mit höchstens 24 m² Grundfläche einschließlich überdachtem Freisitz zulässig. Diese Höchstgrenze der Grundfläche kann durch Festsetzungen im Bebauungsplan oder auch durch vertragliche Vereinbarungen unterschritten werden. Zulässig ist ferner nur eine Laube in einfacher Ausführung, d. h. unter Verwendung von kostengünstigen Baustoffen und Bauteilen mit konstruktiv einfachen, auf die Funktion der Laube abgestellten Ausbaumaßnahmen. Darüber hinaus darf die Laube nach ihrer Beschaffenheit, insbesondere nach ihrer Ausstattung und Einrichtung, nicht zum dauernden Wohnen geeignet sein. Lauben sollen nur einen vorübergehenden Aufenthalt ermöglichen. Nach geltendem Recht ist die Ausstattung der Laube mit Ver- und Entsorgungseinrichtungen (Strom, Gas, Wasser und Abwasserbeseitigung) nicht zulässig. Im Gesetzgebungsverfahren zur Änderung des BKleingG hat der Deutsche Bundestag einen Antrag, die Ver- und Entsorgungseinrichtungen in Gartenlauben für zulässig zu erklären, abgelehnt (BT-Drs. 12/6782 S. 8). Das BVerfG hat die Zulässigkeit von Ver- und Entsorgungseinrichtungen in Gartenlauben im geltenden kleingartenrechtlichen Regelungssystem (Pachtpreisbindung) verfassungsrechtlich grundsätzlich ausgeschlossen (BVerfG, NJW-RR 1998, 1166 f.).

Zulässig sind Anschlusseinrichtungen zur Versorgung der Kleingärtner mit Arbeitsstrom zum Betrieb von Gartengeräten. Dabei muss jedoch sichergestellt sein, dass Einzelgärten nicht auf Dauer mit Elektrizität versorgt werden. Das kann dadurch geschehen, dass z. B. auf den Wegen innerhalb der Kleingartenanlage, die keinem Einzelgarten zuzuordnen sind, Anschlusseinrichtungen errichtet werden, die zu bestimmten Zeiten zentral gesteuert, etwa vom Vereinsheim aus, Arbeitsstrom liefern. Voraussetzung für solche Anschlusseinrichtungen ist das Einvernehmen zwischen Pächter und Verpächter. Grundsätzlich hat weder der Pächter einen Anspruch auf Arbeitsstrom noch ist der Verpächter verpflichtet, entsprechenden Wünschen der Pächter nachzukommen. Die Stromversorgung des Vereinsheims gehört dagegen zur funktionsgerechten Nutzbarkeit dieser baulichen Anlage.

Der Wasseranschluss ist im Kleingarten, aber nicht in der Gartenlaube, zulässig, weil er der kleingärtnerischen Nutzung dient. Die Gartenlaube ist kein dem Wohnen dienendes Gebäude, das mit Trink- und

Brauchwasser zu versorgen ist. Aus dem gleichem Grund ist auch ein Anschluss der Laube an die Abwasserkanalisation oder die Errichtung einer wasserdichten Grube für diese unzulässig. Für die Entsorgung können insoweit sog. Trockentoiletten verwendet werden.

Nicht betroffen von diesen Einschränkungen sind Lauben, die insoweit Bestandsschutz genießen, weil diese Anlagen und Einrichtungen früher rechtmäßig eingebaut worden sind. Hierunter fallen in der Regel Kleingartenlauben in den neuen Ländern. Der Bestandsschutz gilt ferner für Wohnlauben oder früher rechtmäßig zum Wohnen genutzte Lauben und für Vereinsheime.

3. Kleingartenpachtverträge

Die Kleingartenpacht ist in den §§ 4 bis 13 BKleingG wegen der sozialpolitischen und städtebaulichen Funktion des Kleingartenwesens sondergesetzlich geregelt. Diese Sonderregelungen gehen dem allgemeinen Pachtrecht des BGB vor. Im Übrigen richten sich die vertraglichen Beziehungen zwischen Verpächter und Pächter nach den Vorschriften des BGB über die Pacht (§§ 581 ff. BGB). Da § 581 Abs. 2 BGB auf Vorschriften über die Miete verweist, gelten auch die §§ 535 ff. BGB entsprechend.

Kleingartenpachtrechtliche Sonderregelungen enthält das BKleingG über

- die Zwischenpacht und die Übertragung der Verwaltung einer Kleingartenanlage (§ 4 BKleingG),
- den Pachtzins und die Überwälzung der auf dem Kleingartengrundstück ruhenden öffentlich-rechtlichen Lasten auf die Pächter (§ 5 BKleingG),
- die Vertragsdauer bei Dauerkleingärten und die Schriftform der Kündigung (§§ 6 und 7 BKleingG),
- die Kündigung des Kleingartenpachtvertrages durch den Verpächter (§§ 8–10 BKleingG),
- die Beendigung des Kleingartenpachtvertrages bei Tod des Kleingärtners (§ 12 BKleingG) und
- die Nichtigkeit von Vertragsvereinbarungen bei Abweichung von den pachtrechtlichen Sondervorschriften des BKleingG zum Nachteil des Pächters (§ 13 BKleingG).

Neben den Vorschriften des Miet- und Pachtrechts finden auf Kleingartenpachtverhältnisse auch die anderen einschlägigen Bestimmungen des BGB Anwendung. Das gilt insbesondere für die Vorschriften des Allgemeinen Teils, des Rechts der Schuldverhältnisse und des Sachenrechts des BGB.

3.1 Gestufte Pachtverhältnisse (Zwischenpacht)

Die Nutzung von Kleingärten erfolgt in der Regel auf Grund gestufter Pachtverhältnisse. Auch mehrfach gestufte Pachtverhältnisse sind in der Praxis anzutreffen und rechtlich zulässig (BGH, NJW 1993 S. 55 ff.). Das BKleingG trägt dieser Praxis Rechnung, indem es in § 4 Abs. 2 Satz 1 bestimmt, dass die Vorschriften über Kleingartenpachtverträge auch für Zwischenpachtverträge gelten.

Der Begriff „Zwischenpacht" ist entsprechend dem Schutzzweck des Gesetzes weit auszulegen. Er umfasst alle Vereinbarungen, die eine kleingärtnerische Nutzung i. S. d. § 1 Nr. 1 BKleingG zum Gegenstand haben (BGH, NJW 1987 S. 2865).

Der Zwischenpächter hat eine doppelte Rechtsstellung. Er ist Pächter im Zwischenpachtverhältnis und Verpächter bei einem Einzelpachtvertrag. Zwischenpächter kann die Gemeinde oder eine als kleingärtnerisch gemeinnützig anerkannte Kleingärtnerorganisation sein (§§ 2, 4 BKleingG). Der Zwischenpächter kann sich eines Beauftragten zur Weiterverpachtung von Kleingartenland bedienen. In der Praxis wird häufig so verfahren.

3.2 Kleingärtnerische Gemeinnützigkeit

Nach § 4 Abs. 2 Satz 2 BKleingG sind Zwischenpachtverträge nichtig, wenn sie nicht mit der Gemeinde oder einer als kleingärtnerisch gemeinnützig anerkannten Kleingärtnerorganisation (Zwischenpachtprivileg) geschlossen sind. Sie werden aber wirksam, wenn die Gemeinnützigkeit nach Vollzug des Vertrages anerkannt wird (BGH, NJW 1987 S. 2865). Das Zwischenpachtprivileg soll die Kleingärtner schützen vor der Ausnutzung durch einen gewerbsmäßigen Zwischenpächter. Als gemeinnützig anerkannte Kleingärtnerorganisationen bieten sie eine Gewähr dafür, dass die Aufgaben, die ein Zwischenpächter zu erfüllen hat, sachgerecht und im Interesse der Kleingärtner und des Kleingartenwesens wahrgenommen werden. Das setzt aber andererseits voraus, dass bestimmte Garantien gegeben sein müssen. Diese sind in der Vorschrift des § 2 BKleingG über die kleingärtnerische Gemeinnützigkeit geregelt.

Nach § 2 BKleingG wird eine Kleingärtnerorganisation von der zuständigen Landesbehörde als gemeinnützig anerkannt, wenn sie im Vereinsregister eingetragen ist, sich der regelmäßigen Prüfung der

Geschäftsführung unterwirft und wenn die Satzung bestimmt, dass die Kleingärtnerorganisation ausschließlich oder überwiegend die Förderung des Kleingartenwesens sowie die fachliche Betreuung ihrer Mitglieder bezweckt, erzielte Einnahmen kleingärtnerischen Zwecken zugeführt werden und bei der Auflösung der Organisation deren Vermögen für kleingärtnerische Zwecke verwendet wird. Liegen diese Voraussetzungen vor, dann hat die Kleingärtnerorganisation einen Rechtsanspruch, als kleingärtnerisch gemeinnützig anerkannt zu werden.

Die Voraussetzung für den Entzug der kleingärtnerischen Gemeinnützigkeit regelt das BKleingG nicht. Diese ergeben sich aber im Wege des Umkehrschlusses aus den Anerkennungsvoraussetzungen.

Das Verfahren der Anerkennung und des Entzugs der kleingärtnerischen Gemeinnützigkeit sowie die Gemeinnützigkeitsaufsicht regeln die Länder. Die Fundstellen sind in der Textsammlung abgedruckt. Die Aufsicht erstreckt sich auf die Einhaltung der materiellen Anerkennungsvoraussetzungen, insbesondere auch darauf, ob die Führung der Geschäfte mit den Regelungen des BKleingG und den Bestimmungen der Satzung in Übereinstimmung steht.

Die kleingärtnerische Gemeinnützigkeit ist von der steuerlichen Gemeinnützigkeit zu unterscheiden. Die steuerliche Gemeinnützigkeit begünstigt steuerlich den Einsatz von Kapital und Arbeit zur Erfüllung gemeinnütziger Zwecke, sofern dieser Einsatz selbstlos, d. h. nicht zu Erwerbszwecken, erfolgt. Die Ausgestaltung der Steuervergünstigung ist den Einzelsteuergesetzen vorbehalten.

3.3 Vertragsdauer

Nach § 6 BKleingG können Kleingartenpachtverträge über Dauerkleingärten nur auf unbestimmte Zeit geschlossen werden. Befristete Verträge gelten als auf unbestimmte Dauer geschlossen. Unbefristet ist die Pachtzeit, wenn aus den Vereinbarungen der Parteien der Zeitpunkt der Beendigung der Pacht weder unmittelbar noch mittelbar hervorgeht. Ein zeitlich befristeter Vertrag mit unbegrenzter automatischer Verlängerungsklausel ist wie ein auf unbestimmte Zeit geschlossener Vertrag mit vereinbarter Kündigungsfrist zu behandeln (BGH, NJW 1991 S. 1348).

Die Dauer von Verträgen über Kleingärten, die nicht im Bebauungsplan als Dauerkleingärten festgesetzt sind (s. o.), ist der Vereinbarung der Parteien überlassen.

3.4 Pachtzins und Nebenleistungen

3.4.1 Pachtobergrenze

Nach § 5 Abs. 1 Satz 1 BKleingG darf als Pachtzins höchstens der vierfache Betrag des ortsüblichen Pachtpreises im erwerbsmäßigen Obst- und Gemüseanbau – bezogen auf die gesamte Fläche der Kleingartenanlage – verlangt werden. Dabei sind die auf gemeinschaftliche Einrichtungen, z. B. Wege, Spielflächen usw., entfallenden Flächen bei der Ermittlung des Pachtzinses für den einzelnen Kleingarten anteilig zu berücksichtigen (§ 5 Abs. 1 Satz 2 BKleingG). Das BVerfG hat in seiner Entscheidung vom 25. Februar 1998 (1 BvR 207/97 – NJW-RR 1998 S. 1166) festgestellt, dass die neue durch die Novelle des BKleingG vom 8. April 1994 (BGBl I S. 766) eingeführte Pachtzinsregelung verfassungskonform ist.

Zu ermitteln ist die ortsübliche Pacht. Das ist der in der betreffenden Gemeinde durchschnittlich gezahlte Pachtzins (§ 5 Abs. 1 Satz 4 BKleingG). Auskünfte über den örtlichen Pachtzins im erwerbsmäßigen Obst- und Gemüseanbau können die für die Anzeige von Landpachtverträgen zuständigen Behörden erteilen. Liegen ortsübliche Pachtpreise nicht vor, so ist der entsprechende Pachtzins einer vergleichbaren Gemeinde als Bemessungsgrundlage zugrunde zu legen. Vergleichbar sind Gemeinden gleicher Größenordnung und gleicher Wirtschaftsstruktur. Kriterien für die Vergleichbarkeit können sich aus raumordnerischen und landesplanungsrechtlichen Gesichtspunkten ergeben im Hinblick auf die zentralörtliche Gliederung der Gemeinden in Ober-, Mittel-, Grund- und Unterzentren entsprechend den Landesplanungsgesetzen bzw. Landesentwicklungsplänen. Verglichen werden zunächst die Gemeinden innerhalb des jeweiligen Landes. Erst dann, wenn innerhalb des Landes keine vergleichbaren Gemeinden ermittelt werden können, kann auf vergleichbare Gemeinden in anderen Bundesländern zurückgegriffen werden.

Die Vorschrift des § 5 Abs. 1 Satz 1 BKleingG regelt lediglich den zulässigen Höchstpachtzins. Die Vertragsparteien können selbstverständlich auch Pachtzinsen vereinbaren, die unter der gesetzlich zulässigen Höchstpacht liegen. Überschreitet dagegen der vereinbarte Pachtzins die gesetzlich zulässige Höchstgrenze, ist die Vereinbarung insoweit nichtig (§ 13 BKleingG). An die Stelle des vereinbarten (überhöhten) Pachtzinses tritt der Höchstpachtzins des § 5 Abs. 1 Satz 1 BKleingG (BGHZ 108 S. 147, 150). Im Übrigen bleibt der Pachtvertrag in diesen Fällen unverändert.

3.4.2 Zwischenpächterzuschlag

Der Zwischenpächter kann den im Zusammenhang mit der Verwaltung der Kleingartenanlage entstehenden Aufwand dadurch ausgleichen, dass er mit dem Eigentümer als Verpächter der Kleingartenflächen einen Pachtzins unter der gesetzlichen Pachtobergrenze vereinbart, von den Kleingärtnern dagegen den zulässigen Höchstpachtzins verlangt. Ist ein solcher Zwischenpächterzuschlag nicht mehr möglich, weil die Höchstgrenze für die Pacht bereits bei der Zwischenpacht erreicht ist, dann kann der Zwischenpächter seine Aufwendungen für die Kleingartenanlage nur über Mitgliedsbeiträge, ggf. durch Erhöhung der Mitgliedsbeiträge, finanzieren. Soweit in Ausnahmefällen ein Kleingärtner nicht (mehr) Mitglied der Kleingärtnerorganisation ist, kann der Zwischenpächter zur Deckung seines Aufwandes einen Verwaltungsbeitrag (Verwaltungszuschlag) erheben. Der Kleingärtner (Pächter) ist aus dem Kleingartenpachtvertrag verpflichtet, sich anteilig an den Kosten der Verwaltung der Kleingartenanlage zu beteiligen. Diese Verpflichtung zur Entrichtung eines Verwaltungszuschlages ist eine vertragliche Nebenverpflichtung, die sich bereits aus den Leistungen nach Treu und Glauben ergibt (§ 242 BGB). Soweit die Verpachtung einer Gartenparzelle an die Mitgliedschaft im Kleingärtnerverein geknüpft ist, ist darüber hinaus durch den Austritt oder den Ausschluss aus dem Verein die Geschäftsgrundlage der Verpachtung des Kleingartens gestört und der Vertrag ist insoweit anzupassen. Die Anpassung erfolgt durch die Heranziehung zu einem Verwaltungszuschlag.

3.4.3 Ermittlung des Pachtzinses und Anpassung an den Höchstpachtzins

Die Pachtpreisermittlung ist grundsätzlich Aufgabe der Vertragsparteien. Einigt man sich über den durchschnittlichen Pachtzins im erwerbsmäßigen Obst- und Gemüseanbau nicht, so hat der nach § 192 BauGB bei den kommunalen Gebietskörperschaften eingerichtete Gutachterausschuss auf Antrag einer Vertragspartei ein Gutachten über den Höchstpachtzins zu erstatten. Die Kosten für das Gutachten trägt der Antragsteller. Dieses Gutachten hat keine bindende Wirkung, soweit nichts anderes vereinbart wird. Auch wenn das Gutachten eine rechtlich bindende Wirkung nicht hat, hat es faktisch erhebliche Bedeutung, insbesondere wenn es zum Prozess kommt. Denn im Streitfalle entscheiden die ordentlichen Gerichte über den zulässigen Höchstpachtzins, und das Gutachten gilt dann als Sachverständigenbeweis i. S. d. §§ 402 ff. ZPO.

Einleitung

Da der Gutachterausschuss keine eigene Pachtpreissammlung führt, ist er auf die Auskünfte der für die Anzeige von Landpachtverträgen zuständigen Behörden angewiesen, denen grundsätzlich alle Verträge über die Verpachtung von landwirtschaftlichen und erwerbsgärtnerisch genutzten Flächen mitzuteilen sind. § 5 Abs. 2 Satz 2 BKleingG bestimmt daher, dass die für die Anzeige von Landpachtverträgen zuständigen Behörden auf Verlangen des Gutachterausschusses Auskünfte über den ortsüblichen Pachtzins im erwerbsmäßigen Obst- und Gemüseanbau zu erteilen haben. Diese Pachtpreise müssen anonymisiert werden können; es müssen also mehr als zwei Pachtfälle vorliegen. Liegen anonymisierbare Daten i. S. d. Datenschutzgesetzes nicht vor, sind ergänzend Pachtzinsen im erwerbsmäßigen Obst- und Gemüseanbau einer vergleichbaren Gemeinde als Bemessungsgrundlage heranzuziehen.

Der Höchstpachtzins nach § 5 Abs. 1 BKleingG knüpft an den Bodenpachtmarkt an. Um diese Anknüpfung auf Dauer sicherzustellen, sieht § 5 Abs. 3 BKleingG die Anpassung des Pachtzinses an veränderte Marktverhältnisse vor. Danach können die Vertragsparteien die Anpassung (frühestens) nach Ablauf von 3 Jahren seit Vertragsschluss bzw. mit der vorgehenden Anpassung verlangen.

Die Anpassung erfolgt durch einseitige vertragsgestaltende Erklärung in Textform der jeweiligen Vertragspartei, den bisherigen Pachtzins bis zur Höhe des gesetzlich zulässigen Pachtpreises anzuheben oder auch, sofern der bisherige Pachtzins darüber liegt, herabzusetzen. In Textform bedeutet, dass die Erklärung in einer Urkunde oder auf andere zur dauerhaften Wiedergabe in Schriftzeichen geeignete Weise abgegeben, die Person des Erklärenden genannt und der Abschluss der Erklärung durch Nachbildung der Namensunterschrift oder anders erkennbar gemacht werden (§ 126b BGB). Den Nachweis der Veränderung auf dem Pachtzinsmarkt hat derjenige zu erbringen, der eine Herauf- oder Herabsetzung des Pachtzinses erklärt.

3.4.4 Erstattung der Aufwendungen des Verpächters für die Kleingartenanlage

Nach § 5 Abs. 4 Satz 1 BKleingG kann der Verpächter für von ihm geleistete Aufwendungen für die Kleingartenanlage vom Pächter Erstattung verlangen. Das Gesetz nennt beispielhaft Aufwendungen für Bodenverbesserungen, Wege, Einfriedungen, Parkplätze und ähnliche Maßnahmen zur Herrichtung des Geländes für die kleingärtnerische Nutzung. Das gilt auch dann, wenn in dem vor Inkrafttreten des BKleingG geschlossenen Pachtvertrag eine abweichende Vereinbarung getroffen worden war (BGH, NJW 1997 S. 1071). Diese Aufwendungen müssen im Rahmen der kleingärtnerischen Nutzung üblich sein.

Die Erstattungspflicht des Pächters beschränkt sich auf den Teil der Aufwendungen, der dem Flächenverhältnis zwischen seinem Kleingarten und der Kleingartenanlage entspricht. Dabei sind die Flächen mit gemeinschaftlichen Einrichtungen der jeweiligen Kleingartenfläche des einzelnen Kleingärtners anteilig zuzurechnen. Der Pächter ist seinerseits berechtigt, den Erstattungsbetrag in Teilleistungen in Höhe des Pachtzinses zugleich mit diesem zu entrichten.

3.4.5 Kostenüberwälzung der öffentlich-rechtlichen Lasten auf die Kleingärtner

Nach § 5 Abs. 5 BKleingG kann der Verpächter, unabhängig von Parteiabreden, die Erstattung der öffentlich-rechtlichen Lasten verlangen, die auf dem Kleingartengrundstück ruhen. Das gilt nicht nur für im Privateigentum stehende Kleingartengrundstücke, sondern auch für kommunales Kleingartenland (BGH, NJW-RR 2000 S. 1405). Nach der höchstrichterlichen Rechtsprechung „wäre es mit dem dem BKleingG zugrunde liegenden Gedanken, der bundesweit einheitlichen Gestaltung der Pachtpreise für Kleingartengrundstücke, schwerlich zu vereinbaren, wenn die Frage der Beitragspflichtigkeit gemeindeeigener Grundstücke – und danach der Erstattungsfähigkeit nach § 5 Abs. 5 BKleingG von Land zu Land unterschiedlich beantwortet werden könnte." Die obergerichtliche Rechtsprechung in der Verwaltungsgerichtsbarkeit war insoweit unterschiedlich, z. B. VGH Bayern und OVG Nordrhein-Westfalen.

Die Erstattungspflicht der Kleingärtner bemisst sich nach dem Flächenverhältnis zwischen dem Einzelgarten und der Kleingartenanlage, wobei die auf die gemeinschaftlichen Einrichtungen, z. B. Wege und Spielplätze, entfallenden Flächen der einzelnen Gartenparzelle anteilig zugerechnet werden. Die Überwälzung der öffentlich-rechtlichen Lasten, die auf dem Kleingartengrundstück ruhen, ist auf Grund der Entscheidung des BVerfG vom 23.9.1992 in das BKleingG eingefügt worden (BVerfGE 87, 114 ff.).

Zu den Lasten gehören z. B. Grundsteuern, Beiträge und Gebühren nach den Kommunalabgabengesetzen der Länder. Erschließungsbeiträge nach dem BauGB (§§ 127 ff.) – das sind die Beiträge für die erstmalige Erschließung von Grundstücken durch Verkehrs- und Immissionsschutzanlagen – können nicht umgelegt werden. Art. 2 des BKleingÄndG bestimmt, dass Erschließungsbeiträge zinslos zu stunden sind, solange Grundstücke als Kleingärten i. S. d. BKleingG genutzt werden (§ 134 Abs. 4 Satz 3).

a) Grundsteuer

Kleingärten i. S. d. BKleingG sind grundsteuerrechtlich in der Regel als land- und forstwirtschaftliches Vermögen zu bewerten, es sei denn, dass aus besonderen Umständen zu entnehmen ist, dass das Kleingartenland demnächst einer Bebauung oder einer anderen nichtgärtnerischen Nutzung zugeführt werden soll (BFH, BStBl II 1989 S. 870) oder dass es mit einer Laube bebaut ist, die die zulässige Grundfläche von 24 m² überschreitet.

Lauben, die den Anforderungen des § 3 Abs. 2 BKleingG entsprechen, sind als der kleingärtnerischen Nutzung dienende Nebenanlagen dem land- und forstwirtschaftlichen Vermögen zuzurechnen und nicht gesondert zu bewerten. Eine grundsteuerlich selbstständige als Grundvermögen zu qualifizierende Wirtschaftseinheit bilden dagegen Gartenlauben, wenn sie die zulässige Grundfläche von 24 m² (in den neuen Ländern 25 m² für vor dem 1.1.1991 errichtete Lauben) überschreiten. Das Gleiche gilt für Wohnlauben. Auf den Bestandsschutz kommt es insoweit nicht an. Zum Grundvermögen gehörende Lauben sind dem Kleingärtner als wirtschaftlichem Eigentümer zuzurechnen.

b) Beiträge

Nach den Kommunalabgabengesetzen der Länder (KAG) werden von der Gemeinde Straßenausbaubeiträge für die Erneuerung, Verbesserung und Erweiterung von befahrbaren und nichtbefahrbaren Verkehrsanlagen sowie Anschlussbeiträge für leitungsgebundene Einrichtungen (Wasseranschluss- und Kanalbeiträge) erhoben. Betroffen hiervon sind alle Grundstücke, die von den Ausbaumaßnahmen oder von der Herstellung bzw. Erneuerung leitungsgebundener Einrichtungen einen Vorteil haben, also auch Kleingartengrundstücke. Zwar erstreckt sich der Vorteil auf das gesamte Kleingartengrundstück. Wegen der sich aus der Großflächigkeit von Kleingartengrundstücken ergebenden hohen Belastung der Grundstückseigentümer und damit auch der Kleingärtner (§ 4 Abs. 5) kommt eine sog. Tiefenbegrenzung des erschlossenen Kleingartengrundstücks in Betracht. Das bedeutet, dass Teilflächen von Kleingartengrundstücken, z. B. ab 30 m von der der Straße zugewandten Seite, bei der Verteilung des umlagefähigen Aufwands außer Betracht bleiben (BVerwG, BauR 1980, 83 und 351).

c) Gebühren

Gebühren sind wie Beiträge öffentlich-rechtliche Entgeltabgaben. Sie werden entweder für Verwaltungsleistungen oder für die Inanspruchnahme öffentlicher Einrichtungen und Anlagen erhoben. Öffentlich-rechtliche Lasten i. S. d. § 5 Abs. 5 BKleingG sind nur die sog. grundstücksbezogenen Gebühren, also z. B. Abfall-, Abwasser-, Straßenreinigungs- und Wassergebühren. Soweit nach dem Gebührenrecht nicht der Grundstückseigentümer, sondern der Grundstücksnutzer Gebührenschuldner ist, hat die Überwälzbarkeit nach § 5 Abs. 5 BKleingG keine Bedeutung.

3.5 Kündigung

Das BKleingG regelt abschließend die Kündigung durch den Verpächter. Die Kündigungsmöglichkeiten des Pächters können frei vereinbart werden; im Übrigen ergeben sie sich aus dem Pachtrecht des BGB.

Kleingartenpachtverhältnisse enden ferner durch Zeitablauf, Vertragsaufhebung oder Tod des Kleingärtners (§ 12 BKleingG).

Das BKleingG unterscheidet zwischen der fristlosen und der ordentlichen Kündigung.

3.5.1 Fristlose Kündigung

Die fristlose Kündigung ist gemäß § 8 BKleingG nur in zwei Fällen zulässig, und zwar bei Zahlungsverzug des Pächters mit erfolgloser Mahnung in Textform sowie bei schwerwiegenden Pflichtverletzungen des Pächters oder von ihm auf der Parzelle geduldeter Personen, wenn dadurch der Frieden in der Kleingärtnergemeinschaft so nachhaltig gestört ist, dass dem Verpächter eine Fortsetzung des Pachtverhältnisses nicht zugemutet werden kann.

3.5.2 Ordentliche Kündigung

Die ordentliche Kündigung durch den Verpächter regelt § 9 BKleingG. Diese Bestimmungen sind zum Nachteil des Pächters nicht abdingbar (§ 13 BKleingG). Eine Kündigung aus anderen als den im Gesetz genannten Gründen ist nicht wirksam. Auch das Erlöschen der Mitgliedschaft in einer Kleingärtnerorganisation führt nicht automatisch zur Beendigung des Kleingartenpachtvertrages. Diese Kündigungsmöglichkeiten gelten für Einzelpachtverträge und für Zwischenpachtverträge. Zwischenpachtrechtliche Besonderheiten im Hinblick auf die Kündigung regelt § 10 BKleingG. Im Einzelnen nennt das Gesetz abschließend folgende Kündigungsgründe:

a) Nicht unerhebliche Pflichtverletzungen

§ 9 Abs. 1 Nr. 1 BKleingG regelt die Kündigungsgründe wegen Verletzung der vertraglichen Verpflichtungen durch den Pächter. Hierbei handelt es sich um Verstöße gegen die kleingärtnerische Nutzung sowie um andere nicht unerhebliche Pflichtverletzungen, die die Nutzung des Kleingartens betreffen. Es muss sich also um mehr als nur geringfügige Beeinträchtigungen handeln. Ein einmaliger Verstoß, den der Verpächter und die Kleingärtnergemeinschaft für die Zukunft nicht mehr zu befürchten haben, reicht für eine Kündigung nicht aus. Dagegen ist eine Vielzahl kleiner Pflichtverletzungen, die jede für sich unerheblich ist, in der Gesamtschau bedeutend und insoweit nicht unerheblich i. S. d. § 9 Abs. 1 Nr. 1 BKleingG. Die Kündigung setzt eine Abmahnung in Textform (s. Nr. 3.4.3) des Verpächters voraus.

Das Gesetz nennt selbst beispielhaft einige Kündigungsgründe. Hierzu gehören dauerndes Wohnen in der Gartenlaube, die unbefugte Überlassung des Kleingartens an einen Dritten, erhebliche Bewirtschaftungsmängel, wenn sie nicht innerhalb einer dem Pächter gesetzten angemessenen Frist abgestellt werden, und schließlich die Verweigerung von geldlichen oder sonstigen Gemeinschaftsleistungen.

Der wichtigste Kündigungsgrund in der Praxis sind Bewirtschaftungsmängel. Wann Bewirtschaftungsmängel vorliegen ergibt sich in erster Linie aus der Gartenordnung der die Anlage verwaltenden Kleingärtnerorganisation. Darüber, ob ein Bewirtschaftungsmangel erheblich ist, entscheiden die Verkehrsauffassung und die Umstände des Einzelfalles. Der Kleingärtner ist verpflichtet, seinen Kleingarten zu bewirtschaften. Eine solche Verpflichtung besteht auch dann, wenn im Einzelpachtvertrag hierüber nichts vereinbart worden ist. Sie ergibt sich aus der Natur des Kleingartenpachtverhältnisses. Der Einzelgarten ist Teil der Gesamtanlage. Er soll sich in diese einfügen. Das setzt u. a. voraus, dass die Gärten in der Anlage entsprechend den Zielsetzungen des Vereins bewirtschaftet und gepflegt werden. Das Verwildernlassen eines Kleingartens zu dem Zweck, einen sog. „Naturgarten" anzulegen, stellt keine ordnungsgemäße Bewirtschaftung i. S. einer kleingärtnerischen Nutzung dar und rechtfertigt eine ordentliche Kündigung (vgl. LG Frankfurt, WM 1987 S. 232). Ein erheblicher Bewirtschaftungsmangel ist z. B. auch die mangelnde Vorsorge zur Verhütung der Grundwasserverunreinigung oder fehlender Pflanzenschutz.

Auch die Verweigerung von geldlichen oder sonstigen Gemeinschaftsleistungen stellt eine nicht unerhebliche Pflichtverletzung dar. Diese Leistungen sind Kleingärtnerpflichten, die ohne Rücksicht auf die

Zugehörigkeit zur Kleingärtnerorganisation alle Pächter einer Kleingartenanlage gleicherweise binden. Das ergibt sich – wie die Bewirtschaftungspflicht – bereits aus der Natur des Kleingartenpachtvertrages. Der Kleingarten als Teil der Kleingartenanlage wird u. a. durch die eingeschränkten Kündigungsmöglichkeiten des Verpächters geschützt. Diesem Sonderrecht entspricht die Pflicht des Kleingärtners, sich an der Finanzierung der Maßnahmen zu beteiligen, die der Verwaltung, Erhaltung und Instandhaltung der Anlage dienen. Das Gleiche gilt auch für Gemeinschaftsarbeiten.

Soweit mit den Mitgliedsbeiträgen die Kosten für die Verwaltung einer Kleingartenanlage abgegolten werden, ist auch der Pächter, der nicht Mitglied der Kleingärtnerorganisation ist, verpflichtet, sich anteilig an den Kosten der Verwaltung der Anlage zu beteiligen. Die Verweigerung dieser Beteiligung stellt einen Kündigungsgrund i. S. d. § 9 Abs. 1 Nr. 1 BKleingG dar.

b) Neuordnung der Kleingartenanlage

Die Neuordnung einer Kleingartenanlage kann z. B. erforderlich sein, um zusätzliche Kleingärten durch Verkleinerung der Parzellen zu schaffen oder das Wegenetz zu verbessern. Einzelne Kleingärtner, deren Mitwirkung für die Erneuerung notwendig ist, sollen die Neuordnung einer gesamten Anlage nicht verhindern können. Diese Kündigung ist aber nur dann möglich, wenn die Sanierungsziele nicht anders erreicht werden können (§ 9 Abs. 1 Nr. 2 BKleingG).

c) Eigenbedarfskündigung

Voraussetzung der Eigenbedarfskündigung (§ 9 Abs. 1 Nr. 3 BKleingG) ist, dass der Eigentümer über anderes geeignetes Gartenland nicht verfügt und er oder einer seiner Haushaltsangehörigen, d. h. Personen, die miteinander eine Wohn- und Wirtschaftsgemeinschaft führen, einen Kleingarten selbst bewirtschaften will. Bei befristeten Verträgen ist die Eigenbedarfskündigung unzulässig. Der Eigenbedarf muss nach Abschluss des Pachtvertrages entstanden sein und bis zum Ablauf der Kündigungsfrist vorliegen. Vorratskündigungen sind unzulässig. Die Auswahl des Gartens ist nicht dem freien Belieben des Verpächters überlassen. Die Kündigung hat unter Berücksichtigung der Belange der Kleingärtner, z. B. der sozialen Belange, zu erfolgen. Bei Zwischenpachtverträgen kommt nur eine Teilkündigung des Zwischenpachtvertrages in Betracht. Zur Kündigung wegen Eigenbedarfs ist der Zwischenpächter berechtigt, wenn der Eigentümer des Kleingartenlandes ihm gegenüber Eigenbedarf geltend macht.

d) Andere wirtschaftliche Verwertung

Die Kündigung wegen anderer wirtschaftlicher Verwertung (§ 9 Abs. 1 Nr. 4 BKleingG) kommt nur bei unbefristeten Verträgen in Betracht, wenn eine andere als die kleingärtnerische Nutzung bauplanungsrechtlich zulässig ist. Voraussetzung ist, dass der Verpächter an einer anderen wirtschaftlichen Verwertung des Grundstücks durch die Fortsetzung des Pachtverhältnisses gehindert ist und dadurch erhebliche Nachteile erleiden würde. Andere wirtschaftliche Verwertung bedeutet eine andere Grundstücksnutzung. In Betracht kommen hierbei nur Nutzungen, die im Außenbereich (§ 35 BauGB) zulässig sind. Das sind vor allem die landwirtschaftliche Nutzung, der Abbau von Bodenschätzen sowie Vorhaben, die wegen ihrer besonderen Auswirkungen bzw. Anforderungen an die Umgebung nur im Außenbereich durchgeführt werden können. Der Verkauf von Kleingartenland allein ist noch kein Kündigungsgrund. Die andere Nutzung muss dem Verkauf zugrunde liegen. Der Nutzungszweck muss Vertragsinhalt und die beabsichtigte Nutzung planungsrechtlich zulässig sein. Beim Verkauf von Kleingartenland als Bauerwartungsland muss deshalb eine bauliche Nutzung zum Zeitpunkt des Vertragsschlusses möglich oder wenigstens zu erwarten sein (BGH, NJW 1991, S. 1349).

e) Planverwirklichung

Setzt der Bebauungsplan (§ 9 Abs. 1 Nr. 5 BKleingG) eine andere als die kleingärtnerische Nutzung fest, kann das bestehende Kleingartenpachtverhältnis für diese Fläche gekündigt werden, weil das öffentliche Interesse am Vollzug des Bebauungsplans Vorrang vor den Interessen der Kleingärtner genießt. Die kleingärtnerischen Belange finden bereits im Bebauungsplanaufstellungsverfahren gebührende Berücksichtigung.

Die Kündigung ist grundsätzlich erst nach Inkrafttreten des Bebauungsplans möglich. Sie setzt ferner voraus, dass die kleingärtnerische Fläche alsbald der im Bebauungsplan festgesetzten anderen Nutzung zugeführt oder alsbald für diese Nutzung vorbereitet werden soll (BGH, B. v. 13.2.2014 – III ZR 250/13). Liegt die im Bebauungsplan festgesetzte andere Nutzung im dringenden öffentlichen Interesse, so ist die Kündigung auch schon vor Inkrafttreten des Bebauungsplans möglich, wenn anzunehmen ist, dass eine Änderung der beabsichtigten Festsetzungen nicht mehr erfolgt. Dringende Gründe können z. B. vorliegen, wenn das Kleingartenland für die Ansiedlung von Gewerbebetrieben vorgesehen ist, um neue Arbeitsplätze zu schaffen.

Das Gleiche gilt auch bei Inanspruchnahme von Kleingartenland durch Fachplanungen des Bundes und der Länder (§ 9 Abs. 1 Nr. 6 BKleingG). Hierzu gehören z. B. Fachplanungen auf dem Gebiet des Straßenrechts und des Wasserrechts.

3.5.3 Kündigungsfrist

Die ordentliche Kündigung ist im Regelfall nur zum 30. November eines Jahres zulässig. Soweit sie auf Bewirtschaftungsmängel oder ähnliche Pflichtverletzungen gestützt wird, kann sie am dritten Werktag im August desselben Jahres ausgesprochen werden. In den anderen Fällen der Kündigung nach § 9 BKleingG hat sie bis zum dritten Werktag im Februar zu erfolgen. In den Fällen der Kündigung zur Durchsetzung öffentlicher Interessen (Kündigung zum Zwecke der Realisierung des Bebauungsplans und anderer Planungsakte) kann mit einer Frist von zwei Monaten zum Ende jeden Monats gekündigt werden, jedoch nur dann, wenn dringende Gründe die vorzeitige Inanspruchnahme der kleingärtnerisch genutzten Fläche erfordern.

3.5.4 Kündigung von Zwischenpachtverträgen

Grundsätzlich gelten für die Kündigung von Zwischenpachtverträgen durch den Verpächter die in den §§ 8 und 9 BKleingG genannten Kündigungsgründe. Die Fassung der dort geregelten Kündigungsmöglichkeiten wird jedoch nicht in jedem Fall den Besonderheiten des Zwischenpachtvertrages gerecht. Das gilt bei Pflichtverletzungen durch den Zwischenpächter. § 10 Abs. 1 BKleingG räumt daher dem Verpächter gegenüber dem Zwischenpächter ein Kündigungsrecht ein, wenn dieser Pflichtverletzungen der Kleingärtner duldet (Nr. 1). Einen eigenständigen Kündigungsgrund wegen Aberkennung der kleingärtnerischen Gemeinnützigkeit regelt § 10 Abs. 1 Nr. 2 BKleingG.

§ 10 Abs. 2 BKleingG stellt klar, dass Teilkündigungen möglich sind und dass bei der Teilkündigung einer Anlage der Zwischenpachtvertrag auf den übrigen Teil der Kleingartenanlage beschränkt wird.

Nach § 10 Abs. 3 BKleingG tritt der Verpächter in die Verträge des Zwischenpächters mit den Kleingärtnern ein, wenn der Zwischenpachtvertrag durch die Kündigung des Verpächters gemäß § 10 Abs. 1 BKleingG beendet wird. Diese Regelung gilt auch bei mehrfach gestuften Pachtverhältnissen. Der kündigende Verpächter wird jeweils Verpächter auf der nächsten niedrigeren Pachtstufe.

Der Anwendungsbereich dieser Vorschrift ist auf solche Kündigungen reduziert, die ihren Grund in Pflichtverletzungen des Zwischenpächters haben.

3.6 Kündigungsentschädigung

Die (wirksame) Kündigung beendet das Pachtverhältnis mit dem Ablauf der Kündigungsfrist. Wird das Pachtverhältnis aus Gründen gekündigt, die der Pächter nicht zu vertreten hat, hat er einen Anspruch auf eine angemessene Entschädigung (§ 11 Abs. 1 BKleingG). Kündigt der Verpächter dagegen wegen einer Pflichtverletzung des Pächters, findet § 11 BKleingG keine Anwendung. Das Gleiche gilt, wenn der Pächter kündigt oder wenn der Pachtvertrag durch Zeitablauf beendet ist. In diesen Fällen bleibt dem Pächter sein Wegnahmerecht nach § 539 Abs. 2 BGB i. V. m. § 581 Abs. 2 BGB. Abweichende Vereinbarungen können allerdings getroffen werden. In der Praxis wird in der Regel so verfahren, dass beim Pächterwechsel der Nachfolger dem weichenden Kleingärtner eine Ablösesumme für die im Kleingarten zurückgelassenen Anlagen und Anpflanzungen zu leisten hat.

Die Entschädigung nach § 11 BKleingG wird gewährt für Anpflanzungen und Anlagen, soweit sie im Rahmen der kleingärtnerischen Nutzung üblich und wenn sie vom Pächter eingebracht oder gegen Entgelt übernommen worden sind. Das Kriterium der Üblichkeit steht im engen Zusammenhang mit der Zulässigkeit. Beide Merkmale begrenzen die Entschädigungsfähigkeit. Gartenlauben sind daher nur nach Maßgabe des § 3 Abs. 2 BKleingG entschädigungsfähig, d. h. also mit einer Grundfläche von 24 m², in einfacher Ausführung und mit einer nicht zum dauernden Wohnen geeigneten Ausstattung und Einrichtung, d. h. ohne Ver- und Entsorgungseinrichtungen.

Der Pächter hat einen Anspruch auf eine angemessene Entschädigung. Angemessen ist die Entschädigung, wenn sie das Ergebnis einer gerechten Abwägung der Interessen des Entschädigungsverpflichteten und des Pächters ist unter Berücksichtigung der sozialpolitischen Funktion des Kleingartens. Auszugehen ist von den Grundsätzen der Wertermittlung (ImmobilienwertermittlungsVO v. 19.5.2010 – BGBl. I S. 639 –). Für Anpflanzungen und Anlagen in Kleingärten kommt als Wertermittlungsmethode nur das Sachwertverfahren in Betracht, d. h. berücksichtigt werden die Normalherstellungskosten (Erwerbskosten) abzüglich der Minderung wegen Alters, und bei baulichen Anlagen auch abzüglich der Minderung wegen Bauschäden und Baumängeln.

Der Kündigungsentschädigungsanspruch nach § 11 BKleingG ist ein Ersatzanspruch eigener Art. Auf diesen Anspruch findet daher die Vorschrift über die kurze Verjährungsfrist (6 Monate) nach § 548 BGB keine Anwendung, auch nicht analog. Denn in den Fällen des § 11

BKleingG und des § 548 BGB handelt es sich nicht um rechtsähnliche, sondern um unterschiedliche Tatbestände. Die kurze Verjährungsfrist von 6 Monaten kann nach der höchstrichterlichen Rechtsprechung auf den Entschädigungsanspruch nach § 11 Abs. 1 BKleingG wegen seiner Nähe zum öffentlich-rechtlichen Enteignungsentschädigungsanspruch nicht angewendet werden (BGH NJW-RR 2002, 1204).

In der Praxis gibt es zahlreiche Richtlinien für die Bewertung von Kleingärten. § 11 Abs. 1 Satz 2 BKleingG nimmt auf diese Richtlinien Bezug und schreibt vor, dass für die gesetzliche Kündigungsentschädigung die vorhandenen Richtlinien bei der Bemessung der Entschädigung zugrunde zu legen sind, wenn sie entweder von den Ländern aufgestellt oder von einer Kleingärtnerorganisation beschlossen und durch die zuständigen Behörden genehmigt worden sind.

4. Bereitstellung und Beschaffung von Ersatzland

Nach § 14 BKleingG ist die Gemeinde verpflichtet, Ersatzland bereitzustellen oder zu beschaffen, wenn ein Kleingartenpachtvertrag über einen Dauerkleingarten gekündigt wird, weil diese Fläche durch Planungsakte (Bebauungsplan oder Planfeststellung) einer anderen Nutzung zugeführt werden soll. Die Kündigung aus anderen nach dem BKleingG zulässigen Gründen löst keine Ersatzlandverpflichtung der Gemeinde aus. Die Verpflichtung ist nicht als Rechtsanspruch des Pächters sondern als öffentlich-rechtliche Pflichtaufgabe der Gemeinde ausgestaltet. Ziel dieser Verpflichtung ist die Erhaltung des Kleingartenbestandes.

Das Ersatzland muss für die kleingärtnerische Nutzung geeignet sein. Hierbei kommt es auf die tatsächtiche Beschaffenheit der Flächen und auf die rechtlich gesicherte Nutzungsmöglichkeit an. Geeignet ist Ersatzland, wenn es bereits als Dauerkleingartenfläche im Bebauungsplan ausgewiesen oder im Flächennutzungsplan dargestellt bzw. in Planentwürfen als Dauerkleingartenfläche vorgesehen ist.

Städtebauliche Gründe und der Mangel an bzw. das Fehlen von geeignetem Ersatzland können der Verpflichtung der Gemeinde entgegenstehen. Diesem Umstand trägt das Gesetz Rechnung. Nach § 14 Abs. 1 BKleingG ist die Gemeinde von ihrer Verpflichtung befreit, wenn sie zur Erfüllung außerstande ist. Das kann der Fall sein, wenn die Gemeinde ihren gesamten eigenen Grundbesitz bereits auf Dauer anderweitig nutzt, eine planungsrechtliche Ausweisung von Kleingartenland in absehbarer Zeit, z. B. aus Kapazitätsgründen, nicht möglich ist und wenn es der Gemeinde nicht gelungen ist, Grundstücke für die kleingärtnerische Nutzung zu erwerben, anzupachten oder die Anpachtung zu vermitteln.

Die Gemeinde muss glaubhaft machen, dass sie sich ernsthaft bemüht hat, Ersatzgrundstücke zu beschaffen. Es ist Aufgabe der Kommunalaufsicht, über die Einhaltung dieser Vorschrift zu wachen.

5. Zwangsweise Begründung in Pachtverhältnissen

Sind in einem Bebauungsplan Flächen für Dauerkleingärten festgesetzt, können Kleingartenpachtverhältnisse über diese Flächen zwangsweise begründet werden. § 15 BKleingG ergänzt insoweit die Bestimmungen des Baugesetzbuchs über die Enteignung (§§ 86 ff. BauGB). Die Zwangspacht erfolgt im Wege der Enteignung. Das bedeutet, dass sie im Einzelfall nur zulässig ist, wenn das Wohl der Allgemeinheit sie erfordert, die Begründung eines Kleingartenpachtverhältnisses auf andere zumutbare Weise nicht erreicht werden kann und dem Eigentümer ein angemessenes Angebot zur Begründung des Pachtverhältnisses gemacht worden ist. Das Angebot ist im Hinblick auf die Pacht angemessen, wenn sie dem Pachtzins nach § 5 BKleingG entspricht. Zwangspacht bedeutet nicht Entziehung des Eigentums. Die Eigentumsverhältnisse werden durch die zwangsweise Begründung eines Pachtverhältnisses nicht berührt.

6. Überleitung der Kleingartenpachtverträge in den alten Ländern bei Inkrafttreten des BKleingG

Nach § 18 Abs. 1 BKleingG genießen vor dem 1.4.1983 rechtmäßig errichtete Lauben in den alten Ländern, die die im § 3 Abs. 2 vorgesehene Größe überschreiten, Bestandsschutz. Das einmal legal errichtete Bauwerk ist auch bei einer späteren Änderung der Rechtslage in seinem Bestand geschützt, d. h. dass es weiterhin wie bisher genutzt werden darf. Rechtmäßig ist eine bauliche Anlage, wenn ihre Errichtung gegen Rechtsvorschriften nicht verstößt oder nicht verstoßen hat. Vertragliche Vereinbarungen sind insoweit bedeutungslos. Sie können keinen Bestandsschutz begründen, wenn die Abreden entgegen den geltenden Rechtsvorschriften getroffen worden sind.

Unberührt bleibt auch eine bei Inkrafttreten des BKleingG bestehende Befugnis des Kleingärtners, seine Laube zu Wohnzwecken zu nutzen, soweit andere Vorschriften der Wohnnutzung nicht entgegenstehen. Das Recht zur Wohnnutzung ist nicht an die Gartenlaube, sondern ausschließlich an die Person des Kleingärtners gebunden. Das bedeutet, dass die rechtmäßige Wohnnutzung der Gartenlaube mit der Beendigung des Kleingartenpachtvertrages erlischt. Für die Wohnnutzung der Gartenlaube kann der Verpächter zusätzlich, d. h. neben dem Pachtzins, ein angemessenes Entgelt verlangen.

7. Sonderregelungen in den neuen Ländern

Nach Art. 8 des Einigungsvertrages vom 31. August 1990 (BGBl II S. 885) ist mit Wirkung vom 3. Oktober 1990 in den neuen Ländern sowie in Berlin (Ost) das BKleingG mit den im § 20a enthaltenen Sonderregelungen in Kraft getreten. Eine weitere Sonderregelung enthält die durch das Schuldrechtsänderungsgesetz vom 21. September 1994 (BGBl I S. 2538) eingeführte Vorschrift des § 20b in das BKleingG. Diese Vorschrift regelt bestimmte Zwischenpachtverträge neu.

7.1 Überleitung der Kleingartennutzungsverhältnisse

§ 20a Nr. 1 Bundeskleingartengesetz regelt die Überleitung der am 2. Oktober 1990 bestehenden Kleingartennutzungsverhältnisse in das BKleingG. Erfasst werden von dieser Vorschrift sowohl Einzelnutzungsverträge als auch Hauptnutzungsverträge (Zwischenpachtverträge) einschließlich mehrfach gestufter Verträge.

Ob im konkreten Einzelfall ein Kleingartenpachtvertrag im Sinne des BKleingG vorliegt oder nicht, ergibt sich aus den Begriffsbestimmungen des § 1 Abs. 1 und 2 Bundeskleingartengesetz. Diese Vorschriften legen den sachlichen Geltungsbereich des Gesetzes fest. Dabei kommt es auf die Nutzungsverhältnisse im Zeitpunkt des Wirksamwerdens des Beitritts, also am 3.10.1990, an. Ob ein Pachtverhältnis dem BKleingG unterliegt, ist dementsprechend danach zu beurteilen, ob am 3.10.1990 in der Kleingartenanlage tatsächlich die kleingärtnerische Nutzung i. S. d. § 1 Abs. 1 Nr. 1 BKleingG ausgeübt wurde. Hierzu gehören nicht Verträge über kleingärtnerisch genutzte Flächen außerhalb einer Kleingartenanlage. Die Rechtsprechung sieht das Kriterium der „Zusammenfassung mehrerer Einzelgärten" (Kleingartenanlage) in § 1 Abs. 1 Nr. 2 BKleingG bereits bei fünf Einzelgärten als absolute Untergrenze als erfüllt an (BGH U. v. 27.10.2005 – III ZR 31/05). Bei der Beurteilung, ob es sich bei dem jeweils fraglichen Gartenkomplex um eine Kleingartenanlage, eine Ferien- oder Wochenendhaussiedlung handelt, ist auf den Charakter der gesamten Anlage, der Ausübung der kleingärtnerischen Nutzung in der Anlage, nicht einzelner Parzellen abzustellen (BGH WM 2000, 783; BGH, U. v. 17.6.2004 – III ZR 281/03 – NJW-RR 2004, 1241).

Als weiteres Beurteilungskriterium für die Anlageneigenschaft kommt nach der neuesten Rechtsprechung des BGH die Bebauung der einzelnen eine Anlage bildenden Parzellen hinzu. Eine mit einem zum Dauerwohnen geeignetem und der Sachenrechtsbereinigung unterliegendem Eigenheim bebaute Parzelle ist nicht als Kleingarten i. S. d. BKleingG zu bewerten. Sind mehr als 50 % der Einzelparzellen in einer Anlage mit Eigenheimen bebaut, ist die Anlage nicht als Kleingartenanlage zu bewerten (BGH, VIZ 2003, 538). Das Gleiche gilt auch für Baulichkeiten, die zwar nicht dem SachenRBerG unterliegen, aber Eigenheimen nahe kommen wegen ihrer Ausstattung, Größe und Raumaufteilung, Bauweise und Erschließung. Nach der Rechtsprechung des BGH fallen hierunter Baulichkeiten, die dem „Sommerwohnen" dienen (BGH a.a.O.).

Übergeleitet sind auch die von der LPG auf der Grundlage des dauernden und umfassenden Nutzungsrechts nach § 18 LPG-Gesetz geschlossenen Nutzungsverträge, die wegen des Wegfalls dieses Nutzungsrechts (auf Grund §7 des Gesetzes über die Änderung und Aufhebung von Gesetzen der DDR vom 28.6.1990, GBl S. 483) gegenüber dem Grundstückseigentümer ab dem 1. Juli 1990 keine Wirkung entfaltet haben (BGH, ZOV 1994 S. 182 ff.). Näheres hierzu siehe Nr. 7.7.

Die Überleitungsvorschrift des § 20a Nr. 1 BKleingG erfasst auch Kleingartennutzungsverträge über enteignete oder der staatlichen Verwaltung unterstellte Flächen. § 17 des Vermögensgesetzes bestimmt ausdrücklich, dass die Rückübertragung von enteigneten Grundstücken oder die Aufhebung der staatlichen Verwaltung bestehende Nutzungsrechtsverhältnisse nicht berührt. Ausgenommen sind nur die Fälle, in denen der Pächter (Zwischenpächter) nicht redlich gewesen ist.

Nicht erfasst werden dagegen in § 20a Nr. 1 Verträge über die Nutzung von Bodenflächen zur Erholung und Freizeitgestaltung (Wochenendsiedlungen, Wochenendsiedlergärten, „Datschen"-Grundstücke u. Ä.). Diese Nutzungsverhältnisse sind durch das Schuldrechtsänderungsgesetz vom 21.9.1994 (BGBl I S. 2538) neu geregelt worden.

7.2 Eigentum an baulichen Anlagen in Kleingärten

Die im Rahmen des kleingärtnerischen Nutzungsrechts errichteten baulichen Anlagen in Kleingärten sind unter Geltung des ZGB der ehemaligen DDR unabhängig vom Grundstückseigentum grundsätzlich Eigentum des Nutzungsberechtigten geworden, soweit nichts anderes vereinbart worden ist (§ 296 Abs. 1 ZGB). Der Einigungsvertrag lässt das vor dem 3. Oktober 1990 begründete Eigentum an Baulichkeiten unberührt (Art. 231 § 5 Abs. 1 EGBGB). Es handelt sich hierbei um Scheinbestandteile i. S. d. § 95 BGB.

7.3 Kleingartenpachtverträge über gemeindeeigene und sonstige Grundstücke

Kleingärten, die der Gemeinde gehören, werden nach § 20a Nr. 2 BKleingG wie Dauerkleingärten behandelt (sog. fiktive Dauerkleingärten). Wann die Gemeinde das Eigentum an den Kleingartenflächen erworben hat, ist unerheblich. Es genügt, wenn die Gemeinde nach dem 3.10.1990 Eigentümerin des Kleingartengrundstücks wird. Diese gesetzliche Fiktion hat folgende Wirkungen: Die Pachtverträge gelten gemäß § 6 als auf unbestimmte Zeit geschlossen bzw. verlängert; eine Nutzungsänderung kann nur durch Bebauungsplan oder Planfeststellung erfolgen; die Kündigung wegen anderer wirtschaftlicher Verwertung ist ausgeschlossen, weil auf diesen Flächen nur die kleingärtnerische Nutzung zulässig ist, solange sie durch Planungsakte nicht geändert wird.

Soweit Kleingartenanlagen als kommunales Finanzvermögen auf die Gemeinde übergehen, sind sie Dauerkleingärten mit den sich daraus ergebenden Folgewirkungen gleichzustellen. Kommunales Finanzvermögen ist ehemals Volksvermögen, wenn es bis zum 3.10.1990 in der Rechtsträgerschaft der Kommunen gestanden hat bzw. von ihnen vertraglich genutzt wurde und damals für kommunale Zwecke im üblichen Rahmen vorgesehen war.

Sonstige Verträge über Kleingartenland, das nicht der Gemeinde gehört, bleiben gemäß § 20a Nr. 3 BKleingG im Hinblick auf die Vertragsdauer unberührt. Der Kleingartenpachtvertrag endet also mit dem Ablauf der Zeit, für die er eingegangen ist.

7.4 Zwischenpachtprivileg

Die vor dem 3.10.1990 verliehene Befugnis, Grundstücke zum Zwecke der Weiterverpachtung an Kleingärtner anzupachten, bleibt unberührt. § 20a Nr. 4 leitet das in der ehemaligen DDR den Gliederungen (z. B. Kreisverbänden) des VKSK zuerkannte Zwischenpachtprivileg über. Diese Regelung unterstellt, dass die Voraussetzungen für die kleingärtnerische Gemeinnützigkeit i. S. d. § 2 BKleingG, und zwar die Rechtsfähigkeit der Kleingärtnerorganisation und die selbstlose Förderung des Kleingartenwesens vorlagen. Voraussetzung für die Fortwirkung des Zwischenpachtprivilegs ist der Fortbestand der (zwischenpachtprivilegierten) örtlichen Kleingärtnerorganisationen und ihre Rechtsfähigkeit im Zeitpunkt des Beitritts. Organisatorische Veränderungen, z. B. die Veränderung des Vereinsnamens, die Wahl eines neuen Vorstandes oder sonstige Satzungsänderungen lassen den Fortbestand der Kleingärtnerorganisation unberührt. Nach dem Vereinigungsgesetz vom 21.2.1990

(GBl I S. 75) musste sich die Kleingärtnerorganisation bis zum 21.8.1990 registrieren lassen, um die Rechtsfähigkeit beizubehalten. Registrierte Organisationen wurden als rechtsfähige, nicht registrierte als nichtrechtsfähige Vereine in bundesdeutsches Recht übergeleitet. Soweit der Verein nicht rechtsfähig ist, leiden die bestehenden Zwischenpachtverträge an einem Mangel, der jedoch durch die nachträgliche Eintragung des Zwischenpächters in das Vereinsregister geheilt werden kann (BGH, NJW 1987 S. 2865).

7.5 Pachtzinsen

Die Überleitungsvorschrift des § 20a Nr. 6 für die Pachtzinsen ist durch Zeitablauf bedeutungslos geworden.

7.6 Bestandsschutz

Ähnlich wie § 18 BKleingG regelt § 20a Nr. 7 BKleingG in den neuen Ländern den Bestandsschutz rechtmäßig errichteter Lauben, welche die in § 3 Abs. 2 BKleingG vorgesehene Größe von 24 m² Grundfläche überschreiten. Das einmal legal errichtete Bauwerk ist auch bei einer späteren Änderung der Sach- und Rechtslage in seinem Bestand geschützt, d. h. dass es weiter wie bisher genutzt werden darf.

Dieser Bestandsschutz bezieht sich auf die bauliche Anlage selbst. Er ist objekt-, nicht subjektbezogen. Es kommt daher nicht darauf an, wer die Anlage errichtet hat. Der Bestandsschutz erlischt auch nicht beim Pächterwechsel, sondern erst dann, wenn das Bauwerk nicht mehr vorhanden ist bzw. wenn reine Instandsetzungsmaßnahmen nicht mehr ausreichen, die Funktion des Bauwerks zu erhalten oder wenn die Nutzung endgültig aufgegeben wurde. Bei Pächterwechsel bleibt der Bestandsschutz unberührt.

Das Gleiche gilt auch für sonstige der kleingärtnerischen Nutzung dienende bauliche Anlagen, z. B. Gewächshäuser.

Bestandsschutz genießen gemäß § 20a Nr. 8 BKleingG auch Lauben, die bis zum 3.10.1990 rechtmäßig zum dauernden Wohnen genutzt worden sind. Dieser Bestandsschutz setzt jedoch voraus, dass der Bewohner befugt war, seine Gartenlaube dauernd zu Wohnzwecken zu nutzen. S. auch Nr. 6.

7.7 Neuregelung der Zwischenpachtverhältnisse/Vertragseintritt des Grundstückseigentümers

§ 20b BKleingG enthält Sonderregelungen für Zwischenpachtverhältnisse in den neuen Ländern. Durch diese Bestimmung wird der Grundstückseigentümer an einen Vertrag gebunden, den eine LPG oder der Rat des Kreises oder eine sonstige staatliche Stelle mit dem für die Zwischenpacht von Kleingartengrundstücken in der ehemaligen DDR zuständigen Verband der Kleingärtner, Siedler und Kleintierzüchter (VKSK) geschlossen haben ohne Rücksicht darauf, ob dieser Vertrag dem Willen oder dem Interesse des Eigentümers entsprach (BT-Drs. 12/7135 S. 42).

Gemäß § 18 LPG-Gesetz vom 2. Juli 1982 hatte die LPG an dem Boden, den die Genossenschaftsbauern eingebracht, oder der ihr vom Staat zur unentgeltlichen Nutzung übergeben oder von anderen sozialistischen Betrieben zur unbefristeten Nutzung übertragen wurde, das umfassende und dauernde Nutzungsrecht. Danach konnten LPGen Privatgrundstücke ohne Mitwirkung des Grundstückseigentümers Dritten zur Weiterverpachtung zum Zwecke der kleingärtnerischen Nutzung überlassen. Dieses aus § 18 LPG-Gesetz abgeleitete Nutzungsrecht ist mit Wirkung vom 1. Juli 1990 aufgehoben worden. Das daraus abgeleitete Nutzungsrecht der einzelnen Kleingärtner ist damit dem Eigentümer gegenüber erloschen.

Ferner waren nach § 51 des LandAnpG vom 29. Juni 1990 (GBl S. 642) die sog. Kreispachtverträge innerhalb eines Jahres, also bis zum Juli 1991, aufzulösen. Hierbei handelte es sich um Privatgrundstücke, die der Rat des Kreises gepachtet und entweder an eine LPG oder an den VKSK zum Zwecke der kleingärtnerischen Nutzung weiterverpachtet hatte. Mit der Beendigung des in § 51 LandAnpG genannten Nutzungsverhältnisses verlor der Kleingärtner sein Recht zum Besitz gegenüber dem Grundstückseigentümer (BGHZ 121, 188).

Diese gestörten Nutzungsverhältnisse wurden bis zum 31.12.1994 durch das Vertragsmoratorium (Art. 232 § 4a EGBGB) geschützt. Die abschließende Regelung erfolgte durch § 20b BKleingG. Diese Vorschrift ordnet an, dass auf Zwischenpachtverträge die Vorschriften der §§ 8 bis 10 und 19 SchuldRAnpG entsprechend anzuwenden sind. Nach § 8 SchuldRAnpG trat der Grundstückseigentümer von Gesetzes wegen am 1.1.1995 in das Zwischenpachtverhältnis ein, das die LPG oder eine andere Genossenschaft mit dem VKSK als Zwischenpächter geschlossen hat.

Das Gleiche gilt auch für Zwischenpachtverträge, die der Rat des Kreises mit dem VKSK als Zwischenpächter geschlossen hat. § 8 Abs. 1 SchuldRAnpG spricht in diesem Zusammenhang von „staatlichen Stellen".

Aus Gründen des Rechtsfriedens bleiben abweichende, bereits bei Inkrafttreten dieser Regelungen rechtskräftige Entscheidungen unberührt.

Gesetzestexte

1.
Bundeskleingartengesetz (BKleingG)

vom 28.2.1983 (BGBl. I S. 210),
zuletzt geändert durch Art. 11 G vom 19.9.2006 (BGBl. I S. 2146)

ERSTER ABSCHNITT
Allgemeine Vorschriften

§ 1
Begriffsbestimmungen

(1) Ein Kleingarten ist ein Garten, der

1. dem Nutzer (Kleingärtner) zur nichterwerbsmäßigen gärtnerischen Nutzung, insbesondere zur Gewinnung von Gartenbauerzeugnissen für den Eigenbedarf, und zur Erholung dient (kleingärtnerische Nutzung) und
2. in einer Anlage liegt, in der mehrere Einzelgärten mit gemeinschaftlichen Einrichtungen, zum Beispiel Wegen, Spielflächen und Vereinshäusern, zusammengefasst sind (Kleingartenanlage).

(2) Kein Kleingarten ist

1. ein Garten, der zwar die Voraussetzungen des Absatzes 1 erfüllt, aber vom Eigentümer oder einem seiner Familienangehörigen im Sinne des § 18 des Wohnraumförderungsgesetzes genutzt wird (Eigentümergarten);
2. ein Garten, der einem zur Nutzung einer Wohnung Berechtigten im Zusammenhang mit der Wohnung überlassen ist (Wohnungsgarten);
3. ein Garten, der einem Arbeitnehmer im Zusammenhang mit dem Arbeitsvertrag überlassen ist (Arbeitnehmergarten);
4. ein Grundstück, auf dem vertraglich nur bestimmte Gartenbauerzeugnisse angebaut werden dürfen;
5. ein Grundstück, das vertraglich nur mit einjährigen Pflanzen bestellt werden darf (Grabeland).

(3) Ein Dauerkleingarten ist ein Kleingarten auf einer Fläche, die im Bebauungsplan für Dauerkleingärten festgesetzt ist.

§ 2
Kleingärtnerische Gemeinnützigkeit

Eine Kleingärtnerorganisation wird von der zuständigen Landesbehörde als gemeinnützig anerkannt, wenn sie im Vereinsregister eingetragen ist, sich der regelmäßigen Prüfung der Geschäftsführung unterwirft und wenn die Satzung bestimmt, dass

1. die Organisation ausschließlich oder überwiegend die Förderung des Kleingartenwesens sowie die fachliche Betreuung ihrer Mitglieder bezweckt,
2. erzielte Einnahmen kleingärtnerischen Zwecken zugeführt werden und
3. bei der Auflösung der Organisation deren Vermögen für kleingärtnerische Zwecke verwendet wird.

§ 3
Kleingarten und Gartenlaube

(1) Ein Kleingarten soll nicht größer als 400 Quadratmeter sein. Die Belange des Umweltschutzes, des Naturschutzes und der Landschaftspflege sollen bei der Nutzung und Bewirtschaftung des Kleingartens berücksichtigt werden.

(2) Im Kleingarten ist eine Laube in einfacher Ausführung mit höchstens 24 Quadratmetern Grundfläche einschließlich überdachtem Freisitz zulässig; die §§ 29 bis 36 des Baugesetzbuchs bleiben unberührt. Sie darf nach ihrer Beschaffenheit, insbesondere nach ihrer Ausstattung und Einrichtung, nicht zum dauernden Wohnen geeignet sein.

(3) Die Absätze 1 und 2 gelten entsprechend für Eigentümergärten.

ZWEITER ABSCHNITT
Kleingartenpachtverhältnisse

§ 4
Kleingartenpachtverträge

(1) Für Kleingartenpachtverträge gelten die Vorschriften des Bürgerlichen Gesetzbuchs über den Pachtvertrag, soweit sich aus diesem Gesetz nichts anderes ergibt.

(2) Die Vorschriften über Kleingartenpachtverträge gelten, soweit nichts anderes bestimmt ist, auch für Pachtverträge über Grundstücke zu dem Zweck, die Grundstücke aufgrund einzelner Kleingartenpachtverträge weiterzuverpachten (Zwischenpachtverträge). Ein Zwischenpachtvertrag, der nicht mit einer als gemeinnützig anerkannten Kleingärtnerorganisation oder der Gemeinde geschlossen wird, ist nichtig. Nichtig ist auch ein Vertrag zur Übertragung der Verwaltung einer Kleingartenanlage, der nicht mit einer in Satz 2 bezeichneten Kleingärtnerorganisation geschlossen wird.

(3) Wenn öffentliche Interessen dies erfordern, insbesondere wenn die ordnungsgemäße Bewirtschaftung oder Nutzung der Kleingärten oder der Kleingartenanlage nicht mehr gewährleistet ist, hat der Verpächter die Verwaltung der Kleingartenanlage einer in Absatz 2 Satz 2 bezeichneten Kleingärtnerorganisation zu übertragen.

§ 5
Pacht

(1) Als Pacht darf höchstens der vierfache Betrag der ortsüblichen Pacht im erwerbsmäßigen Obst- und Gemüseanbau, bezogen auf die Gesamtfläche der Kleingartenanlage, verlangt werden. Die auf die gemeinschaftlichen Einrichtungen entfallenden Flächen werden bei der Ermittlung der Pacht für den einzelnen Kleingarten anteilig berücksichtigt. Liegen ortsübliche Pachtbeträge im erwerbsmäßigen Obst- und Gemüseanbau nicht vor, so ist die entsprechende Pacht in einer vergleichbaren Gemeinde als Bemessungsgrundlage zugrunde zu legen. Ortsüblich im erwerbsmäßigen Obst- und Gemüseanbau ist die in der Gemeinde durchschnittlich gezahlte Pacht.

(2) Auf Antrag einer Vertragspartei hat der nach § 192 des Baugesetzbuchs eingerichtete Gutachterausschuss ein Gutachten über die ortsübliche Pacht im erwerbsmäßigen Obst- und Gemüseanbau zu erstatten. Die für die Anzeige von Landpachtverträgen zuständigen Behörden haben auf Verlangen des Gutachterausschusses Auskünfte über die ortsübliche Pacht im erwerbsmäßigen Obst- und Gemüseanbau zu erteilen. Liegen anonymisierbare Daten im Sinne des Bundesdatenschutzgesetzes nicht vor, ist ergänzend die Pacht im erwerbsmäßigen Obst- und Gemüseanbau in einer vergleichbaren Gemeinde als Bemessungsgrundlage heranzuziehen.

(3) Ist die vereinbarte Pacht niedriger oder höher als die sich nach den Absätzen 1 und 2 ergebende Höchstpacht, kann die jeweilige Vertragspartei der anderen Vertragspartei in Textform erklären, dass die

Pacht bis zur Höhe der Höchstpacht herauf- oder herabgesetzt wird. Aufgrund der Erklärung ist vom ersten Tage des auf die Erklärung folgenden Zahlungszeitraums an die höhere oder niedrigere Pacht zu zahlen. Die Vertragsparteien können die Anpassung frühestens nach Ablauf von drei Jahren nach Vertragsschluss oder der vorhergehenden Anpassung verlangen. Im Falle einer Erklärung des Verpächters über eine Pachterhöhung ist der Pächter berechtigt, das Pachtverhältnis spätestens am 15. Werktag des Zahlungszeitraums, von dem an die Pacht erhoben werden soll, für den Ablauf des nächsten Kalendermonats zu kündigen. Kündigt der Pächter, so tritt eine Erhöhung der Pacht nicht ein.

(4) Der Verpächter kann für von ihm geleistete Aufwendungen für die Kleingartenanlage, insbesondere für Bodenverbesserungen, Wege, Einfriedungen und Parkplätze, vom Pächter Erstattung verlangen, soweit die Aufwendungen nicht durch Leistungen der Kleingärtner oder ihrer Organisationen oder durch Zuschüsse aus öffentlichen Haushalten gedeckt worden sind und soweit sie im Rahmen der kleingärtnerischen Nutzung üblich sind. Die Erstattungspflicht eines Kleingärtners ist auf den Teil der ersatzfähigen Aufwendungen beschränkt, der dem Flächenverhältnis zwischen seinem Kleingarten und der Kleingartenanlage entspricht; die auf die gemeinschaftlichen Einrichtungen entfallenden Flächen werden der Kleingartenfläche anteilig zugerechnet. Der Pächter ist berechtigt, den Erstattungsbetrag in Teilleistungen in Höhe der Pacht zugleich mit der Pacht zu zahlen.

(5) Der Verpächter kann vom Pächter Erstattung der öffentlichrechtlichen Lasten verlangen, die auf dem Kleingartengrundstück ruhen. Absatz 4 Satz 2 ist entsprechend anzuwenden. Der Pächter ist berechtigt, den Erstattungsbetrag einer einmalig erhobenen Abgabe in Teilleistungen, höchstens in fünf Jahresleistungen, zu entrichten.

§ 6
Vertragsdauer

Kleingartenpachtverträge über Dauerkleingärten können nur auf unbestimmte Zeit geschlossen werden; befristete Verträge gelten als auf unbestimmte Zeit geschlossen.

§ 7
Schriftform der Kündigung

Die Kündigung des Kleingartenpachtvertrages bedarf der schriftlichen Form.

§ 8
Kündigung ohne Einhaltung einer Kündigungsfrist

Der Verpächter kann den Kleingartenpachtvertrag ohne Einhaltung einer Kündigungsfrist kündigen, wenn

1. der Pächter mit der Entrichtung der Pacht für mindestens ein Vierteljahr in Verzug ist und nicht innerhalb von zwei Monaten nach Mahnung in Textform die fällige Pachtzinsforderung erfüllt oder

2. der Pächter oder von ihm auf dem Kleingartengrundstück geduldete Personen so schwerwiegende Pflichtverletzungen begehen, insbesondere den Frieden in der Kleingärtnergemeinschaft so nachhaltig stören, dass dem Verpächter die Fortsetzung des Vertragsverhältnisses nicht zugemutet werden kann.

§ 9
Ordentliche Kündigung

(1) Der Verpächter kann den Kleingartenpachtvertrag kündigen, wenn

1. der Pächter ungeachtet einer in Textform abgegebenen Abmahnung des Verpächters eine nicht kleingärtnerische Nutzung fortsetzt oder andere Verpflichtungen, die die Nutzung des Kleingartens betreffen, nicht unerheblich verletzt, insbesondere die Laube zum dauernden Wohnen benutzt, das Grundstück unbefugt einem Dritten überlässt, erhebliche Bewirtschaftungsmängel nicht innerhalb einer angemessenen Frist abstellt oder geldliche oder sonstige Gemeinschaftsleistungen für die Kleingartenanlage verweigert;

2. die Beendigung des Pachtverhältnisses erforderlich ist, um die Kleingartenanlage neu zu ordnen, insbesondere um Kleingärten auf die im § 3 Abs. 1 vorgesehene Größe zu beschränken, die Wege zu verbessern oder Spiel- oder Parkplätze zu errichten;

3. der Eigentümer selbst oder einer seiner Haushaltsangehörigen im Sinne des § 18 des Wohnraumförderungsgesetzes einen Garten kleingärtnerisch nutzen will und ihm anderes geeignetes Gartenland nicht zur Verfügung steht; der Garten ist unter Berücksichtigung der Belange der Kleingärtner auszuwählen;

4. planungsrechtlich eine andere als die kleingärtnerische Nutzung zulässig ist und der Eigentümer durch die Fortsetzung des Pachtverhältnisses an einer anderen wirtschaftlichen Verwertung gehindert ist und dadurch erhebliche Nachteile erleiden würde;

5. die als Kleingarten genutzte Grundstücksfläche alsbald der im Bebauungsplan festgesetzten anderen Nutzung zugeführt oder alsbald für diese Nutzung vorbereitet werden soll; die Kündigung ist auch vor Rechtsverbindlichkeit des Bebauungsplans zulässig, wenn die Gemeinde seine Aufstellung, Änderung oder Ergänzung beschlossen hat, nach dem Stand der Planungsarbeiten anzunehmen ist, dass die beabsichtigte andere Nutzung festgesetzt wird, und dringende Gründe des öffentlichen Interesses die Vorbereitung oder die Verwirklichung der anderen Nutzung vor Rechtsverbindlichkeit des Bebauungsplans erfordern, oder

6. die als Kleingartenanlage genutzte Grundstücksfläche
   a) nach abgeschlossener Planfeststellung für die festgesetzte Nutzung oder
   b) für die in § 1 Abs. 1 des Landbeschaffungsgesetzes in der im Bundesgesetzblatt Teil III, Gliederungsnummer 54-3, veröffentlichten bereinigten Fassung, das zuletzt durch § 33 des Gesetzes vom 20. Dezember 1976 (BGBl. I S. 3574) geändert worden ist, genannten Zwecke

alsbald benötigt wird.

(2) Die Kündigung ist nur für den 30. November eines Jahres zulässig; sie hat spätestens zu erfolgen

1. in den Fällen des Absatzes 1 Nr. 1 am dritten Werktag im August,
2. in den Fällen des Absatzes 1 Nr. 2 bis 6 am dritten Werktag im Februar

dieses Jahres. Wenn dringende Gründe die vorzeitige Inanspruchnahme der kleingärtnerisch genutzten Fläche erfordern, ist eine Kündigung in den Fällen des Absatzes 1 Nr. 5 und 6 spätestens am dritten Werktag eines Kalendermonats für den Ablauf des nächsten Monats zulässig.

(3) Ist der Kleingartenpachtvertrag auf bestimmte Zeit eingegangen, ist die Kündigung nach Absatz 1 Nr. 3 oder 4 unzulässig.

§ 10
Kündigung von Zwischenpachtverträgen

(1) Der Verpächter kann einen Zwischenpachtvertrag auch kündigen, wenn

1. der Zwischenpächter Pflichtverletzungen im Sinne des § 8 Nr. 2 oder des § 9 Abs. 1 Nr. 1 ungeachtet einer Abmahnung des Verpächters duldet oder

2. dem Zwischenpächter die kleingärtnerische Gemeinnützigkeit aberkannt ist.

(2) Durch eine Kündigung nach §9 Abs. 1 Nr. 3 bis 6, die nur Teile der Kleingartenanlage betrifft, wird der Zwischenpachtvertrag auf die übrigen Teile der Kleingartenanlage beschränkt.

(3) Wird ein Zwischenpachtvertrag durch eine Kündigung des Verpächters beendet, tritt der Verpächter in die Verträge des Zwischenpächters mit den Kleingärtnern ein.

§ 11
Kündigungsentschädigung

(1) Wird ein Kleingartenpachtvertrag nach §9 Abs. 1 Nr. 2 bis 6 gekündigt, hat der Pächter einen Anspruch auf angemessene Entschädigung für die von ihm eingebrachten oder gegen Entgelt übernommenen Anpflanzungen und Anlagen, soweit diese im Rahmen der kleingärtnerischen Nutzung üblich sind. Soweit Regeln für die Bewertung von Anpflanzungen und Anlagen von den Ländern aufgestellt oder von einer Kleingärtnerorganisation beschlossen und durch die zuständige Behörde genehmigt worden sind, sind diese bei der Bemessung der Höhe der Entschädigung zugrunde zu legen. Bei einer Kündigung nach §9 Abs. 1 Nr. 5 oder 6 sind darüber hinaus die für die Enteignungsentschädigung geltenden Grundsätze zu beachten.

(2) Zur Entschädigung ist der Verpächter verpflichtet, wenn der Vertrag nach §9 Abs. 1 Nr. 2 bis 4 gekündigt worden ist. Bei einer Kündigung nach §9 Abs. 1 Nr. 5 oder 6 ist derjenige zur Entschädigung verpflichtet, der die als Kleingarten genutzte Fläche in Anspruch nimmt.

(3) Der Anspruch ist fällig, sobald das Pachtverhältnis beendet und der Kleingarten geräumt ist.

§ 12
Beendigung des Kleingartenpachtvertrages bei Tod des Kleingärtners

(1) Stirbt der Kleingärtner, endet der Kleingartenpachtvertrag mit dem Ablauf des Kalendermonats, der auf den Tod des Kleingärtners folgt.

(2) Ein Kleingartenpachtvertrag, den Eheleute oder Lebenspartner gemeinschaftlich geschlossen haben, wird beim Tode eines Ehegatten oder Lebenspartners mit dem überlebenden Ehegatten oder Lebenspartner fortgesetzt. Erklärt der überlebende Ehegatte oder Lebenspart-

ner binnen eines Monats nach dem Todesfall in Textform gegenüber dem Verpächter, dass er den Kleingartenpachtvertrag nicht fortsetzen will, gilt Absatz 1 entsprechend.

(3) Im Falle des Absatzes 2 Satz 1 ist § 563b Abs. 1 und 2 des Bürgerlichen Gesetzbuchs über die Haftung und über die Anrechnung der gezahlten Miete entsprechend anzuwenden.

§ 13
Abweichende Vereinbarungen

Vereinbarungen, durch die zum Nachteil des Pächters von den Vorschriften dieses Abschnitts abgewichen wird, sind nichtig.

DRITTER ABSCHNITT
Dauerkleingärten

§ 14
Bereitstellung und Beschaffung von Ersatzland

(1) Wird ein Kleingartenpachtvertrag über einen Dauerkleingarten nach § 9 Abs. 1 Nr. 5 oder 6 gekündigt, hat die Gemeinde geeignetes Ersatzland bereitzustellen oder zu beschaffen, es sei denn, sie ist zur Erfüllung der Verpflichtung außerstande.

(2) Hat die Gemeinde Ersatzland bereitgestellt oder beschafft, hat der Bedarfsträger an die Gemeinde einen Ausgleichsbetrag zu leisten, der dem Wertunterschied zwischen der in Anspruch genommenen kleingärtnerisch genutzten Fläche und dem Ersatzland entspricht.

(3) Das Ersatzland soll im Zeitpunkt der Räumung des Dauerkleingartens für die kleingärtnerische Nutzung zur Verfügung stehen.

§ 15
Begründung von Kleingartenpachtverträgen durch Enteignung

(1) An Flächen, die in einem Bebauungsplan für Dauerkleingärten festgesetzt sind, können durch Enteignung Kleingartenpachtverträge zugunsten Pachtwilliger begründet werden.

(2) Die Enteignung setzt voraus, dass

1. das Wohl der Allgemeinheit sie erfordert,
2. der Enteignungszweck auf andere zumutbare Weise nicht erreicht werden kann und

3. dem Eigentümer ein angemessenes Angebot zur Begründung der Kleingartenpachtverträge gemacht worden ist; das Angebot ist in Bezug auf die Pacht als angemessen anzusehen, wenn sie der Pacht nach § 5 entspricht.

(3) Die als Entschädigung festzusetzende Pacht bemisst sich nach § 5.

(4) Im Übrigen gilt das Landesenteignungsrecht.

VIERTER ABSCHNITT
Überleitungs- und Schlussvorschriften

§ 16
Überleitungsvorschriften für bestehende Kleingärten

(1) Kleingartenpachtverhältnisse, die im Zeitpunkt des Inkrafttretens dieses Gesetzes bestehen, richten sich von diesem Zeitpunkt an nach dem neuen Recht.

(2) Vor Inkrafttreten dieses Gesetzes geschlossene Pachtverträge über Kleingärten, die bei Inkrafttreten dieses Gesetzes keine Dauerkleingärten sind, sind wie Verträge über Dauerkleingärten zu behandeln, wenn die Gemeinde Eigentümerin der Grundstücke ist.

(3) Stehen bei Verträgen der in Absatz 2 bezeichneten Art die Grundstücke nicht im Eigentum der Gemeinde, enden die Pachtverhältnisse mit Ablauf des 31. März 1987, wenn der Vertrag befristet und die vereinbarte Pachtzeit bis zu diesem Zeitpunkt abgelaufen ist; im Übrigen verbleibt es bei der vereinbarten Pachtzeit.

(4) Ist die Kleingartenanlage vor Ablauf der in Absatz 3 bestimmten Pachtzeit im Bebauungsplan als Fläche für Dauerkleingärten festgesetzt worden, gilt der Vertrag als auf unbestimmte Zeit verlängert. Hat die Gemeinde vor Ablauf des 31. März 1987 beschlossen, einen Bebauungsplan aufzustellen mit dem Ziel, die Fläche für Dauerkleingärten festzusetzen, und den Beschluss nach § 2 Abs. 1 Satz 2 des Baugesetzbuchs bekannt gemacht, verlängert sich der Vertrag vom Zeitpunkt der Bekanntmachung an um vier Jahre; der vom Zeitpunkt der vereinbarten Beendigung der Pachtzeit bis zum 31. März 1987 abgelaufene Zeitraum ist hierbei anzurechnen. Vom Zeitpunkt der Rechtsverbindlichkeit des Bebauungsplans an sind die Vorschriften über Dauerkleingärten anzuwenden.

§ 17
Überleitungsvorschrift für die kleingärtnerische Gemeinnützigkeit

Anerkennungen der kleingärtnerischen Gemeinnützigkeit, die vor Inkrafttreten dieses Gesetzes ausgesprochen worden sind, bleiben unberührt.

§ 18
Überleitungsvorschriften für Lauben

(1) Vor Inkrafttreten dieses Gesetzes rechtmäßig errichtete Lauben, die die in § 3 Abs. 2 vorgesehene Größe überschreiten, können unverändert genutzt werden.

(2) Eine bei Inkrafttreten dieses Gesetzes bestehende Befugnis des Kleingärtners, seine Laube zu Wohnzwecken zu nutzen, bleibt unberührt, soweit andere Vorschriften der Wohnnutzung nicht entgegenstehen. Für die Nutzung der Laube kann der Verpächter zusätzlich ein angemessenes Entgelt verlangen.

§ 19
Stadtstaatenklausel

Die Freie und Hansestadt Hamburg gilt für die Anwendung des Gesetzes auch als Gemeinde.

§ 20
Aufhebung von Vorschriften

(1) Mit Inkrafttreten dieses Gesetzes treten außer Kraft:
1. Kleingarten- und Kleinpachtlandordnung in der im Bundesgesetzblatt Teil III, Gliederungsnummer 235-1, veröffentlichten bereinigten Fassung;
2. Gesetz zur Ergänzung der Kleingarten- und Kleinpachtlandordnung in der im Bundesgesetzblatt Teil III, Gliederungsnummer 235-2, veröffentlichten bereinigten Fassung;
3. Verordnung über Kündigungsschutz und andere kleingartenrechtliche Vorschriften in der im Bundesgesetzblatt Teil III, Gliederungsnummer 235-4, veröffentlichten bereinigten Fassung;
4. Bestimmungen über die Förderung von Kleingärten vom 22. März 1938 (Reichsanzeiger 1938 Nr. 74), Bundesgesetzblatt Teil III, Gliederungsnummer 235-6;

5. Anordnung über eine erweiterte Kündigungsmöglichkeit von kleingärtnerisch bewirtschaftetem Land in der im Bundesgesetzblatt Teil III, Gliederungsnummer 235-5, veröffentlichten bereinigten Fassung;

6. Gesetz zur Änderung und Ergänzung kleingartenrechtlicher Vorschriften vom 28. Juli 1969 (BGBl. I S. 1013);

7. Artikel 4 des Gesetzes zur Änderung des Berlinhilfegesetzes und anderer Vorschriften vom 23. Juni 1970 (BGBl. I S. 826);

8. Baden-Württemberg (für das ehemalige Land Württemberg-Hohenzollern): Verordnung des Landwirtschaftsministeriums über Kündigungsschutz von Kleingärten vom 28. Juli 1947 (Regierungsbl. S. 104), Bundesgesetzblatt Teil III, Gliederungsnummer 235-8;

9. Baden-Württemberg (für das ehemalige Land Baden): Landesverordnung über die Auflockerung des Kündigungsschutzes von Kleingärten vom 19. November 1948 (Gesetz- und Verordnungsbl. 1949 S. 50), Bundesgesetzblatt Teil III, Gliederungsnummer 235-7;

10. Hamburg: Verordnung über Pachtpreise für Kleingärten vom 28. März 1961 (Hamburgisches Gesetz- und Verordnungsbl. S. 115), geändert durch die Verordnung zur Änderung der Verordnung über Pachtpreise für Kleingärten vom 18. Februar 1969 (Hamburgisches Gesetz- und Verordnungsbl. S. 22);

11. Rheinland-Pfalz: Landesgesetz über Kündigungsschutz für Kleingärten und andere kleingartenrechtliche Vorschriften vom 23. November 1948 (Gesetz- und Verordnungsbl. S. 410), Bundesgesetzblatt Teil III, Gliederungsnummer 235-10;

12. Schleswig-Holstein: Kleingartengesetz vom 3. Februar 1948 (Gesetz- und Verordnungsbl. S. 59) in der Fassung vom 5. Mai 1948 (Gesetz- und Verordnungsbl. S. 148), mit Ausnahme der §§ 24 bis 26, Bundesgesetzblatt Teil III, Gliederungsnummer 235-3;

13. Schleswig-Holstein: Schleswig-Holsteinische Verfahrensordnung für Kleingartensachen vom 16. August 1948 (Gesetz- und Verordnungsbl. S. 192), Bundesgesetzblatt Teil III, Gliederungsnummer 235-3-1.

(2) Mit Inkrafttreten dieses Gesetzes erlöschen beschränkte persönliche Dienstbarkeiten, die aufgrund von § 5 Abs. 1 Satz 5 des nach Absatz 1 Nr. 12 außer Kraft tretenden Kleingartengesetzes von Schleswig-Holstein im Grundbuch eingetragen worden sind. Für die Berichtigung des Grundbuchs werden Kosten nicht erhoben.

§ 20a
Überleitungsregelungen aus Anlass der Herstellung der Einheit Deutschlands

In dem in Artikel 3 des Einigungsvertrages genannten Gebiet ist dieses Gesetz mit folgenden Maßgaben anzuwenden:

1. Kleingartennutzungsverhältnisse, die vor dem Wirksamwerden des Beitritts begründet worden und nicht beendet sind, richten sich von diesem Zeitpunkt an nach diesem Gesetz.
2. Vor dem Wirksamwerden des Beitritts geschlossene Nutzungsverträge über Kleingärten sind wie Kleingartenpachtverträge über Dauerkleingärten zu behandeln, wenn die Gemeinde bei Wirksamwerden des Beitritts Eigentümerin der Grundstücke ist oder nach diesem Zeitpunkt das Eigentum an diesen Grundstücken erwirbt.
3. Bei Nutzungsverträgen über Kleingärten, die nicht im Eigentum der Gemeinde stehen, verbleibt es bei der vereinbarten Nutzungsdauer. Sind die Kleingärten im Bebauungsplan als Flächen für Dauerkleingärten festgesetzt worden, gilt der Vertrag als auf unbestimmte Zeit verlängert. Hat die Gemeinde vor Ablauf der vereinbarten Nutzungsdauer beschlossen, einen Bebauungsplan aufzustellen mit dem Ziel, die Fläche für Dauerkleingärten festzusetzen, und den Beschluss nach § 2 Abs. 1 Satz 2 des Baugesetzbuchs bekannt gemacht, verlängert sich der Vertrag vom Zeitpunkt der Bekanntmachung an um sechs Jahre. Vom Zeitpunkt der Rechtsverbindlichkeit des Bebauungsplans an sind die Vorschriften über Dauerkleingärten anzuwenden. Unter den in § 8 Abs. 4 Satz 1 des Baugesetzbuchs genannten Voraussetzungen kann ein vorzeitiger Bebauungsplan aufgestellt werden.
4. Die vor dem Wirksamwerden des Beitritts Kleingärtnerorganisationen verliehene Befugnis, Grundstücke zum Zwecke der Vergabe an Kleingärtner anzupachten, kann unter den für die Aberkennung der kleingärtnerischen Gemeinnützigkeit geltenden Voraussetzungen entzogen werden. Das Verfahren der Anerkennung und des Entzugs der kleingärtnerischen Gemeinnützigkeit regeln die Länder.
5. Anerkennungen der kleingärtnerischen Gemeinnützigkeit, die vor dem Wirksamwerden des Beitritts ausgesprochen worden sind, bleiben unberührt.
6. Die bei Inkrafttreten des Gesetzes zur Änderung des Bundeskleingartengesetzes zu leistende Pacht kann bis zur Höhe der nach § 5 Abs. 1 zulässigen Höchstpacht in folgenden Schritten erhöht werden:
    1. ab 1. Mai 1994 auf das Doppelte,
    2. ab 1. Januar 1996 auf das Dreifache,
    3. ab 1. Januar 1998 auf das Vierfache

der ortsüblichen Pacht im erwerbsmäßigen Obst- und Gemüseanbau. Liegt eine ortsübliche Pacht im erwerbsmäßigen Obst- und Gemüseanbau nicht vor, ist die entsprechende Pacht in einer vergleichbaren Gemeinde als Bemessungsgrundlage zugrunde zu legen. Bis zum 1. Januar 1998 geltend gemachte Erstattungsbeträge gemäß § 5 Abs. 5 Satz 3 können vom Pächter in Teilleistungen, höchstens in acht Jahresleistungen, entrichtet werden.

7. Vor dem Wirksamwerden des Beitritts rechtmäßig errichtete Gartenlauben, die die in § 3 Abs. 2 vorgesehene Größe überschreiten, oder andere der kleingärtnerischen Nutzung dienende bauliche Anlagen können unverändert genutzt werden. Die Kleintierhaltung in Kleingartenanlagen bleibt unberührt, soweit sie die Kleingärtnergemeinschaft nicht wesentlich stört und der kleingärtnerischen Nutzung nicht widerspricht.

8. Eine vor dem Wirksamwerden des Beitritts bestehende Befugnis des Kleingärtners, seine Laube dauernd zu Wohnzwecken zu nutzen, bleibt unberührt, soweit andere Vorschriften der Wohnnutzung nicht entgegenstehen. Für die dauernde Nutzung der Laube kann der Verpächter zusätzlich ein angemessenes Entgelt verlangen.

§ 20b
Sonderregelungen für Zwischenpachtverhältnisse im Beitrittsgebiet

Auf Zwischenpachtverträge über Grundstücke in dem in Artikel 3 des Einigungsvertrages genannten Gebiet, die innerhalb von Kleingartenanlagen genutzt werden, sind die §§ 8 bis 10 und § 19 des Schuldrechtsanpassungsgesetzes entsprechend anzuwenden.

§ 21[1])
Berlin-Klausel

– *aufgehoben* –

§ 22[2])
Inkrafttreten

Dieses Gesetz tritt am 1. April 1983 in Kraft.

---

1) Aufgehoben durch Art. 11 des Ersten Gesetzes über die Bereinigung von Bundesrecht im Zuständigkeitsbereich des BMVBS vom 19.6.2006 (BGBl. I S. 2146).

2) Der Zeitpunkt des Inkrafttretens der Änderungen des BKleingG aufgrund des Gesetzes zur Änderung des BKleingG (BKleingÄndG) ergibt sich aus Art. 4 dieses Gesetzes. Danach sind die Änderungen am 1. Mai 1994 in Kraft getreten.

2.
Gesetz zur Änderung des Bundeskleingartengesetzes (BKleingÄndG)

vom 8.4.1994 (BGBl. I S. 766),
geändert durch Gesetz vom 13.7.2001 (BGBl. I S. 1542)

Artikel 1
Änderung des Bundeskleingartengesetzes

Das Bundeskleingartengesetz vom 28. Februar 1983 (BGBl. I S. 210), zuletzt geändert durch Anlage I Kapitel XIV Abschnitt II Nr. 4 des Einigungsvertrages vom 31. August 1990 in Verbindung mit Artikel 1 des Gesetzes vom 23. September 1990 (BGBl. II S. 885,1125), wird wie folgt geändert:

– Die Änderungen sind in den Text des Bundeskleingartengesetzes eingearbeitet –

Artikel 2
Änderung des Baugesetzbuchs

Dem § 135 Abs. 4 des Baugesetzbuchs, das zuletzt durch Artikel 6 Abs. 29 des Gesetzes vom 27. Dezember 1993 (BGBl. I S. 2378) geändert worden ist, wird folgender Satz 3 angefügt:

„Der Beitrag ist auch zinslos zu stunden, solange Grundstücke als Kleingärten im Sinne des Bundeskleingartengesetzes genutzt werden."

Artikel 3
Überleitungsregelungen

Für private Verpächter von Kleingärten findet Artikel 1 Nr. 4 Buchstabe a[1])

1. im Falle am 1. November 1992 nicht bestandskräftig entschiedener Rechtsstreitigkeiten über die Höhe der Pacht rückwirkend vom ersten Tage des auf die Rechtshängigkeit folgenden Monats,
2. im Übrigen ab 1. November 1992

Anwendung. Das gilt nicht für den Anwendungsbereich des § 20a des Bundeskleingartengesetzes. § 5 Abs. 3 Satz 1 und 4 des Bundesklein-

---
1) S. § 5 Abs. 1 Satz 1 BKleingG.

gartengesetzes gilt entsprechend. Die in Textform abgegebene Erklärung des Verpächters hat die Wirkung, dass mit dem vom Verpächter genannten Zeitpunkt an die Stelle der bisherigen Pacht die erhöhte Pacht tritt.

Artikel 4
Inkrafttreten

Dieses Gesetz tritt am 1. Mai 1994 in Kraft.

3.
Gesetz zur Änderung schuldrechtlicher Bestimmungen im Beitrittsgebiet (Schuldrechtsänderungsgesetz – SchuldRÄndG)

vom 21.9.1994 (BGBl. I S. 2538),
zuletzt geändert durch Art. 1 G vom 17.5.2002 (BGBl. I S. 1580)

– Auszug –

Artikel 1
Gesetz zur Anpassung schuldrechtlicher Nutzungsverhältnisse an Grundstücken im Beitrittsgebiet (Schuldrechtsanpassungsgesetz – SchuldRAnpG)

KAPITEL 1
Allgemeine Vorschriften

ABSCHNITT 1
Anwendungsbereich

§ 1
Betroffene Rechtsverhältnisse

(1) Dieses Gesetz regelt Rechtsverhältnisse an Grundstücken in dem in Artikel 3 des Einigungsvertrages genannten Gebiet (Beitrittsgebiet), die auf Grund

1. eines Vertrages zum Zwecke der kleingärtnerischen Nutzung, Erholung oder Freizeitgestaltung oder zur Errichtung von Garagen oder anderen persönlichen, jedoch nicht Wohnzwecken dienenden Bauwerken überlassen,
2. eines Überlassungsvertrages im Sinne des Artikels 232 § 1a des Einführungsgesetzes zum Bürgerlichen Gesetzbuche zu Wohnzwecken oder zu gewerblichen Zwecken übergeben oder
3. eines Miet-, Pacht- oder sonstigen Nutzungsvertrages von einem anderen als dem Grundstückseigentümer bis zum Ablauf des 2. Oktober 1990 mit Billigung staatlicher Stellen mit einem Wohn- oder gewerblichen Zwecken dienenden Bauwerk bebaut

worden sind.

(2) Wurde das Grundstück einem anderen als dem unmittelbar Nutzungsberechtigten (Zwischenpächter) zum Zwecke der vertraglichen Überlassung an Dritte übergeben, sind die Bestimmungen dieses Gesetzes auch auf diesen Vertrag anzuwenden.

§ 2
Nicht einbezogene Rechtsverhältnisse

(1) Die Bestimmungen dieses Gesetzes sind nicht auf Rechtsverhältnisse anzuwenden, deren Bereinigung im Sachenrechtsbereinigungsgesetz vorgesehen ist. Dies gilt insbesondere für
1. Nutzungsverträge nach § 1 Abs. 1 Nr. 1 und 3, wenn die in § 5 Abs. 1 Nr. 2 Satz 2 Buchstabe d und e des Sachenrechtsbereinigungsgesetzes bezeichneten Voraussetzungen des Eigenheimbaus vorliegen,
2. Überlassungsverträge nach § 1 Abs. 1 Nr. 2, wenn der Nutzer mit Billigung staatlicher Stellen ein Eigenheim errichtet oder bauliche Investitionen nach § 12 Abs. 2 des Sachenrechtsbereinigungsgesetzes in ein vorhandenes Gebäude vorgenommen hat, und
3. Miet-, Pacht- oder sonstige Nutzungsverträge nach § 1 Abs. 1 Nr. 3, wenn der Nutzer für seinen Handwerks- oder Gewerbebetrieb auf einem ehemals volkseigenen Grundstück einen Neubau errichtet oder eine bauliche Maßnahme nach § 12 Abs. 1 des Sachenrechtsbereinigungsgesetzes vorgenommen hat.

(2) Dieses Gesetz gilt ferner nicht für die in § 71 des Vertragsgesetzes der Deutschen Demokratischen Republik bezeichneten Verträge.

(3) Für Nutzungsverhältnisse innerhalb von Kleingartenanlagen bleibt die Anwendung des Bundeskleingartengesetzes vom 28. Februar 1983 (BGBl. I S. 210), zuletzt geändert durch Artikel 5 des Schuldrechtsänderungsgesetzes vom 21. September 1994 (BGBl. S. 2538), unberührt. Ist das Grundstück nach Ablauf des 2. Oktober 1990 in eine Kleingartenanlage eingegliedert worden, sind vom Zeitpunkt der Eingliederung an die Bestimmungen des Bundeskleingartengesetzes anzuwenden.

§ 3
Zeitliche Begrenzung

Die Bestimmungen dieses Gesetzes sind nur auf solche Verträge anzuwenden, die bis zum Ablauf des 2. Oktober 1990 abgeschlossen worden sind.

...

ABSCHNITT 3
Grundsätze

Unterabschnitt 1
Durchführung der Schuldrechtsanpassung

§ 6
Gesetzliche Umwandlung

(1) Auf die in § 1 Abs. 1 bezeichneten Verträge sind die Bestimmungen des Bürgerlichen Gesetzbuchs über den Miet- oder den Pachtvertrag anzuwenden, soweit dieses Gesetz nichts anderes bestimmt.

(2) Vereinbarungen, die die Beteiligten (Grundstückseigentümer und Nutzer) nach Ablauf des 2. Oktober 1990 getroffen haben, bleiben von den Bestimmungen dieses Gesetzes unberührt. Dies gilt unabhängig von ihrer Vereinbarkeit mit Rechtsvorschriften der Deutschen Demokratischen Republik auch für bis zu diesem Zeitpunkt getroffene Abreden, die vom Inhalt eines Vertrages vergleichbarer Art abweichen, nicht zu einer unangemessenen Benachteiligung eines Beteiligten führen und von denen anzunehmen ist, dass die Beteiligten sie auch getroffen hätten, wenn sie die durch den Beitritt bedingte Änderung der wirtschaftlichen und sozialen Verhältnisse vorausgesehen hätten.

(3) In einem Überlassungsvertrag getroffene Abreden bleiben nur wirksam, soweit es in diesem Gesetz bestimmt ist.

§ 7
Kündigungsschutz durch Moratorium

(1) Eine vom Grundstückseigentümer oder einem anderen Vertragschließenden (§ 8 Abs. 1 Satz 1) nach Ablauf des 2. Oktober 1990 ausgesprochene Kündigung eines in § 1 Abs. 1 bezeichneten Vertrages ist unwirksam, wenn der Nutzer nach Artikel 233 § 2a Abs. 1 des Einführungsgesetzes zum Bürgerlichen Gesetzbuche gegenüber dem Grundstückseigentümer zum Besitz berechtigt war und den Besitz noch ausübt. Satz 1 ist auch anzuwenden, wenn dem Nutzer der Besitz durch verbotene Eigenmacht entzogen wurde. Abweichende rechtskräftige Entscheidungen bleiben unberührt.

(2) Absatz 1 ist nicht anzuwenden, wenn die Kündigung wegen vertragswidrigen Gebrauchs, Zahlungsverzugs des Nutzers oder aus einem anderen wichtigen Grund erfolgt ist.

(3) Artikel 232 § 4a des Einführungsgesetzes zum Bürgerlichen Gesetzbuche bleibt unberührt.

Unterabschnitt 2

Rechtsgeschäfte mit anderen Vertragschließenden

§ 8
Vertragseintritt

(1) Der Grundstückseigentümer tritt in die sich ab dem 1. Januar 1995 ergebenden Rechte und Pflichten aus einem Vertragsverhältnis über den Gebrauch oder die Nutzung seines Grundstücks ein, das landwirtschaftliche Produktionsgenossenschaften bis zum Ablauf des 30. Juni 1990 oder staatliche Stellen im Sinne des § 10 Abs. 1 des Sachenrechtsbereinigungsgesetzes bis zum Ablauf des 2. Oktober 1990 im eigenen oder in seinem Namen mit dem Nutzer abgeschlossen haben. Die in § 46 des Gesetzes über die landwirtschaftlichen Produktionsgenossenschaften vom 2. Juli 1982 (GBl. I Nr. 25 S. 443) bezeichneten Genossenschaften und Kooperationsbeziehungen stehen landwirtschaftlichen Produktionsgenossenschaften gleich. Die Regelungen zum Vertragsübergang in § 17 des Vermögensgesetzes bleiben unberührt.

(2) Ist der Vertrag mit einem Zwischenpächter abgeschlossen worden, tritt der Grundstückseigentümer in dieses Vertragsverhältnis ein.

(3) Absatz 1 Satz 1 gilt nicht, wenn der andere Vertragschließende zur Überlassung des Grundstücks nicht berechtigt war und der Nutzer beim Vertragsabschluss den Mangel der Berechtigung des anderen Vertragschließenden kannte. Kannte nur der Zwischenpächter den Mangel der Berechtigung des anderen Vertragschließenden, tritt der Grundstückseigentümer in den vom Zwischenpächter mit dem unmittelbar Nutzungsberechtigten geschlossenen Vertrag ein. Ein Verstoß gegen die in § 18 Abs. 2 Satz 2 des Gesetzes über die landwirtschaftlichen Produktionsgenossenschaften vom 2. Juli 1982 genannten Voraussetzungen ist nicht beachtlich.

(4) Abweichende rechtskräftige Entscheidungen bleiben unberührt.

§ 9
Vertragliche Nebenpflichten

Grundstückseigentümer und Nutzer können die Erfüllung solcher Pflichten verweigern, die nicht unmittelbar die Nutzung des Grundstücks betreffen und nach ihrem Inhalt von oder gegenüber dem anderen Vertragschließenden zu erbringen waren. Dies gilt insbesondere für die Unterhaltung von Gemeinschaftsanlagen in Wochenendhaussiedlungen und die Verpflichtung des Nutzers zur Mitarbeit in einer landwirtschaftlichen Produktionsgenossenschaft.

§ 10
Verantwortlichkeit für Fehler oder Schäden

(1) Der Grundstückseigentümer haftet dem Nutzer nicht für Fehler oder Schäden, die infolge eines Umstandes eingetreten sind, den der andere Vertragschließende zu vertreten hat.

(2) Soweit der Grundstückseigentümer nach Absatz 1 nicht haftet, kann der Nutzer unbeschadet des gesetzlichen Vertragseintritts Schadensersatz von dem anderen Vertragschließenden verlangen.

...

§ 19
Heilung von Mängeln

(1) Ein Vertrag nach § 1 Abs. 1 Nr. 1 ist nicht deshalb unwirksam, weil die nach § 312 Abs. 1 Satz 2 des Zivilgesetzbuchs der Deutschen Demokratischen Republik vorgesehene Schriftform nicht eingehalten worden ist.

(2) Das Fehlen der Zustimmung zur Bebauung nach § 313 Abs. 2 des Zivilgesetzbuchs ist unbeachtlich, wenn der Nutzungsvertrag von einer staatlichen Stelle abgeschlossen worden ist und eine Behörde dieser Körperschaft dem Nutzer eine Bauzustimmung erteilt hat.

(3) Abweichende rechtskräftige Entscheidungen bleiben unberührt.

...

Artikel 5
Änderung des Bundeskleingartengesetzes

Nach § 20a des Bundeskleingartengesetzes vom 28. Februar 1983 (BGBl. I S. 210), das zuletzt durch Art. 1 des Gesetzes vom 8. April 1994 (BGBl. I S. 766) geändert worden ist, wird folgender § 20b eingefügt:

„§ 20b
Sonderregelungen für Zwischenpachtverhältnisse im Beitrittsgebiet

Auf Zwischenpachtverträge über Grundstücke in dem in Artikel 3 des Einigungsvertrages genannten Gebiet, die innerhalb von Kleingartenanlagen genutzt werden, sind die §§ 8 bis 10 und § 19 des Schuldrechtsanpassungsgesetzes entsprechend anzuwenden."

Artikel 6
Inkrafttreten

Dieses Gesetz tritt am 1. Januar 1995 in Kraft.

4.
Bürgerliches Gesetzbuch (BGB)[1]

i.d.F. der Bek. vom 2.1.2002 (BGBl. I S. 42, ber. S. 2909,
ber. 2003 S. 738),
zuletzt geändert durch Art. 1 G vom 22.7.2014 (BGBl. I S. 1218)

– Auszug –

---

1) Amtlicher Hinweis:
Dieses Gesetz dient der Umsetzung folgender Richtlinien:
1. Richtlinie 76/207/EWG des Rates vom 9. Februar 1976 zur Verwirklichung des Grundsatzes der Gleichbehandlung von Männern und Frauen hinsichtlich des Zugangs zur Beschäftigung, zur Berufsbildung und zum beruflichen Aufstieg sowie in Bezug auf die Arbeitsbedingungen (ABl. EG Nr. L 39 S. 40),
2. Richtlinie 77/187/EWG des Rates vom 14. Februar 1977 zur Angleichung der Rechtsvorschriften der Mitgliedstaaten über die Wahrung von Ansprüchen der Arbeitnehmer beim Übergang von Unternehmen, Betrieben oder Betriebsteilen (ABl. EG Nr. L 61 S. 26),
3. Richtlinie 85/577/EWG des Rates vom 20. Dezember 1985 betreffend den Verbraucherschutz im Falle von außerhalb von Geschäftsräumen geschlossenen Verträgen (ABl. EG Nr. L 372 S. 31),
4. Richtlinie 87/102/EWG des Rates zur Angleichung der Rechts- und Verwaltungsvorschriften der Mitgliedstaaten über den Verbraucherkredit (ABl. EG Nr. L 42 S. 48), zuletzt geändert durch die Richtlinie 98/7/EG des Europäischen Parlaments und des Rates vom 16. Februar 1998 zur Änderung der Richtlinie 87/102/EWG zur Angleichung der Rechts- und Verwaltungsvorschriften der Mitgliedstaaten über den Verbraucherkredit (ABl. EG Nr. L 101 S. 17),
5. Richtlinie 90/314/EWG des Europäischen Parlaments und des Rates vom 13. Juni 1990 über Pauschalreisen (ABl. EG Nr. L 158 S. 59),
6. Richtlinie 93/13/EWG des Rates vom 5. April 1993 über missbräuchliche Klauseln in Verbraucherverträgen (ABl. EG Nr. L 95 S. 29),
7. Richtlinie 94/47/EG des Europäischen Parlaments und des Rates vom 26. Oktober 1994 zum Schutz der Erwerber im Hinblick auf bestimmte Aspekte von Verträgen über den Erwerb von Teilzeitnutzungsrechten an Immobilien (ABl. EG Nr. L 280 S. 82),
8. der Richtlinie 97/5/EG des Europäischen Parlaments und des Rates vom 27. Januar 1997 über grenzüberschreitende Überweisungen (ABl. EG Nr. L 43 S. 25),
9. Richtlinie 97/7/EG des Europäischen Parlaments und des Rates vom 20. Mai 1997 über den Verbraucherschutz bei Vertragsabschlüssen im Fernabsatz (ABl. EG Nr. L 144 S. 19),
10. Artikel 3 bis 5 der Richtlinie 98/26/EG des Europäischen Parlaments und des Rates über die Wirksamkeit von Abrechnungen in Zahlungs- und Wertpapierliefer- und -abrechnungssystemen vom 19. Mai 1998 (ABl. EG Nr. L 166 S. 45),
11. Richtlinie 1999/44/EG des Europäischen Parlaments und des Rates vom 25. Mai 1999 zu bestimmten Aspekten des Verbrauchsgüterkaufs und der Garantien für Verbrauchsgüter (ABl. EG Nr. L 171 S. 12),
12. Artikel 10, 11 und 18 der Richtlinie 2000/31/EG des Europäischen Parlaments und des Rates vom 8. Juni 2000 über bestimmte rechtliche Aspekte der Dienste der Informationsgesellschaft, insbesondere des elektronischen Geschäftsverkehrs, im Binnenmarkt („Richtlinie über den elektronischen Geschäftsverkehr", ABl. EG Nr. L 178 S. 1),
13. Richtlinie 2000/35/EG des Europäischen Parlaments und des Rates vom 29. Juni 2000 zur Bekämpfung von Zahlungsverzug im Geschäftsverkehr (ABl. EG Nr. L 200 S. 35).

BUCH 1
Allgemeiner Teil

ABSCHNITT 1
Personen

Titel 2
Juristische Personen

Untertitel 1
Vereine

Kapitel 1
Allgemeine Vorschriften

§ 21
Nicht wirtschaftlicher Verein

Ein Verein, dessen Zweck nicht auf einen wirtschaftlichen Geschäftsbetrieb gerichtet ist, erlangt Rechtsfähigkeit durch Eintragung in das Vereinsregister des zuständigen Amtsgerichts.

...

§ 24
Sitz

Als Sitz eines Vereins gilt, wenn nicht ein anderes bestimmt ist, der Ort, an welchem die Verwaltung geführt wird.

§ 25
Verfassung

Die Verfassung eines rechtsfähigen Vereins wird, soweit sie nicht auf den nachfolgenden Vorschriften beruht, durch die Vereinssatzung bestimmt.

§ 26
Vorstand und Vertretung

(1) Der Verein muss einen Vorstand haben. Der Vorstand vertritt den Verein gerichtlich und außergerichtlich; er hat die Stellung eines gesetzlichen Vertreters. Der Umfang der Vertretungsmacht kann durch die Satzung mit Wirkung gegen Dritte beschränkt werden.

(2) Besteht der Vorstand aus mehreren Personen, so wird der Verein durch die Mehrheit der Vorstandsmitglieder vertreten. Ist eine Willenserklärung gegenüber einem Verein abzugeben, so genügt die Abgabe gegenüber einem Mitglied des Vorstands.

§ 27
Bestellung und Geschäftsführung des Vorstands

(1) Die Bestellung des Vorstands erfolgt durch Beschluss der Mitgliederversammlung.

(2) Die Bestellung ist jederzeit widerruflich, unbeschadet des Anspruchs auf die vertragsmäßige Vergütung. Die Widerruflichkeit kann durch die Satzung auf den Fall beschränkt werden, dass ein wichtiger Grund für den Widerruf vorliegt; ein solcher Grund ist insbesondere grobe Pflichtverletzung oder Unfähigkeit zur ordnungsmäßigen Geschäftsführung.

(3) Auf die Geschäftsführung des Vorstands finden die für den Auftrag geltenden Vorschriften der §§ 664 bis 670 entsprechende Anwendung. Die Mitglieder des Vorstands sind unentgeltlich tätig.

§ 28
Beschlussfassung des Vorstands

Bei einem Vorstand, der aus mehreren Personen besteht, erfolgt die Beschlussfassung nach den für die Beschlüsse der Mitglieder des Vereins geltenden Vorschriften der §§ 32 und 34.

§ 29
Notbestellung durch Amtsgericht

Soweit die erforderlichen Mitglieder des Vorstands fehlen, sind sie in dringenden Fällen für die Zeit bis zur Behebung des Mangels auf Antrag eines Beteiligten von dem Amtsgericht zu bestellen, das für den Bezirk, in dem der Verein seinen Sitz hat, das Vereinsregister führt.

§ 30
Besondere Vertreter

Durch die Satzung kann bestimmt werden, dass neben dem Vorstand für gewisse Geschäfte besondere Vertreter zu bestellen sind. Die Vertretungsmacht eines solchen Vertreters erstreckt sich im Zweifel auf alle Rechtsgeschäfte, die der ihm zugewiesene Geschäftskreis gewöhnlich mit sich bringt.

§ 31
Haftung des Vereins für Organe

Der Verein ist für den Schaden verantwortlich, den der Vorstand, ein Mitglied des Vorstands oder ein anderer verfassungsmäßig berufener Vertreter durch eine in Ausführung der ihm zustehenden Verrichtungen begangene, zum Schadensersatz verpflichtende Handlung einem Dritten zufügt.

§ 31a
Haftung von Organmitgliedern und besonderen Vertretern

(1) Sind Organmitglieder oder besondere Vertreter unentgeltlich tätig oder erhalten sie für ihre Tätigkeit eine Vergütung, die 720 Euro jährlich nicht übersteigt, haften sie dem Verein für einen bei der Wahrnehmung ihrer Pflichten verursachten Schaden nur bei Vorliegen von Vorsatz oder grober Fahrlässigkeit. Satz 1 gilt auch für die Haftung gegenüber den Mitgliedern des Vereins. Ist streitig, ob ein Organmitglied oder ein besonderer Vertreter einen Schaden vorsätzlich oder grob fahrlässig verursacht hat, trägt der Verein oder das Vereinsmitglied die Beweislast.

(2) Sind Organmitglieder oder besondere Vertreter nach Absatz 1 Satz 1 einem anderen zum Ersatz eines Schadens verpflichtet, den sie bei der Wahrnehmung ihrer Pflichten verursacht haben, so können sie von dem Verein die Befreiung von der Verbindlichkeit verlangen. Satz 1 gilt nicht, wenn der Schaden vorsätzlich oder grob fahrlässig verursacht wurde.

§ 31b
Haftung von Vereinsmitgliedern

(1) Sind Vereinsmitglieder unentgeltlich für den Verein tätig oder erhalten sie für ihre Tätigkeit eine Vergütung, die 720 Euro jährlich nicht übersteigt, haften sie dem Verein für einen Schaden, den sie bei der Wahrnehmung der ihnen übertragenen satzungsgemäßen Vereinsaufgaben verursachen, nur bei Vorliegen von Vorsatz oder grober Fahrlässigkeit. § 31a Absatz 1 Satz 3 ist entsprechend anzuwenden.

(2) Sind Vereinsmitglieder nach Absatz 1 Satz 1 einem anderen zum Ersatz eines Schadens verpflichtet, den sie bei der Wahrnehmung der ihnen übertragenen satzungsgemäßen Vereinsaufgaben verursacht haben, so können sie von dem Verein die Befreiung von der Verbindlichkeit verlangen. Satz 1 gilt nicht, wenn die Vereinsmitglieder den Schaden vorsätzlich oder grob fahrlässig verursacht haben.

§ 32
Mitgliederversammlung; Beschlussfassung

(1) Die Angelegenheiten des Vereins werden, soweit sie nicht von dem Vorstand oder einem anderen Vereinsorgan zu besorgen sind, durch Beschlussfassung in einer Versammlung der Mitglieder geordnet. Zur Gültigkeit des Beschlusses ist erforderlich, dass der Gegenstand bei der Berufung bezeichnet wird. Bei der Beschlussfassung entscheidet die Mehrheit der abgegebenen Stimmen.

(2) Auch ohne Versammlung der Mitglieder ist ein Beschluss gültig, wenn alle Mitglieder ihre Zustimmung zu dem Beschluss schriftlich erklären.

§ 33
Satzungsänderung

(1) Zu einem Beschluss, der eine Änderung der Satzung enthält, ist eine Mehrheit von drei Vierteln der abgegebenen Stimmen erforderlich. Zur Änderung des Zweckes des Vereins ist die Zustimmung aller Mitglieder erforderlich; die Zustimmung der nicht erschienenen Mitglieder muss schriftlich erfolgen.

(2) Beruht die Rechtsfähigkeit des Vereins auf Verleihung, so ist zu jeder Änderung der Satzung die Genehmigung der zuständigen Behörde erforderlich.

§ 34
Ausschluss vom Stimmrecht

Ein Mitglied ist nicht stimmberechtigt, wenn die Beschlussfassung die Vornahme eines Rechtsgeschäfts mit ihm oder die Einleitung oder Erledigung eines Rechtsstreits zwischen ihm und dem Verein betrifft.

§ 35
Sonderrechte

Sonderrechte eines Mitglieds können nicht ohne dessen Zustimmung durch Beschluss der Mitgliederversammlung beeinträchtigt werden.

§ 36
Berufung der Mitgliederversammlung

Die Mitgliederversammlung ist in den durch die Satzung bestimmten Fällen sowie dann zu berufen, wenn das Interesse des Vereins es erfordert.

§ 37
Berufung auf Verlangen einer Minderheit

(1) Die Mitgliederversammlung ist zu berufen, wenn der durch die Satzung bestimmte Teil oder in Ermangelung einer Bestimmung der zehnte Teil der Mitglieder die Berufung schriftlich unter Angabe des Zweckes und der Gründe verlangt.

(2) Wird dem Verlangen nicht entsprochen, so kann das Amtsgericht die Mitglieder, die das Verlangen gestellt haben, zur Berufung der Versammlung ermächtigen; es kann Anordnungen über die Führung des Vorsitzes in der Versammlung treffen. Zuständig ist das Amtsgericht, das für den Bezirk, in dem der Verein seinen Sitz hat, das Vereinsregister führt. Auf die Ermächtigung muss bei der Berufung der Versammlung Bezug genommen werden.

§ 38
Mitgliedschaft

Die Mitgliedschaft ist nicht übertragbar und nicht vererblich. Die Ausübung der Mitgliedschaftsrechte kann nicht einem anderen überlassen werden.

§ 39
Austritt aus dem Verein

(1) Die Mitglieder sind zum Austritt aus dem Verein berechtigt.

(2) Durch die Satzung kann bestimmt werden, dass der Austritt nur am Schluss eines Geschäftsjahrs oder erst nach dem Ablauf einer Kündigungsfrist zulässig ist; die Kündigungsfrist kann höchstens zwei Jahre betragen.

§ 40
Nachgiebige Vorschriften

Die Vorschriften des § 26 Absatz 2 Satz 1, des § 27 Absatz 1 und 3, der §§ 28, 31a Abs. 1 Satz 2 sowie der §§ 32, 33 und 38 finden insoweit keine Anwendung als die Satzung ein anderes bestimmt. Von § 34 kann auch für die Beschlussfassung des Vorstands durch die Satzung nicht abgewichen werden.

§ 41
Auflösung des Vereines

Der Verein kann durch Beschluss der Mitgliederversammlung aufgelöst werden. Zu dem Beschluss ist eine Mehrheit von drei Vierteln der abgegebenen Stimmen erforderlich, wenn nicht die Satzung ein anderes bestimmt.

§ 42
Insolvenz

(1) Der Verein wird durch die Eröffnung des Insolvenzverfahrens und mit Rechtskraft des Beschlusses, durch den die Eröffnung des Insolvenzverfahrens mangels Masse abgewiesen worden ist, aufgelöst. Wird das Verfahren auf Antrag des Schuldners eingestellt oder nach der Bestätigung eines Insolvenzplans, der den Fortbestand des Vereins vorsieht, aufgehoben, so kann die Mitgliederversammlung die Fortsetzung des Vereins beschließen. Durch die Satzung kann bestimmt werden, dass der Verein im Falle der Eröffnung des Insolvenzverfahrens als nicht rechtsfähiger Verein fortbesteht; auch in diesem Falle kann unter den Voraussetzungen des Satzes 2 die Fortsetzung als rechtsfähiger Verein beschlossen werden.

(2) Der Vorstand hat im Falle der Zahlungsunfähigkeit oder der Überschuldung die Eröffnung des Insolvenzverfahrens zu beantragen. Wird die Stellung des Antrags verzögert, so sind die Vorstandsmitglieder, denen ein Verschulden zur Last fällt, den Gläubigern für den daraus entstehenden Schaden verantwortlich; sie haften als Gesamtschuldner.

§ 43
Entziehung der Rechtsfähigkeit

Einem Verein, dessen Rechtsfähigkeit auf Verleihung beruht, kann die Rechtsfähigkeit entzogen werden, wenn er einen anderen als den in der Satzung bestimmten Zweck verfolgt.

§ 44
Zuständigkeit und Verfahren[1]

Die Zuständigkeit und das Verfahren für die Entziehung der Rechtsfähigkeit nach § 43 bestimmen sich nach dem Recht des Landes, in dem der Verein seinen Sitz hat.

---

1) Nach Art. 129 GG ist nunmehr der Bundesminister des Innern zuständig.

§ 45
Anfall des Vereinsvermögens

(1) Mit der Auflösung des Vereins oder der Entziehung der Rechtsfähigkeit fällt das Vermögen an die in der Satzung bestimmten Personen.

(2) Durch die Satzung kann vorgeschrieben werden, dass die Anfallberechtigten durch Beschluss der Mitgliederversammlung oder eines anderen Vereinsorgans bestimmt werden. Ist der Zweck des Vereins nicht auf einen wirtschaftlichen Geschäftsbetrieb gerichtet, so kann die Mitgliederversammlung auch ohne eine solche Vorschrift das Vermögen einer öffentlichen Stiftung oder Anstalt zuweisen.

(3) Fehlt es an einer Bestimmung der Anfallberechtigten, so fällt das Vermögen, wenn der Verein nach der Satzung ausschließlich den Interessen seiner Mitglieder diente, an die zur Zeit der Auflösung oder der Entziehung der Rechtsfähigkeit vorhandenen Mitglieder zu gleichen Teilen, anderenfalls an den Fiskus des Landes, in dessen Gebiet der Verein seinen Sitz hatte.

§ 46
Anfall an den Fiskus

Fällt das Vereinsvermögen an den Fiskus, so finden die Vorschriften über eine dem Fiskus als gesetzlichem Erben anfallende Erbschaft entsprechende Anwendung. Der Fiskus hat das Vermögen tunlichst in einer den Zwecken des Vereins entsprechenden Weise zu verwenden.

§ 47
Liquidation

Fällt das Vereinsvermögen nicht an den Fiskus, so muss eine Liquidation stattfinden, sofern nicht über das Vermögen des Vereins das Insolvenzverfahren eröffnet ist.

§ 48
Liquidatoren

(1) Die Liquidation erfolgt durch den Vorstand. Zu Liquidatoren können auch andere Personen bestellt werden; für die Bestellung sind die für die Bestellung des Vorstands geltenden Vorschriften maßgebend.

(2) Die Liquidatoren haben die rechtliche Stellung des Vorstands, soweit sich nicht aus dem Zwecke der Liquidation ein anderes ergibt.

(3) Sind mehrere Liquidatoren vorhanden, so sind sie nur gemeinschaftlich zur Vertretung befugt und können Beschlüsse nur einstimmig fassen, sofern nicht ein anderes bestimmt ist.

§ 49
Aufgaben der Liquidatoren

(1) Die Liquidatoren haben die laufenden Geschäfte zu beendigen, die Forderungen einzuziehen, das übrige Vermögen in Geld umzusetzen, die Gläubiger zu befriedigen und den Überschuss den Anfallberechtigten auszuantworten. Zur Beendigung schwebender Geschäfte können die Liquidatoren auch neue Geschäfte eingehen. Die Einziehung der Forderungen sowie die Umsetzung des übrigen Vermögens in Geld darf unterbleiben, soweit diese Maßregeln nicht zur Befriedigung der Gläubiger oder zur Verteilung des Überschusses unter die Anfallberechtigten erforderlich sind.

(2) Der Verein gilt bis zur Beendigung der Liquidation als fortbestehend, soweit der Zweck der Liquidation es erfordert.

§ 50
Bekanntmachung des Vereins in Liquidation

(1) Die Auflösung des Vereins oder die Entziehung der Rechtsfähigkeit ist durch die Liquidatoren öffentlich bekannt zu machen. In der Bekanntmachung sind die Gläubiger zur Anmeldung ihrer Ansprüche aufzufordern. Die Bekanntmachung erfolgt durch das in der Satzung für Veröffentlichungen bestimmte Blatt. Die Bekanntmachung gilt mit dem Ablauf des zweiten Tages nach der Einrückung oder der ersten Einrückung als bewirkt.

(2) Bekannte Gläubiger sind durch besondere Mitteilung zur Anmeldung aufzufordern.

§ 50a
Bekanntmachungsblatt

Hat ein Verein in der Satzung kein Blatt für Bekanntmachungen bestimmt oder hat das bestimmte Bekanntmachungsblatt sein Erscheinen eingestellt, sind Bekanntmachungen des Vereins in dem Blatt zu veröffentlichen, welches für Bekanntmachungen des Amtsgerichts bestimmt ist, in dessen Bezirk der Verein seinen Sitz hat.

...

§ 54
Nicht rechtsfähige Vereine

Auf Vereine, die nicht rechtsfähig sind, finden die Vorschriften über die Gesellschaft Anwendung. Aus einem Rechtsgeschäft, das im Namen eines solchen Vereins einem Dritten gegenüber vorgenommen wird, haftet der Handelnde persönlich; handeln mehrere, so haften sie als Gesamtschuldner.

Kapitel 2
Eingetragene Vereine

§ 55
Zuständigkeit für die Registereintragung

Die Eintragung eines Vereins der in § 21 bezeichneten Art in das Vereinsregister hat bei dem Amtsgericht zu geschehen, in dessen Bezirk der Verein seinen Sitz hat.

§ 55a
Elektronisches Vereinsregister

(1) Die Landesregierungen können durch Rechtsverordnung bestimmen, dass und in welchem Umfang das Vereinsregister in maschineller Form als automatisierte Datei geführt wird. Hierbei muss gewährleistet sein, dass

1. die Grundsätze einer ordnungsgemäßen Datenverarbeitung eingehalten, insbesondere Vorkehrungen gegen einen Datenverlust getroffen sowie die erforderlichen Kopien der Datenbestände mindestens tagesaktuell gehalten und die originären Datenbestände sowie deren Kopien sicher aufbewahrt werden,
2. die vorzunehmenden Eintragungen alsbald in einen Datenspeicher aufgenommen und auf Dauer inhaltlich unverändert in lesbarer Form wiedergegeben werden können,
3. die nach der Anlage zu § 126 Abs. 1 Satz 2 Nr. 3 der Grundbuchordnung gebotenen Maßnahmen getroffen werden.

Die Landesregierungen können durch Rechtsverordnung die Ermächtigung nach Satz 1 auf die Landesjustizverwaltungen übertragen.

(2) Das maschinell geführte Vereinsregister tritt für eine Seite des Registers an die Stelle des bisherigen Registers, sobald die Eintragungen dieser Seite in den für die Vereinsregistereintragungen bestimmten Datenspeicher aufgenommen und als Vereinsregister freigegeben

worden sind. Die entsprechenden Seiten des bisherigen Vereinsregisters sind mit einem Schließungsvermerk zu versehen.

(3) Eine Eintragung wird wirksam, sobald sie in den für die Registereintragungen bestimmten Datenspeicher aufgenommen ist und auf Dauer inhaltlich unverändert in lesbarer Form wiedergegeben werden kann. Durch eine Bestätigungsanzeige oder in anderer geeigneter Weise ist zu überprüfen, ob diese Voraussetzungen eingetreten sind. Jede Eintragung soll den Tag angeben, an dem sie wirksam geworden ist.

§ 56
Mindestmitgliederzahl des Vereins

Die Eintragung soll nur erfolgen, wenn die Zahl der Mitglieder mindestens sieben beträgt.

§ 57
Mindesterfordernisse an die Vereinssatzung

(1) Die Satzung muss den Zweck, den Namen und den Sitz des Vereins enthalten und ergeben, dass der Verein eingetragen werden soll.

(2) Der Name soll sich von den Namen der an demselben Ort oder in derselben Gemeinde bestehenden eingetragenen Vereine deutlich unterscheiden.

§ 58
Sollinhalt der Vereinssatzung

Die Satzung soll Bestimmungen enthalten:
1. über den Eintritt und Austritt der Mitglieder,
2. darüber, ob und welche Beiträge von den Mitgliedern zu leisten sind,
3. über die Bildung des Vorstandes,
4. über die Voraussetzungen, unter denen die Mitgliederversammlung zu berufen ist, über die Form der Berufung und über die Beurkundung der Beschlüsse.

§ 59
Anmeldung zur Eintragung

(1) Der Vorstand hat den Verein zur Eintragung anzumelden.

(2) Der Anmeldung sind Abschriften der Satzung und der Urkunden über die Bestellung des Vorstands beizufügen.

(3) Die Satzung soll von mindestens sieben Mitgliedern unterzeichnet sein und die Angabe des Tages der Errichtung enthalten.

§ 60
Zurückweisung der Anmeldung

Die Anmeldung ist, wenn den Erfordernissen der §§ 56 bis 59 nicht genügt ist, von dem Amtsgericht unter Angabe der Gründe zurückzuweisen.

...

§ 64
Inhalt der Vereinsregistereintragung

Bei der Eintragung sind der Name und der Sitz des Vereins, der Tag der Errichtung der Satzung, die Mitglieder des Vorstands und ihre Vertretungsmacht anzugeben.

§ 65
Namenszusatz

Mit der Eintragung erhält der Name des Vereins den Zusatz „eingetragener Verein".

§ 66
Bekanntmachung der Eintragung und Aufbewahrung von Dokumenten

(1) Das Amtsgericht hat die Eintragung des Vereins in das Vereinsregister durch Veröffentlichung in dem von der Landesjustizverwaltung bestimmten elektronischen Informations- und Kommunikationssystem bekannt zu machen.

(2) Die mit der Anmeldung eingereichten Dokumente werden vom Amtsgericht aufbewahrt.

§ 67
Änderung des Vorstands

(1) Jede Änderung des Vorstands ist von dem Vorstand zur Eintragung anzumelden. Der Anmeldung ist eine Abschrift der Urkunde über die Änderung beizufügen.

(2) Die Eintragung gerichtlich bestellter Vorstandsmitglieder erfolgt von Amts wegen.

§ 68
Vertrauensschutz durch Vereinsregister

Wird zwischen den bisherigen Mitgliedern des Vorstands und einem Dritten ein Rechtsgeschäft vorgenommen, so kann die Änderung des Vorstands dem Dritten nur entgegengesetzt werden, wenn sie zur Zeit der Vornahme des Rechtsgeschäfts im Vereinsregister eingetragen oder dem Dritten bekannt ist. Ist die Änderung eingetragen, so braucht der Dritte sie nicht gegen sich gelten zu lassen, wenn er sie nicht kennt, seine Unkenntnis auch nicht auf Fahrlässigkeit beruht.

§ 69
Nachweis des Vereinsvorstands

Der Nachweis, dass der Vorstand aus den im Register eingetragenen Personen besteht, wird Behörden gegenüber durch ein Zeugnis des Amtsgerichts über die Eintragung geführt.

§ 70
Vertrauensschutz bei Eintragungen zur Vertretungsmacht

Die Vorschriften des § 68 gelten auch für Bestimmungen, die den Umfang der Vertretungsmacht des Vorstands beschränken oder die Vertretungsmacht des Vorstands abweichend von der Vorschrift des § 26 Absatz 2 Satz 1 regeln.

§ 71
Änderungen der Satzung

(1) Änderungen der Satzung bedürfen zu ihrer Wirksamkeit der Eintragung in das Vereinsregister. Die Änderung ist von dem Vorstand zur Eintragung anzumelden. Der Anmeldung sind eine Abschrift des die Änderung enthaltenden Beschlusses und der Wortlaut der Satzung beizufügen. In dem Wortlaut der Satzung müssen die geänderten Bestimmungen mit dem Beschluss über die Satzungsänderung, die unveränderten Bestimmungen mit dem zuletzt eingereichten vollständigen Wortlaut der Satzung und, wenn die Satzung geändert worden ist, ohne dass ein vollständiger Wortlaut der Satzung eingereicht wurde, auch mit den zuvor eingetragenen Änderungen übereinstimmen.

(2) Die Vorschriften der §§ 60, 64 und des § 66 Abs. 2 finden entsprechende Anwendung.

§ 72
Bescheinigung der Mitgliederzahl

Der Vorstand hat dem Amtsgericht auf dessen Verlangen jederzeit eine schriftliche Bescheinigung über die Zahl der Vereinsmitglieder einzureichen.

§ 73
Unterschreiten der Mindestmitgliederzahl

Sinkt die Zahl der Vereinsmitglieder unter drei herab, so hat das Amtsgericht auf Antrag des Vorstands und, wenn der Antrag nicht binnen drei Monaten gestellt wird, von Amts wegen nach Anhörung des Vorstands dem Verein die Rechtsfähigkeit zu entziehen.

§ 74
Auflösung

(1) Die Auflösung des Vereins sowie die Entziehung der Rechtsfähigkeit ist in das Vereinsregister einzutragen. Im Falle der Eröffnung des Insolvenzverfahrens unterbleibt die Eintragung.

(2) Wird der Verein durch Beschluss der Mitgliederversammlung oder durch den Ablauf der für die Dauer des Vereins bestimmten Zeit aufgelöst, so hat der Vorstand die Auflösung zur Eintragung anzumelden.

(3) – *aufgehoben* –

§ 75
Eintragungen bei Insolvenz

(1) Die Eröffnung des Insolvenzverfahrens und der Beschluss, durch den die Eröffnung des Insolvenzverfahrens mangels Masse rechtskräftig abgewiesen worden ist, sowie die Auflösung des Vereins nach § 42 Absatz 2 Satz 1 sind von Amts wegen einzutragen. Von Amts wegen sind auch einzutragen

1. die Aufhebung des Eröffnungsbeschlusses,
2. die Bestellung eines vorläufigen Insolvenzverwalters, wenn zusätzlich dem Schuldner ein allgemeines Verfügungsverbot auferlegt oder angeordnet wird, dass Verfügungen des Schuldners nur mit Zustimmung des vorläufigen Insolvenzverwalters wirksam sind, und die Aufhebung einer derartigen Sicherungsmaßnahme,

3. die Anordnung der Eigenverwaltung durch den Schuldner und deren Aufhebung sowie die Anordnung der Zustimmungsbedürftigkeit bestimmter Rechtsgeschäfte des Schuldners,
4. die Einstellung und die Aufhebung des Verfahrens und
5. die Überwachung der Erfüllung eines Insolvenzplans und die Aufhebung der Überwachung.

(2) Wird der Verein durch Beschluss der Mitgliederversammlung nach §42 Absatz 1 Satz 2 fortgesetzt, so hat der Vorstand die Fortsetzung zur Eintragung anzumelden. Der Anmeldung ist eine Abschrift des Beschlusses beizufügen.

§ 76
Eintragungen bei Liquidation

(1) Bei der Liquidation des Vereins sind die Liquidatoren und ihre Vertretungsmacht in das Vereinsregister einzutragen. Das Gleiche gilt für die Beendigung des Vereins nach der Liquidation.

(2) Die Anmeldung der Liquidatoren hat durch den Vorstand zu erfolgen. Bei der Anmeldung ist der Umfang der Vertretungsmacht der Liquidatoren anzugeben. Änderungen der Liquidatoren oder ihrer Vertretungsmacht sowie die Beendigung des Vereins sind von den Liquidatoren anzumelden. Der Anmeldung der durch Beschluss der Mitgliederversammlung bestellten Liquidatoren ist eine Abschrift des Bestellungsbeschlusses, der Anmeldung der Vertretungsmacht, die abweichend von §48 Absatz 3 bestimmt wurde, ist eine Abschrift der diese Bestimmung enthaltenden Urkunde beizufügen.

(3) Die Eintragung gerichtlich bestellter Liquidatoren geschieht von Amts wegen.

§ 77
Anmeldepflichtige und Form der Anmeldungen

Die Anmeldungen zum Vereinsregister sind von Mitgliedern des Vorstands sowie von den Liquidatoren, die insoweit zur Vertretung des Vereins berechtigt sind, mittels öffentlich beglaubigter Erklärung abzugeben. Die Erklärung kann in Urschrift oder in öffentlich beglaubigter Abschrift beim Gericht eingereicht werden.

§ 78
Festsetzung von Zwangsgeld

(1) Das Amtsgericht kann die Mitglieder des Vorstands zur Befolgung der Vorschriften des § 67 Abs. 1, des § 71 Abs. 1, des § 72, des § 74 Abs. 2, des § 75 Absatz 2 und des § 76 durch Festsetzung von Zwangsgeld anhalten.

(2) In gleicher Weise können die Liquidatoren zur Befolgung der Vorschriften des § 76 angehalten werden.

...

ABSCHNITT 2
Sachen und Tiere

§ 90
Begriff der Sache

Sachen im Sinne des Gesetzes sind nur körperliche Gegenstände.

...

§ 93
Wesentliche Bestandteile einer Sache

Bestandteile einer Sache, die voneinander nicht getrennt werden können, ohne dass der eine oder der andere zerstört oder in seinem Wesen verändert wird (wesentliche Bestandteile), können nicht Gegenstand besonderer Rechte sein.

§ 94
Wesentliche Bestandteile eines Grundstücks oder Gebäudes

(1) Zu den wesentlichen Bestandteilen eines Grundstücks gehören die mit dem Grund und Boden fest verbundenen Sachen, insbesondere Gebäude, sowie die Erzeugnisse des Grundstücks, solange sie mit dem Boden zusammenhängen. Samen wird mit dem Aussäen, eine Pflanze wird mit dem Einpflanzen wesentlicher Bestandteil des Grundstücks.

(2) Zu den wesentlichen Bestandteilen eines Gebäudes gehören die zur Herstellung des Gebäudes eingefügten Sachen.

§ 95
Nur vorübergehender Zweck

(1) Zu den Bestandteilen eines Grundstücks gehören solche Sachen nicht, die nur zu einem vorübergehenden Zweck mit dem Grund und Boden verbunden sind. Das Gleiche gilt von einem Gebäude oder anderen Werk, das in Ausübung eines Rechts an einem fremden Grundstück von dem Berechtigten mit dem Grundstück verbunden worden ist.

(2) Sachen, die nur zu einem vorübergehenden Zwecke in ein Gebäude eingefügt sind, gehören nicht zu den Bestandteilen des Gebäudes.

§ 96
Rechte als Bestandteile eines Grundstücks

Rechte, die mit dem Eigentum an einem Grundstück verbunden sind, gelten als Bestandteile des Grundstücks.

§ 97
Zubehör

(1) Zubehör sind bewegliche Sachen, die, ohne Bestandteile der Hauptsache zu sein, dem wirtschaftlichen Zwecke der Hauptsache zu dienen bestimmt sind und zu ihr in einem dieser Bestimmung entsprechenden räumlichen Verhältnis stehen. Eine Sache ist nicht Zubehör, wenn sie im Verkehr nicht als Zubehör angesehen wird.

(2) Die vorübergehende Benutzung einer Sache für den wirtschaftlichen Zweck einer anderen begründet nicht die Zubehöreigenschaft. Die vorübergehende Trennung eines Zubehörstücks von der Hauptsache hebt die Zubehöreigenschaft nicht auf.

...

§ 99
Früchte

(1) Früchte einer Sache sind die Erzeugnisse der Sache und die sonstige Ausbeute, welche aus der Sache ihrer Bestimmung gemäß gewonnen wird.

(2) Früchte eines Rechts sind die Erträge, welche das Recht seiner Bestimmung gemäß gewährt, insbesondere bei einem Recht auf Gewinnung von Bodenbestandteilen die gewonnenen Bestandteile.

(3) Früchte sind auch die Erträge, welche eine Sache oder ein Recht vermöge eines Rechtsverhältnisses gewährt.

§ 100
Nutzungen

Nutzungen sind die Früchte einer Sache oder eines Rechts sowie die Vorteile, welche der Gebrauch der Sache oder des Rechts gewährt.

...

ABSCHNITT 3
Rechtsgeschäfte

Titel 2
Willenserklärung

§ 125
Nichtigkeit wegen Formmangels

Ein Rechtsgeschäft, welches der durch Gesetz vorgeschriebenen Form ermangelt, ist nichtig. Der Mangel der durch Rechtsgeschäft bestimmten Form hat im Zweifel gleichfalls Nichtigkeit zur Folge.

§ 126
Schriftform

(1) Ist durch Gesetz schriftliche Form vorgeschrieben, so muss die Urkunde von dem Aussteller eigenhändig durch Namensunterschrift oder mittels notariell beglaubigten Handzeichens unterzeichnet werden.

(2) Bei einem Vertrage muss die Unterzeichnung der Parteien auf derselben Urkunde erfolgen. Werden über den Vertrag mehrere gleich lautende Urkunden aufgenommen, so genügt es, wenn jede Partei die für die andere Partei bestimmte Urkunde unterzeichnet.

(3) Die schriftliche Form kann durch die elektronische Form ersetzt werden, wenn sich nicht aus dem Gesetz ein anderes ergibt.

(4) Die schriftliche Form wird durch die notarielle Beurkundung ersetzt.

§ 126a
Elektronische Form

(1) Soll die gesetzlich vorgeschriebene schriftliche Form durch die elektronische Form ersetzt werden, so muss der Aussteller der Erklärung dieser seinen Namen hinzufügen und das elektronische Dokument mit einer qualifizierten elektronischen Signatur nach dem Signaturgesetz versehen.

(2) Bei einem Vertrag müssen die Parteien jeweils ein gleich lautendes Dokument in der in Absatz 1 bezeichneten Weise elektronisch signieren.

§ 126b
Textform

Ist durch Gesetz Textform vorgeschrieben, so muss eine lesbare Erklärung, in der die Person des Erklärenden genannt ist, auf einem dauerhaften Datenträger abgegeben werden. Ein dauerhafter Datenträger ist jedes Medium, das

1. es dem Empfänger ermöglicht, eine auf dem Datenträger befindliche, an ihn persönlich gerichtete Erklärung so aufzubewahren oder zu speichern, dass sie ihm während eines für ihren Zweck angemessenen Zeitraums zugänglich ist, und
2. geeignet ist, die Erklärung unverändert wiederzugeben.

§ 127
Vereinbarte Form

(1) Die Vorschriften des § 126, des § 126a oder des § 126b gelten im Zweifel auch für die durch Rechtsgeschäft bestimmte Form.

...

§ 128
Notarielle Beurkundung

Ist durch Gesetz notarielle Beurkundung eines Vertrags vorgeschrieben, so genügt es, wenn zunächst der Antrag und sodann die Annahme des Antrags von einem Notar beurkundet wird.

§ 129
Öffentliche Beglaubigung

(1) Ist durch Gesetz für eine Erklärung öffentliche Beglaubigung vorgeschrieben, so muss die Erklärung schriftlich abgefasst und die Unterschrift des Erklärenden von einem Notar beglaubigt werden. Wird die Erklärung von dem Aussteller mittels Handzeichens unterzeichnet, so ist die im § 126 Abs. 1 vorgeschriebene Beglaubigung des Handzeichens erforderlich und genügend.

(2) Die öffentliche Beglaubigung wird durch die notarielle Beurkundung der Erklärung ersetzt.

§ 130
Wirksamwerden der Willenserklärung gegenüber Abwesenden

(1) Eine Willenserklärung, die einem anderen gegenüber abzugeben ist, wird, wenn sie in dessen Abwesenheit abgegeben wird, in dem Zeitpunkt wirksam, in welchem sie ihm zugeht. Sie wird nicht wirksam, wenn dem anderen vorher oder gleichzeitig ein Widerruf zugeht.

(2) Auf die Wirksamkeit der Willenserklärung ist es ohne Einfluss, wenn der Erklärende nach der Abgabe stirbt oder geschäftsunfähig wird.

(3) Diese Vorschriften finden auch dann Anwendung, wenn die Willenserklärung einer Behörde gegenüber abzugeben ist.

...

§ 132
Ersatz des Zugehens durch Zustellung

(1) Eine Willenserklärung gilt auch dann als zugegangen, wenn sie durch Vermittlung eines Gerichtsvollziehers zugestellt worden ist. Die Zustellung erfolgt nach den Vorschriften der Zivilprozessordnung.

(2) Befindet sich der Erklärende über die Person desjenigen, welchem gegenüber die Erklärung abzugeben ist, in einer nicht auf Fahrlässigkeit beruhenden Unkenntnis oder ist der Aufenthalt dieser Person unbekannt, so kann die Zustellung nach den für die öffentliche Zustellung einer Ladung geltenden Vorschriften der Zivilprozessordnung erfolgen. Zuständig für die Bewilligung ist im ersteren Fall das Amtsgericht, in dessen Bezirk der Erklärende seinen Wohnsitz oder in Ermangelung eines inländischen Wohnsitzes seinen Aufenthalt hat, im letzteren Fall das Amtsgericht, in dessen Bezirk die Person, welcher zuzustellen ist, den letzten Wohnsitz oder in Ermangelung eines inländischen Wohnsitzes den letzten Aufenthalt hatte.

§ 133
Auslegung einer Willenserklärung

Bei der Auslegung einer Willenserklärung ist der wirkliche Wille zu erforschen und nicht an dem buchstäblichen Sinne des Ausdrucks zu haften.

...

ABSCHNITT 4
Fristen, Termine

§ 186
Geltungsbereich

Für die in Gesetzen, gerichtlichen Verfügungen und Rechtsgeschäften enthaltenen Frist- und Terminbestimmungen gelten die Auslegungsvorschriften der §§ 187 bis 193.

§ 187
Fristbeginn

(1) Ist für den Anfang einer Frist ein Ereignis oder ein in den Lauf eines Tages fallender Zeitpunkt maßgebend, so wird bei der Berechnung der Frist der Tag nicht mitgerechnet, in welchen das Ereignis oder der Zeitpunkt fällt.

(2) Ist der Beginn des Tages der für den Anfang einer Frist maßgebende Zeitpunkt, so wird dieser Tag bei der Berechnung der Frist mitgerechnet. Das Gleiche gilt von dem Tage der Geburt bei der Berechnung des Lebensalters.

§ 188
Fristende

(1) Eine nach Tagen bestimmte Frist endigt mit dem Ablauf des letzten Tages der Frist.

(2) Eine Frist, die nach Wochen, nach Monaten oder nach einem mehrere Monate umfassenden Zeitraum – Jahr, halbes Jahr, Vierteljahr – bestimmt ist, endigt im Falle des § 187 Abs. 1 mit dem Ablauf desjenigen Tages der letzten Woche oder des letzten Monats, welcher durch seine Benennung oder seine Zahl dem Tage entspricht, in den das Ereignis oder der Zeitpunkt fällt, im Falle des § 187 Abs. 2 mit dem Ablauf desjenigen Tages der letzten Woche oder des letzten Monats,

welcher dem Tage vorhergeht, der durch seine Benennung oder seine Zahl dem Anfangstag der Frist entspricht.

(3) Fehlt bei einer nach Monaten bestimmten Frist in dem letzten Monat der für ihren Ablauf maßgebende Tag, so endigt die Frist mit dem Ablauf des letzten Tages dieses Monats.

§ 189
Berechnung einzelner Fristen

(1) Unter einem halben Jahr wird eine Frist von sechs Monaten, unter einem Vierteljahre eine Frist von drei Monaten, unter einem halben Monat eine Frist von 15 Tagen verstanden.

(2) Ist eine Frist auf einen oder mehrere ganze Monate und einen halben Monat gestellt, so sind die 15 Tage zuletzt zu zählen.

§ 190
Fristverlängerung

Im Falle der Verlängerung einer Frist wird die neue Frist von dem Ablauf der vorigen Frist an berechnet.

§ 191
Berechnung von Zeiträumen

Ist ein Zeitraum nach Monaten oder nach Jahren in dem Sinne bestimmt, dass er nicht zusammenhängend zu verlaufen braucht, so wird der Monat zu 30, das Jahr zu 365 Tagen gerechnet.

§ 192
Anfang, Mitte, Ende des Monats

Unter Anfang des Monats wird der erste, unter Mitte des Monats der 15., unter Ende des Monats der letzte Tag des Monats verstanden.

§ 193
Sonn- und Feiertag; Sonnabend

Ist an einem bestimmten Tage oder innerhalb einer Frist eine Willenserklärung abzugeben oder eine Leistung zu bewirken und fällt der bestimmte Tag oder der letzte Tag der Frist auf einen Sonntag, einen am Erklärungs- oder Leistungsort staatlich anerkannten allgemeinen Feiertag oder einen Sonnabend, so tritt an die Stelle eines solchen Tages der nächste Werktag.

ABSCHNITT 5
Verjährung

Titel 1
Gegenstand und Dauer der Verjährung

§ 194
Gegenstand der Verjährung

(1) Das Recht, von einem anderen ein Tun oder Unterlassen zu verlangen (Anspruch), unterliegt der Verjährung.

...

§ 195
Regelmäßige Verjährungsfrist

Die regelmäßige Verjährungsfrist beträgt drei Jahre.

§ 196
Verjährungsfrist bei Rechten an einem Grundstück

Ansprüche auf Übertragung des Eigentums an einem Grundstück sowie auf Begründung, Übertragung oder Aufhebung eines Rechts an einem Grundstück oder auf Änderung des Inhalts eines solchen Rechts sowie die Ansprüche auf die Gegenleistung verjähren in zehn Jahren.

§ 197
Dreißigjährige Verjährungsfrist

(1) In 30 Jahren verjähren, soweit nicht ein anderes bestimmt ist,
1. Schadensersatzansprüche, die auf der vorsätzlichen Verletzung des Lebens, des Körpers, der Gesundheit, der Freiheit oder der sexuellen Selbstbestimmung beruhen,
2. Herausgabeansprüche aus Eigentum, anderen dinglichen Rechten, den §§ 2018, 2130 und 2362 sowie die Ansprüche, die der Geltendmachung der Herausgabeansprüche dienen,
3. rechtskräftig festgestellte Ansprüche,
4. Ansprüche aus vollstreckbaren Vergleichen oder vollstreckbaren Urkunden,
5. Ansprüche, die durch die im Insolvenzverfahren erfolgte Feststellung vollstreckbar geworden sind, und
6. Ansprüche auf Erstattung der Kosten der Zwangsvollstreckung.

(2) Soweit Ansprüche nach Absatz 1 Nr. 3 bis 5 künftig fällig werdende regelmäßig wiederkehrende Leistungen zum Inhalt haben, tritt an die Stelle der Verjährungsfrist von 30 Jahren die regelmäßige Verjährungsfrist.

...

§ 199
Beginn der regelmäßigen Verjährungsfrist und Verjährungshöchstfristen

(1) Die regelmäßige Verjährungsfrist beginnt, soweit nicht ein anderer Verjährungsbeginn bestimmt ist, mit dem Schluss des Jahres, in dem

1. der Anspruch entstanden ist und
2. der Gläubiger von den den Anspruch begründenden Umständen und der Person des Schuldners Kenntnis erlangt oder ohne grobe Fahrlässigkeit erlangen müsste.

(2) Schadensersatzansprüche, die auf der Verletzung des Lebens, des Körpers, der Gesundheit oder der Freiheit beruhen, verjähren ohne Rücksicht auf ihre Entstehung und die Kenntnis oder grob fahrlässige Unkenntnis in 30 Jahren von der Begehung der Handlung, der Pflichtverletzung oder dem sonstigen, den Schaden auslösenden Ereignis an.

(3) Sonstige Schadensersatzansprüche verjähren

1. ohne Rücksicht auf die Kenntnis oder grob fahrlässige Unkenntnis in zehn Jahren von ihrer Entstehung an und
2. ohne Rücksicht auf ihre Entstehung und die Kenntnis oder grob fahrlässige Unkenntnis in 30 Jahren von der Begehung der Handlung, der Pflichtverletzung oder dem sonstigen, den Schaden auslösenden Ereignis an.

Maßgeblich ist die früher endende Frist.

(3a) Ansprüche, die auf einem Erbfall beruhen oder deren Geltendmachung die Kenntnis einer Verfügung von Todes wegen voraussetzt, verjähren ohne Rücksicht auf die Kenntnis oder grob fahrlässige Unkenntnis in 30 Jahren von der Entstehung des Anspruchs an.

(4) Andere Ansprüche als die nach den Absätzen 2 bis 3a verjähren ohne Rücksicht auf die Kenntnis oder grob fahrlässige Unkenntnis in zehn Jahren von ihrer Entstehung an.

(5) Geht der Anspruch auf ein Unterlassen, so tritt an die Stelle der Entstehung die Zuwiderhandlung.

§ 200
Beginn anderer Verjährungsfristen

Die Verjährungsfrist von Ansprüchen, die nicht der regelmäßigen Verjährungsfrist unterliegen, beginnt mit der Entstehung des Anspruchs, soweit nicht ein anderer Verjährungsbeginn bestimmt ist. § 199 Abs. 5 findet entsprechende Anwendung.

§ 201
Beginn der Verjährungsfrist von festgestellten Ansprüchen

Die Verjährung von Ansprüchen der in § 197 Abs. 1 Nr. 3 bis 6 bezeichneten Art beginnt mit der Rechtskraft der Entscheidung, der Errichtung des vollstreckbaren Titels oder der Feststellung im Insolvenzverfahren, nicht jedoch vor der Entstehung des Anspruchs. § 199 Abs. 5 findet entsprechende Anwendung.

§ 202
Unzulässigkeit von Vereinbarungen über die Verjährung

(1) Die Verjährung kann bei Haftung wegen Vorsatzes nicht im Voraus durch Rechtsgeschäft erleichtert werden.

(2) Die Verjährung kann durch Rechtsgeschäft nicht über eine Verjährungsfrist von 30 Jahren ab dem gesetzlichen Verjährungsbeginn hinaus erschwert werden.

Titel 2
Hemmung, Ablaufhemmung und Neubeginn der Verjährung

§ 203
Hemmung der Verjährung bei Verhandlungen

Schweben zwischen dem Schuldner und dem Gläubiger Verhandlungen über den Anspruch oder die den Anspruch begründenden Umstände, so ist die Verjährung gehemmt, bis der eine oder der andere Teil die Fortsetzung der Verhandlungen verweigert. Die Verjährung tritt frühestens drei Monate nach dem Ende der Hemmung ein.

§ 204
Hemmung der Verjährung durch Rechtsverfolgung

(1) Die Verjährung wird gehemmt durch

1. die Erhebung der Klage auf Leistung oder auf Feststellung des Anspruchs, auf Erteilung der Vollstreckungsklausel oder auf Erlass des Vollstreckungsurteils,
2. die Zustellung des Antrags im vereinfachten Verfahren über den Unterhalt Minderjähriger,
3. die Zustellung des Mahnbescheids im Mahnverfahren oder des Europäischen Zahlungsbefehls im Europäischen Mahnverfahren nach der Verordnung (EG) Nr. 1896/2006 des Europäischen Parlaments und des Rates vom 12. Dezember 2006 zur Einführung eines Europäischen Mahnverfahrens (ABl. EU Nr. L 399 S. 1),
4. die Veranlassung der Bekanntgabe des Güteantrags, der bei einer durch die Landesjustizverwaltung eingerichteten oder anerkannten Gütestelle oder, wenn die Parteien den Einigungsversuch einvernehmlich unternehmen, bei einer sonstigen Gütestelle, die Streitbeilegungen betreibt, eingereicht ist; wird die Bekanntgabe demnächst nach der Einreichung des Antrags veranlasst, so tritt die Hemmung der Verjährung bereits mit der Einreichung ein,
5. die Geltendmachung der Aufrechnung des Anspruchs im Prozess,
6. die Zustellung der Streitverkündung,
6a. die Zustellung der Anmeldung zu einem Musterverfahren für darin bezeichnete Ansprüche, soweit diesen der gleiche Lebenssachverhalt zugrunde liegt wie den Feststellungszielen des Musterverfahrens und wenn innerhalb von drei Monaten nach dem rechtskräftigen Ende des Musterverfahrens die Klage auf Leistung oder Feststellung der in der Anmeldung bezeichneten Ansprüche erhoben wird,
7. die Zustellung des Antrags auf Durchführung eines selbstständigen Beweisverfahrens,
8. den Beginn eines vereinbarten Begutachtungsverfahrens,
9. die Zustellung des Antrags auf Erlass eines Arrests, einer einstweiligen Verfügung oder einer einstweiligen Anordnung, oder, wenn der Antrag nicht zugestellt wird, dessen Einreichung, wenn der Arrestbefehl, die einstweilige Verfügung oder die einstweilige Anordnung innerhalb eines Monats seit Verkündung oder Zustellung an den Gläubiger dem Schuldner zugestellt wird,

10. die Anmeldung des Anspruchs im Insolvenzverfahren oder im Schifffahrtsrechtlichen Verteilungsverfahren,
11. den Beginn des schiedsrichterlichen Verfahrens,
12. die Einreichung des Antrags bei einer Behörde, wenn die Zulässigkeit der Klage von der Vorentscheidung dieser Behörde abhängt und innerhalb von drei Monaten nach Erledigung des Gesuchs die Klage erhoben wird; dies gilt entsprechend für bei einem Gericht oder bei einer in Nummer 4 bezeichneten Gütestelle zu stellende Anträge, deren Zulässigkeit von der Vorentscheidung einer Behörde abhängt,
13. die Einreichung des Antrags bei dem höheren Gericht, wenn dieses das zuständige Gericht zu bestimmen hat und innerhalb von drei Monaten nach Erledigung des Gesuchs die Klage erhoben oder der Antrag, für den die Gerichtsstandsbestimmung zu erfolgen hat, gestellt wird, und
14. die Veranlassung der Bekanntgabe des erstmaligen Antrags auf Gewährung von Prozesskostenhilfe oder Verfahrenskostenhilfe; wird die Bekanntgabe demnächst nach der Einreichung des Antrags veranlasst, so tritt die Hemmung der Verjährung bereits mit der Einreichung ein.

(2) Die Hemmung nach Absatz 1 endet sechs Monate nach der rechtskräftigen Entscheidung oder anderweitigen Beendigung des eingeleiteten Verfahrens. Gerät das Verfahren dadurch in Stillstand, dass die Parteien es nicht betreiben, so tritt an die Stelle der Beendigung des Verfahrens die letzte Verfahrenshandlung der Parteien, des Gerichts oder der sonst mit dem Verfahren befassten Stelle. Die Hemmung beginnt erneut, wenn eine der Parteien das Verfahren weiter betreibt.

(3) Auf die Frist nach Absatz 1 Nr. 6a, 9, 12 und 13 finden die §§ 206, 210 und 211 entsprechende Anwendung.

§ 205
Hemmung der Verjährung bei Leistungsverweigerungsrecht

Die Verjährung ist gehemmt, solange der Schuldner auf Grund einer Vereinbarung mit dem Gläubiger vorübergehend zur Verweigerung der Leistung berechtigt ist.

§ 206
Hemmung der Verjährung bei höherer Gewalt

Die Verjährung ist gehemmt, solange der Gläubiger innerhalb der letzten sechs Monate der Verjährungsfrist durch höhere Gewalt an der Rechtsverfolgung gehindert ist.

...

§ 209
Wirkung der Hemmung

Der Zeitraum, während dessen die Verjährung gehemmt ist, wird in die Verjährungsfrist nicht eingerechnet.

...

§ 212
Neubeginn der Verjährung

(1) Die Verjährung beginnt erneut, wenn
1. der Schuldner dem Gläubiger gegenüber den Anspruch durch Abschlagszahlung, Zinszahlung, Sicherheitsleistung oder in anderer Weise anerkennt oder
2. eine gerichtliche oder behördliche Vollstreckungshandlung vorgenommen oder beantragt wird.

(2) Der erneute Beginn der Verjährung infolge einer Vollstreckungshandlung gilt als nicht eingetreten, wenn die Vollstreckungshandlung auf Antrag des Gläubigers oder wegen Mangels der gesetzlichen Voraussetzungen aufgehoben wird.

(3) Der erneute Beginn der Verjährung durch den Antrag auf Vornahme einer Vollstreckungshandlung gilt als nicht eingetreten, wenn dem Antrag nicht stattgegeben oder der Antrag vor der Vollstreckungshandlung zurückgenommen oder die erwirkte Vollstreckungshandlung nach Absatz 2 aufgehoben wird.

§ 213
Hemmung, Ablaufhemmung und erneuter Beginn der Verjährung bei anderen Ansprüchen

Die Hemmung, die Ablaufhemmung und der erneute Beginn der Verjährung gelten auch für Ansprüche, die aus demselben Grunde wahlweise neben dem Anspruch oder an seiner Stelle gegeben sind.

Titel 3
Rechtsfolgen der Verjährung

§ 214
Wirkung der Verjährung

(1) Nach Eintritt der Verjährung ist der Schuldner berechtigt, die Leistung zu verweigern.

(2) Das zur Befriedigung eines verjährten Anspruchs Geleistete kann nicht zurückgefordert werden, auch wenn in Unkenntnis der Verjährung geleistet worden ist. Das Gleiche gilt von einem vertragsmäßigen Anerkenntnis sowie einer Sicherheitsleistung des Schuldners.

§ 215
Aufrechnung und Zurückbehaltungsrecht nach Eintritt der Verjährung

Die Verjährung schließt die Aufrechnung und die Geltendmachung eines Zurückbehaltungsrechts nicht aus, wenn der Anspruch in dem Zeitpunkt noch nicht verjährt war, in dem erstmals aufgerechnet oder die Leistung verweigert werden konnte.

§ 216
Wirkung der Verjährung bei gesicherten Ansprüchen

(1) Die Verjährung eines Anspruchs, für den eine Hypothek, eine Schiffshypothek oder ein Pfandrecht besteht, hindert den Gläubiger nicht, seine Befriedigung aus dem belasteten Gegenstand zu suchen.

(2) Ist zur Sicherung eines Anspruchs ein Recht verschafft worden, so kann die Rückübertragung nicht auf Grund der Verjährung des Anspruchs gefordert werden. Ist das Eigentum vorbehalten, so kann der Rücktritt vom Vertrag auch erfolgen, wenn der gesicherte Anspruch verjährt ist.

(3) Die Absätze 1 und 2 finden keine Anwendung auf die Verjährung von Ansprüchen auf Zinsen und andere wiederkehrende Leistungen.

§ 217
Verjährung von Nebenleistungen

Mit dem Hauptanspruch verjährt der Anspruch auf die von ihm abhängenden Nebenleistungen, auch wenn die für diesen Anspruch geltende besondere Verjährung noch nicht eingetreten ist.

...

BUCH 2
Recht der Schuldverhältnisse

ABSCHNITT 1
Inhalt der Schuldverhältnisse

Titel 1
Verpflichtung zur Leistung

...

§ 242
Leistung nach Treu und Glauben

Der Schuldner ist verpflichtet, die Leistung so zu bewirken, wie Treu und Glauben mit Rücksicht auf die Verkehrssitte es erfordern.

...

§ 280
Schadensersatz wegen Pflichtverletzung

(1) Verletzt der Schuldner eine Pflicht aus dem Schuldverhältnis, so kann der Gläubiger Ersatz des hierdurch entstehenden Schadens verlangen. Dies gilt nicht, wenn der Schuldner die Pflichtverletzung nicht zu vertreten hat.

(2) Schadensersatz wegen Verzögerung der Leistung kann der Gläubiger nur unter der zusätzlichen Voraussetzung des § 286 verlangen.

(3) Schadensersatz statt der Leistung kann der Gläubiger nur unter den zusätzlichen Voraussetzungen des § 281, des § 282 oder des § 283 verlangen.

...

§ 286[1])
Verzug des Schuldners

(1) Leistet der Schuldner auf eine Mahnung des Gläubigers nicht, die nach dem Eintritt der Fälligkeit erfolgt, so kommt er durch die

---

1) Amtlicher Hinweis:
 Diese Vorschrift dient zum Teil auch der Umsetzung der Richtlinie 2000/35/EG des Europäischen Parlaments und des Rates vom 29. Juni 2000 zur Bekämpfung von Zahlungsverzug im Geschäftsverkehr (ABl. EG Nr. L 200 S. 35).

Mahnung in Verzug. Der Mahnung stehen die Erhebung der Klage auf die Leistung sowie die Zustellung eines Mahnbescheids im Mahnverfahren gleich.

(2) Der Mahnung bedarf es nicht, wenn
1. für die Leistung eine Zeit nach dem Kalender bestimmt ist,
2. der Leistung ein Ereignis vorauszugehen hat und eine angemessene Zeit für die Leistung in der Weise bestimmt ist, dass sie sich von dem Ereignis an nach dem Kalender berechnen lässt,
3. der Schuldner die Leistung ernsthaft und endgültig verweigert,
4. aus besonderen Gründen unter Abwägung der beiderseitigen Interessen der sofortige Eintritt des Verzugs gerechtfertigt ist.

(3) Der Schuldner einer Entgeltforderung kommt spätestens in Verzug, wenn er nicht innerhalb von 30 Tagen nach Fälligkeit und Zugang einer Rechnung oder gleichwertigen Zahlungsaufstellung leistet; dies gilt gegenüber einem Schuldner, der Verbraucher ist, nur, wenn auf diese Folgen in der Rechnung oder Zahlungsaufstellung besonders hingewiesen worden ist. Wenn der Zeitpunkt des Zugangs der Rechnung oder Zahlungsaufstellung unsicher ist, kommt der Schuldner, der nicht Verbraucher ist, spätestens 30 Tage nach Fälligkeit und Empfang der Gegenleistung in Verzug.

(4) Der Schuldner kommt nicht in Verzug, solange die Leistung infolge eines Umstands unterbleibt, den er nicht zu vertreten hat.

(5) Für eine von den Absätzen 1 bis 3 abweichende Vereinbarung über den Eintritt des Verzugs gilt § 271a Absatz 1 bis 5 entsprechend.

...

ABSCHNITT 3
Schuldverhältnisse aus Verträgen

Untertitel 3
Anpassung und Beendigung von Verträgen

§ 313
Störung der Geschäftsgrundlage

(1) Haben sich Umstände, die zur Grundlage des Vertrags geworden sind, nach Vertragsschluss schwerwiegend verändert und hätten die Parteien den Vertrag nicht oder mit anderem Inhalt geschlossen, wenn sie diese Veränderung vorausgesehen hätten, so kann Anpas-

sung des Vertrags verlangt werden, soweit einem Teil unter Berücksichtigung aller Umstände des Einzelfalles, insbesondere der vertraglichen oder gesetzlichen Risikoverteilung, das Festhalten am unveränderten Vertrag nicht zugemutet werden kann.

(2) Einer Veränderung der Umstände steht es gleich, wenn wesentliche Vorstellungen, die zur Grundlage des Vertrags geworden sind, sich als falsch herausstellen.

(3) Ist eine Anpassung des Vertrags nicht möglich oder einem Teil nicht zumutbar, so kann der benachteiligte Teil vom Vertrag zurücktreten. An die Stelle des Rücktrittsrechts tritt für Dauerschuldverhältnisse das Recht zur Kündigung.

...

ABSCHNITT 8
Einzelne Schuldverhältnisse

Titel 5
Mietvertrag, Pachtvertrag

Untertitel 1
Allgemeine Vorschriften für Mietverhältnisse

§ 535
Inhalt und Hauptpflichten des Mietvertrags

(1) Durch den Mietvertrag wird der Vermieter verpflichtet, dem Mieter den Gebrauch der Mietsache während der Mietzeit zu gewähren. Der Vermieter hat die Mietsache dem Mieter in einem zum vertragsgemäßen Gebrauch geeigneten Zustand zu überlassen und sie während der Mietzeit in diesem Zustand zu erhalten. Er hat die auf der Mietsache ruhenden Lasten zu tragen.

(2) Der Mieter ist verpflichtet, dem Vermieter die vereinbarte Miete zu entrichten.

§ 536
Mietminderung bei Sach- und Rechtsmängeln

(1) Hat die Mietsache zur Zeit der Überlassung an den Mieter einen Mangel, der ihre Tauglichkeit zum vertragsgemäßen Gebrauch aufhebt, oder entsteht während der Mietzeit ein solcher Mangel, so ist der

Mieter für die Zeit, in der die Tauglichkeit aufgehoben ist, von der Entrichtung der Miete befreit. Für die Zeit, während der die Tauglichkeit gemindert ist, hat er nur eine angemessen herabgesetzte Miete zu entrichten. Eine unerhebliche Minderung der Tauglichkeit bleibt außer Betracht.

...

(2) Absatz 1 Satz 1 und 2 gilt auch, wenn eine zugesicherte Eigenschaft fehlt oder später wegfällt.

(3) Wird dem Mieter der vertragsgemäße Gebrauch der Mietsache durch das Recht eines Dritten ganz oder zum Teil entzogen, so gelten die Absätze 1 und 2 entsprechend.

...

§ 536a
Schadens- und Aufwendungsersatzanspruch des Mieters wegen eines Mangels

(1) Ist ein Mangel im Sinne des § 536 bei Vertragsschluss vorhanden oder entsteht ein solcher Mangel später wegen eines Umstands, den der Vermieter zu vertreten hat, oder kommt der Vermieter mit der Beseitigung eines Mangels in Verzug, so kann der Mieter unbeschadet der Rechte aus § 536 Schadensersatz verlangen.

(2) Der Mieter kann den Mangel selbst beseitigen und Ersatz der erforderlichen Aufwendungen verlangen, wenn
1. der Vermieter mit der Beseitigung des Mangels in Verzug ist oder
2. die umgehende Beseitigung des Mangels zur Erhaltung oder Wiederherstellung des Bestands der Mietsache notwendig ist.

§ 536b
Kenntnis des Mieters vom Mangel bei Vertragsschluss oder Annahme

Kennt der Mieter bei Vertragsschluss den Mangel der Mietsache, so stehen ihm die Rechte aus den §§ 536 und 536a nicht zu. Ist ihm der Mangel infolge grober Fahrlässigkeit unbekannt geblieben, so stehen ihm diese Rechte nur zu, wenn der Vermieter den Mangel arglistig verschwiegen hat. Nimmt der Mieter eine mangelhafte Sache an, obwohl er den Mangel kennt, so kann er die Rechte aus den §§ 536 und 536a nur geltend machen, wenn er sich seine Rechte bei der Annahme vorbehält.

§ 536c
Während der Mietzeit auftretende Mängel; Mängelanzeige durch den Mieter

(1) Zeigt sich im Laufe der Mietzeit ein Mangel der Mietsache oder wird eine Maßnahme zum Schutz der Mietsache gegen eine nicht vorhergesehene Gefahr erforderlich, so hat der Mieter dies dem Vermieter unverzüglich anzuzeigen. Das Gleiche gilt, wenn ein Dritter sich ein Recht an der Sache anmaßt.

(2) Unterlässt der Mieter die Anzeige, so ist er dem Vermieter zum Ersatz des daraus entstehenden Schadens verpflichtet. Soweit der Vermieter infolge der Unterlassung der Anzeige nicht Abhilfe schaffen konnte, ist der Mieter nicht berechtigt,

1. die in § 536 bestimmten Rechte geltend zu machen,
2. nach § 536a Abs. 1 Schadensersatz zu verlangen oder
3. ohne Bestimmung einer angemessenen Frist zur Abhilfe nach § 543 Abs. 3 Satz 1 zu kündigen.

§ 536d
Vertraglicher Ausschluss von Rechten des Mieters wegen eines Mangels

Auf eine Vereinbarung, durch die die Rechte des Mieters wegen eines Mangels der Mietsache ausgeschlossen oder beschränkt werden, kann sich der Vermieter nicht berufen, wenn er den Mangel arglistig verschwiegen hat.

§ 537
Entrichtung der Miete bei persönlicher Verhinderung des Mieters

(1) Der Mieter wird von der Entrichtung der Miete nicht dadurch befreit, dass er durch einen in seiner Person liegenden Grund an der Ausübung seines Gebrauchsrechts gehindert wird. Der Vermieter muss sich jedoch den Wert der ersparten Aufwendungen sowie derjenigen Vorteile anrechnen lassen, die er aus einer anderweitigen Verwertung des Gebrauchs erlangt.

(2) Solange der Vermieter infolge der Überlassung des Gebrauchs an einen Dritten außerstande ist, dem Mieter den Gebrauch zu gewähren, ist der Mieter zur Entrichtung der Miete nicht verpflichtet.

§ 538
Abnutzung der Mietsache durch vertragsgemäßen Gebrauch

Veränderungen oder Verschlechterungen der Mietsache, die durch den vertragsgemäßen Gebrauch herbeigeführt werden, hat der Mieter nicht zu vertreten.

§ 539
Ersatz sonstiger Aufwendungen und Wegnahmerecht des Mieters

(1) Der Mieter kann vom Vermieter Aufwendungen auf die Mietsache, die der Vermieter ihm nicht nach § 536a Abs. 2 zu ersetzen hat, nach den Vorschriften über die Geschäftsführung ohne Auftrag ersetzt verlangen.

(2) Der Mieter ist berechtigt, eine Einrichtung wegzunehmen, mit der er die Mietsache versehen hat.

§ 540
Gebrauchsüberlassung an Dritte

(1) Der Mieter ist ohne die Erlaubnis des Vermieters nicht berechtigt, den Gebrauch der Mietsache einem Dritten zu überlassen, insbesondere sie weiter zu vermieten. Verweigert der Vermieter die Erlaubnis, so kann der Mieter das Mietverhältnis außerordentlich mit der gesetzlichen Frist kündigen, sofern nicht in der Person des Dritten ein wichtiger Grund vorliegt.

(2) Überlässt der Mieter den Gebrauch einem Dritten, so hat er ein dem Dritten bei dem Gebrauch zur Last fallendes Verschulden zu vertreten, auch wenn der Vermieter die Erlaubnis zur Überlassung erteilt hat.

§ 541
Unterlassungsklage bei vertragswidrigem Gebrauch

Setzt der Mieter einen vertragswidrigen Gebrauch der Mietsache trotz einer Abmahnung des Vermieters fort, so kann dieser auf Unterlassung klagen.

§ 542
Ende des Mietverhältnisses

(1) Ist die Mietzeit nicht bestimmt, so kann jede Vertragspartei das Mietverhältnis nach den gesetzlichen Vorschriften kündigen.

(2) Ein Mietverhältnis, das auf bestimmte Zeit eingegangen ist, endet mit dem Ablauf dieser Zeit, sofern es nicht

1. in den gesetzlich zugelassenen Fällen außerordentlich gekündigt oder
2. verlängert wird.

§ 543
Außerordentliche fristlose Kündigung aus wichtigem Grund

(1) Jede Vertragspartei kann das Mietverhältnis aus wichtigem Grund außerordentlich fristlos kündigen. Ein wichtiger Grund liegt vor, wenn dem Kündigenden unter Berücksichtigung aller Umstände des Einzelfalls, insbesondere eines Verschuldens der Vertragsparteien, und unter Abwägung der beiderseitigen Interessen die Fortsetzung des Mietverhältnisses bis zum Ablauf der Kündigungsfrist oder bis zur sonstigen Beendigung des Mietverhältnisses nicht zugemutet werden kann.

(2) Ein wichtiger Grund liegt insbesondere vor, wenn

1. dem Mieter der vertragsgemäße Gebrauch der Mietsache ganz oder zum Teil nicht rechtzeitig gewährt oder wieder entzogen wird,
2. der Mieter die Rechte des Vermieters dadurch in erheblichem Maße verletzt, dass er die Mietsache durch Vernachlässigung der ihm obliegenden Sorgfalt erheblich gefährdet oder sie unbefugt einem Dritten überlässt oder
3. der Mieter
   a) für zwei aufeinander folgende Termine mit der Entrichtung der Miete oder eines nicht unerheblichen Teils der Miete in Verzug ist oder
   b) in einem Zeitraum, der sich über mehr als zwei Termine erstreckt, mit der Entrichtung der Miete in Höhe eines Betrages in Verzug ist, der die Miete für zwei Monate erreicht.

Im Falle des Satzes 1 Nr. 3 ist die Kündigung ausgeschlossen, wenn der Vermieter vorher befriedigt wird. Sie wird unwirksam, wenn sich der Mieter von seiner Schuld durch Aufrechnung befreien konnte und unverzüglich nach der Kündigung die Aufrechnung erklärt.

(3) Besteht der wichtige Grund in der Verletzung einer Pflicht aus dem Mietvertrag, so ist die Kündigung erst nach erfolglosem Ablauf einer zur Abhilfe bestimmten angemessenen Frist oder nach erfolgloser Abmahnung zulässig. Dies gilt nicht, wenn

1. eine Frist oder Abmahnung offensichtlich keinen Erfolg verspricht,
2. die sofortige Kündigung aus besonderen Gründen unter Abwägung der beiderseitigen Interessen gerechtfertigt ist oder
3. der Mieter mit der Entrichtung der Miete im Sinne des Absatzes 2 Nr. 3 in Verzug ist.

(4) Auf das dem Mieter nach Absatz 2 Nr. 1 zustehende Kündigungsrecht sind die §§ 536b und 536d entsprechend anzuwenden. Ist streitig, ob der Vermieter den Gebrauch der Mietsache rechtzeitig gewährt oder die Abhilfe vor Ablauf der hierzu bestimmten Frist bewirkt hat, so trifft ihn die Beweislast.

§ 544
Vertrag über mehr als 30 Jahre

Wird ein Mietvertrag für eine längere Zeit als 30 Jahre geschlossen, so kann jede Vertragspartei nach Ablauf von 30 Jahren nach Überlassung der Mietsache das Mietverhältnis außerordentlich mit der gesetzlichen Frist kündigen. Die Kündigung ist unzulässig, wenn der Vertrag für die Lebenszeit des Vermieters oder des Mieters geschlossen worden ist.

§ 545
Stillschweigende Verlängerung des Mietverhältnisses

Setzt der Mieter nach Ablauf der Mietzeit den Gebrauch der Mietsache fort, so verlängert sich das Mietverhältnis auf unbestimmte Zeit, sofern nicht eine Vertragspartei ihren entgegenstehenden Willen innerhalb von zwei Wochen dem anderen Teil erklärt. Die Frist beginnt
1. für den Mieter mit der Fortsetzung des Gebrauchs,
2. für den Vermieter mit dem Zeitpunkt, in dem er von der Fortsetzung Kenntnis erhält.

§ 546
Rückgabepflicht des Mieters

(1) Der Mieter ist verpflichtet, die Mietsache nach Beendigung des Mietverhältnisses zurückzugeben.

(2) Hat der Mieter den Gebrauch der Mietsache einem Dritten überlassen, so kann der Vermieter die Sache nach Beendigung des Mietverhältnisses auch von dem Dritten zurückfordern.

§ 546a
Entschädigung des Vermieters bei verspäteter Rückgabe

(1) Gibt der Mieter die Mietsache nach Beendigung des Mietverhältnisses nicht zurück, so kann der Vermieter für die Dauer der Vorenthaltung als Entschädigung die vereinbarte Miete oder die Miete verlangen, die für vergleichbare Sachen ortsüblich ist.

(2) Die Geltendmachung eines weiteren Schadens ist nicht ausgeschlossen.

§ 547
Erstattung von im Voraus entrichteter Miete

(1) Ist die Miete für die Zeit nach Beendigung des Mietverhältnisses im Voraus entrichtet worden, so hat der Vermieter sie zurückzuerstatten und ab Empfang zu verzinsen. Hat der Vermieter die Beendigung des Mietverhältnisses nicht zu vertreten, so hat er das Erlangte nach den Vorschriften über die Herausgabe einer ungerechtfertigten Bereicherung zurückzuerstatten.

...

§ 548
Verjährung der Ersatzansprüche und des Wegnahmerechts

(1) Die Ersatzansprüche des Vermieters wegen Veränderungen oder Verschlechterungen der Mietsache verjähren in sechs Monaten. Die Verjährung beginnt mit dem Zeitpunkt, in dem er die Mietsache zurückerhält. Mit der Verjährung des Anspruchs des Vermieters auf Rückgabe der Mietsache verjähren auch seine Ersatzansprüche.

(2) Ansprüche des Mieters auf Ersatz von Aufwendungen oder auf Gestattung der Wegnahme einer Einrichtung verjähren in sechs Monaten nach der Beendigung des Mietverhältnisses.

Untertitel 2
Mietverhältnisse über Wohnraum

Kapitel 1
Allgemeine Vorschriften

...

§ 550
Form des Mietvertrags

Wird der Mietvertrag für längere Zeit als ein Jahr nicht in schriftlicher Form geschlossen, so gilt er für unbestimmte Zeit. Die Kündigung ist jedoch frühestens zum Ablauf eines Jahres nach Überlassung des Wohnraums zulässig.

...

Kapitel 3
Pfandrecht des Vermieters

§ 562
Umfang des Vermieterpfandrechts

(1) Der Vermieter hat für seine Forderungen aus dem Mietverhältnis ein Pfandrecht an den eingebrachten Sachen des Mieters. Es erstreckt sich nicht auf die Sachen, die der Pfändung nicht unterliegen.

(2) Für künftige Entschädigungsforderungen und für die Miete für eine spätere Zeit als das laufende und das folgende Mietjahr kann das Pfandrecht nicht geltend gemacht werden.

§ 562a
Erlöschen des Vermieterpfandrechts

Das Pfandrecht des Vermieters erlischt mit der Entfernung der Sachen von dem Grundstück, außer wenn diese ohne Wissen oder unter Widerspruch des Vermieters erfolgt. Der Vermieter kann nicht widersprechen, wenn sie den gewöhnlichen Lebensverhältnissen entspricht oder wenn die zurückbleibenden Sachen zur Sicherung des Vermieters offenbar ausreichen.

§ 562b
Selbsthilferecht, Herausgabeanspruch

(1) Der Vermieter darf die Entfernung der Sachen, die seinem Pfandrecht unterliegen, auch ohne Anrufen des Gerichts verhindern, soweit er berechtigt ist, der Entfernung zu widersprechen. Wenn der Mieter auszieht, darf der Vermieter diese Sachen in seinen Besitz nehmen.

(2) Sind die Sachen ohne Wissen oder unter Widerspruch des Vermieters entfernt worden, so kann er die Herausgabe zum Zwecke der Zurückschaffung auf das Grundstück und, wenn der Mieter ausgezo-

gen ist, die Überlassung des Besitzes verlangen. Das Pfandrecht erlischt mit dem Ablauf eines Monats, nachdem der Vermieter von der Entfernung der Sachen Kenntnis erlangt hat, wenn er diesen Anspruch nicht vorher gerichtlich geltend gemacht hat.

§ 562c
Abwendung des Pfandrechts durch Sicherheitsleistung

Der Mieter kann die Geltendmachung des Pfandrechts des Vermieters durch Sicherheitsleistung abwenden. Er kann jede einzelne Sache dadurch von dem Pfandrecht befreien, dass er in Höhe ihres Wertes Sicherheit leistet.

§ 562d
Pfändung durch Dritte

Wird eine Sache, die dem Pfandrecht des Vermieters unterliegt, für einen anderen Gläubiger gepfändet, so kann diesem gegenüber das Pfandrecht nicht wegen der Miete für eine frühere Zeit als das letzte Jahr vor der Pfändung geltend gemacht werden.

Kapitel 4
Wechsel der Vertragsparteien

...

§ 563b
Haftung bei Eintritt oder Fortsetzung

(1) Die Personen, die nach § 563 in das Mietverhältnis eingetreten sind oder mit denen es nach § 563a fortgesetzt wird, haften neben dem Erben für die bis zum Tod des Mieters entstandenen Verbindlichkeiten als Gesamtschuldner. Im Verhältnis zu diesen Personen haftet der Erbe allein, soweit nichts anderes bestimmt ist.

(2) Hat der Mieter die Miete für einen nach seinem Tod liegenden Zeitraum im Voraus entrichtet, sind die Personen, die nach § 563 in das Mietverhältnis eingetreten sind oder mit denen es nach § 563a fortgesetzt wird, verpflichtet, dem Erben dasjenige herauszugeben, was sie infolge der Vorausentrichtung der Miete ersparen oder erlangen.

...

§ 566
Kauf bricht nicht Miete

(1) Wird der vermietete Wohnraum nach der Überlassung an den Mieter von dem Vermieter an einen Dritten veräußert, so tritt der Erwerber anstelle des Vermieters in die sich während der Dauer seines Eigentums aus dem Mietverhältnis ergebenden Rechte und Pflichten ein.

(2) Erfüllt der Erwerber die Pflichten nicht, so haftet der Vermieter für den von dem Erwerber zu ersetzenden Schaden wie ein Bürge, der auf die Einrede der Vorausklage verzichtet hat. Erlangt der Mieter von dem Übergang des Eigentums durch Mitteilung des Vermieters Kenntnis, so wird der Vermieter von der Haftung befreit, wenn nicht der Mieter das Mietverhältnis zum ersten Termin kündigt, zu dem die Kündigung zulässig ist.

§ 566a
Mietsicherheit

Hat der Mieter des veräußerten Wohnraums dem Vermieter für die Erfüllung seiner Pflichten Sicherheit geleistet, so tritt der Erwerber in die dadurch begründeten Rechte und Pflichten ein. Kann bei Beendigung des Mietverhältnisses der Mieter die Sicherheit von dem Erwerber nicht erlangen, so ist der Vermieter weiterhin zur Rückgewähr verpflichtet.

§ 566b
Vorausverfügung über die Miete

(1) Hat der Vermieter vor dem Übergang des Eigentums über die Miete verfügt, die auf die Zeit der Berechtigung des Erwerbers entfällt, so ist die Verfügung wirksam, soweit sie sich auf die Miete für den zur Zeit des Eigentumsübergangs laufenden Kalendermonat bezieht. Geht das Eigentum nach dem 15. Tag des Monats über, so ist die Verfügung auch wirksam, soweit sie sich auf die Miete für den folgenden Kalendermonat bezieht.

(2) Eine Verfügung über die Miete für eine spätere Zeit muss der Erwerber gegen sich gelten lassen, wenn er sie zur Zeit des Übergangs des Eigentums kennt.

§ 566c
Vereinbarung zwischen Mieter und Vermieter über die Miete

Ein Rechtsgeschäft, das zwischen dem Mieter und dem Vermieter über die Mietforderung vorgenommen wird, insbesondere die Entrichtung der Miete, ist dem Erwerber gegenüber wirksam, soweit es sich nicht auf die Miete für eine spätere Zeit als den Kalendermonat bezieht, in welchem der Mieter von dem Übergang des Eigentums Kenntnis erlangt. Erlangt der Mieter die Kenntnis nach dem 15. Tag des Monats, so ist das Rechtsgeschäft auch wirksam, soweit es sich auf die Miete für den folgenden Kalendermonat bezieht. Ein Rechtsgeschäft, das nach dem Übergang des Eigentums vorgenommen wird, ist jedoch unwirksam, wenn der Mieter bei der Vornahme des Rechtsgeschäfts von dem Übergang des Eigentums Kenntnis hat.

§ 566d
Aufrechnung durch den Mieter

Soweit die Entrichtung der Miete an den Vermieter nach § 566c dem Erwerber gegenüber wirksam ist, kann der Mieter gegen die Mietforderung des Erwerbers eine ihm gegen den Vermieter zustehende Forderung aufrechnen. Die Aufrechnung ist ausgeschlossen, wenn der Mieter die Gegenforderung erworben hat, nachdem er von dem Übergang des Eigentums Kenntnis erlangt hat, oder wenn die Gegenforderung erst nach der Erlangung der Kenntnis und später als die Miete fällig geworden ist.

§ 566e
Mitteilung des Eigentumsübergangs durch den Vermieter

(1) Teilt der Vermieter dem Mieter mit, dass er das Eigentum an dem vermieteten Wohnraum auf einen Dritten übertragen hat, so muss er in Ansehung der Mietforderung dem Mieter gegenüber die mitgeteilte Übertragung gegen sich gelten lassen, auch wenn sie nicht erfolgt oder nicht wirksam ist.

(2) Die Mitteilung kann nur mit Zustimmung desjenigen zurückgenommen werden, der als der neue Eigentümer bezeichnet worden ist.

§ 567
Belastung des Wohnraums durch den Vermieter

Wird der vermietete Wohnraum nach der Überlassung an den Mieter von dem Vermieter mit dem Recht eines Dritten belastet, so sind die §§ 566 bis 566e entsprechend anzuwenden, wenn durch die Ausübung des Rechts dem Mieter der vertragsgemäße Gebrauch entzogen wird. Wird der Mieter durch die Ausübung des Rechts in dem vertragsgemäßen Gebrauch beschränkt, so ist der Dritte dem Mieter gegenüber verpflichtet, die Ausübung zu unterlassen, soweit sie den vertragsgemäßen Gebrauch beeinträchtigen würde.

§ 567a
Veräußerung oder Belastung vor der Überlassung des Wohnraums

Hat vor der Überlassung des vermieteten Wohnraums an den Mieter der Vermieter den Wohnraum an einen Dritten veräußert oder mit einem Recht belastet, durch dessen Ausübung der vertragsgemäße Gebrauch dem Mieter entzogen oder beschränkt wird, so gilt das Gleiche wie in den Fällen des § 566 Abs. 1 und des § 567, wenn der Erwerber dem Vermieter gegenüber die Erfüllung der sich aus dem Mietverhältnis ergebenden Pflichten übernommen hat.

§ 567b
Weiterveräußerung oder Belastung durch Erwerber

Wird der vermietete Wohnraum von dem Erwerber weiterveräußert oder belastet, so sind § 566 Abs. 1 und die §§ 566a bis 567a entsprechend anzuwenden. Erfüllt der neue Erwerber die sich aus dem Mietverhältnis ergebenden Pflichten nicht, so haftet der Vermieter dem Mieter nach § 566 Abs. 2.

Kapitel 5
Beendigung des Mietverhältnisses

Unterkapitel 1
Allgemeine Vorschriften

...

§ 569
Außerordentliche fristlose Kündigung aus wichtigem Grund

(1) Ein wichtiger Grund im Sinne des § 543 Abs. 1 liegt für den Mieter auch vor, wenn der gemietete Wohnraum so beschaffen ist, dass seine Benutzung mit einer erheblichen Gefährdung der Gesundheit verbunden ist. Dies gilt auch, wenn der Mieter die Gefahr bringende Beschaffenheit bei Vertragsschluss gekannt oder darauf verzichtet hat, die ihm wegen dieser Beschaffenheit zustehenden Rechte geltend zu machen.

(2) Ein wichtiger Grund im Sinne des § 543 Abs. 1 liegt ferner vor, wenn eine Vertragspartei den Hausfrieden nachhaltig stört, so dass dem Kündigenden unter Berücksichtigung aller Umstände des Einzelfalls, insbesondere eines Verschuldens der Vertragsparteien, und unter Abwägung der beiderseitigen Interessen die Fortsetzung des Mietverhältnisses bis zum Ablauf der Kündigungsfrist oder bis zur sonstigen Beendigung des Mietverhältnisses nicht zugemutet werden kann.

(2a) Ein wichtiger Grund im Sinne des § 543 Absatz 1 liegt ferner vor, wenn der Mieter mit einer Sicherheitsleistung nach § 551 in Höhe eines Betrages im Verzug ist, der der zweifachen Monatsmiete entspricht. Die als Pauschale oder als Vorauszahlung ausgewiesenen Betriebskosten sind bei der Berechnung der Monatsmiete nach Satz 1 nicht zu berücksichtigen. Einer Abhilfefrist oder einer Abmahnung nach § 543 Absatz 3 Satz 1 bedarf es nicht. Absatz 3 Nummer 2 Satz 1 sowie § 543 Absatz 2 Satz 2 sind entsprechend anzuwenden.

...

§ 570
Ausschluss des Zurückbehaltungsrechts

Dem Mieter steht kein Zurückbehaltungsrecht gegen den Rückgabeanspruch des Vermieters zu.

...

Untertitel 3
Mietverhältnisse über andere Sachen

§ 578
Mietverhältnisse über Grundstücke und Räume

(1) Auf Mietverhältnisse über Grundstücke sind die Vorschriften der §§ 550, 562 bis 562d, 566 bis 567b sowie 570 entsprechend anzuwenden.

(2) Auf Mietverhältnisse über Räume, die keine Wohnräume sind, sind die in Absatz 1 genannten Vorschriften sowie § 552 Abs. 1, § 555a Absatz 1 bis 3, §§ 555b, 555c Absatz 1 bis 4, § 555d Absatz 1 bis 6, § 555e Absatz 1 und 2, § 555f und § 569 Abs. 2 entsprechend anzuwenden. § 556c Absatz 1 und 2 sowie die aufgrund des § 556c Absatz 3 erlassene Rechtsverordnung sind entsprechend anzuwenden, abweichende Vereinbarungen sind zulässig. Sind die Räume zum Aufenthalt von Menschen bestimmt, so gilt außerdem § 569 Abs. 1 entsprechend.

...

§ 579
Fälligkeit der Miete

(1) Die Miete für ein Grundstück und für bewegliche Sachen ist am Ende der Mietzeit zu entrichten. Ist die Miete nach Zeitabschnitten bemessen, so ist sie nach Ablauf der einzelnen Zeitabschnitte zu entrichten. Die Miete für ein Grundstück ist, sofern sie nicht nach kürzeren Zeitabschnitten bemessen ist, jeweils nach Ablauf eines Kalendervierteljahrs am ersten Werktag des folgenden Monats zu entrichten.

(2) Für Mietverhältnisse über Räume gilt § 556b Abs. 1 entsprechend.

...

§ 580a
Kündigungsfristen

(1) Bei einem Mietverhältnis über Grundstücke, über Räume, die keine Geschäftsräume sind, ist die ordentliche Kündigung zulässig,

1. wenn die Miete nach Tagen bemessen ist, an jedem Tag zum Ablauf des folgenden Tages;
2. wenn die Miete nach Wochen bemessen ist, spätestens am ersten Werktag einer Woche zum Ablauf des folgenden Sonnabends;
3. wenn die Miete nach Monaten oder längeren Zeitabschnitten bemessen ist, spätestens am dritten Werktag eines Kalendermonats zum Ablauf des übernächsten Monats, bei einem Mietverhältnis über gewerblich genutzte unbebaute Grundstücke jedoch nur zum Ablauf eines Kalendervierteljahrs.

...

(4) Absatz 1 Nr. 3 ... sind auch anzuwenden, wenn ein Mietverhältnis außerordentlich mit der gesetzlichen Frist gekündigt werden kann.

Untertitel 4
Pachtvertrag

§ 581
Vertragstypische Pflichten beim Pachtvertrag

(1) Durch den Pachtvertrag wird der Verpächter verpflichtet, dem Pächter den Gebrauch des verpachteten Gegenstands und den Genuss der Früchte, soweit sie nach den Regeln einer ordnungsmäßigen Wirt-

schaft als Ertrag anzusehen sind, während der Pachtzeit zu gewähren. Der Pächter ist verpflichtet, dem Verpächter die vereinbarte Pacht zu entrichten.

(2) Auf den Pachtvertrag mit Ausnahme des Landpachtvertrags sind, soweit sich nicht aus den §§ 582 bis 584b etwas anderes ergibt, die Vorschriften über den Mietvertrag entsprechend anzuwenden.

...

§ 584
Kündigungsfrist

(1) Ist bei dem Pachtverhältnis über ein Grundstück oder ein Recht die Pachtzeit nicht bestimmt, so ist die Kündigung nur für den Schluss eines Pachtjahrs zulässig; sie hat spätestens am dritten Werktag des halben Jahres zu erfolgen, mit dessen Ablauf die Pacht enden soll.

(2) Dies gilt auch, wenn das Pachtverhältnis außerordentlich mit der gesetzlichen Frist gekündigt werden kann.

§ 584a
Ausschluss bestimmter mietrechtlicher Kündigungsrechte

(1) Dem Pächter steht das in § 540 Abs. 1 bestimmte Kündigungsrecht nicht zu.

...

§ 584b
Verspätete Rückgabe

Gibt der Pächter den gepachteten Gegenstand nach der Beendigung des Pachtverhältnisses nicht zurück, so kann der Verpächter für die Dauer der Vorenthaltung als Entschädigung die vereinbarte Pacht nach dem Verhältnis verlangen, in dem die Nutzungen, die der Pächter während dieser Zeit gezogen hat oder hätte ziehen können, zu den Nutzungen des ganzen Pachtjahrs stehen. Die Geltendmachung eines weiteren Schadens ist nicht ausgeschlossen.

...

5.
Einführungsgesetz zum Bürgerlichen Gesetzbuche

i.d.F. der Bek. vom 21.9.1994 (BGBl. I S. 2494, ber. 1997, S. 1061), zuletzt geändert durch Art. 3 G vom 22.7.2014 (BGBl. I S. 1218)

– Auszug –

SECHSTER TEIL
Inkrafttreten und Übergangsrecht aus Anlass der Einführung des Bürgerlichen Gesetzbuchs und dieses Einführungsgesetzes in dem in Art. 3 des Einigungsvertrages genannten Gebiet

...

Art. 231
Erstes Buch. Allgemeiner Teil des Bürgerlichen Gesetzbuchs

...

§ 2
Vereine

(1) Rechtsfähige Vereinigungen, die nach dem Gesetz über Vereinigungen – Vereinigungsgesetz – vom 21. Februar 1990 (GBl. I Nr. 10 S. 75), geändert durch das Gesetz vom 22. Juni 1990 (GBl. I Nr. 37 S. 470, Nr. 39 S. 546), vor dem Wirksamwerden des Beitritts entstanden sind, bestehen fort.

(2) Auf sie sind ab dem Tag des Wirksamwerdens des Beitritts die §§ 21 bis 79 des Bürgerlichen Gesetzbuchs anzuwenden.

(3) Die in Absatz 1 genannten Vereinigungen führen ab dem Wirksamwerden des Beitritts die Bezeichnung „eingetragener Verein".

(4) Auf nicht rechtsfähige Vereinigungen im Sinn des Gesetzes über Vereinigungen – Vereinigungsgesetz – vom 21. Februar 1990 findet ab dem Tag des Wirksamwerdens des Beitritts § 54 des Bürgerlichen Gesetzbuchs Anwendung.

...

§ 4
Haftung juristischer Personen für ihre Organe

Die §§ 31 und 89 des Bürgerlichen Gesetzbuchs sind nur auf solche Handlungen anzuwenden, die am Tag des Wirksamwerdens des Beitritts oder danach begangen werden.

§ 5
Sachen

(1) Nicht zu den Bestandteilen eines Grundstücks gehören Gebäude, Baulichkeiten, Anlagen, Anpflanzungen oder Einrichtungen, die gemäß dem am Tag vor dem Wirksamwerden des Beitritts geltenden Recht vom Grundstückseigentum unabhängiges Eigentum sind. Das Gleiche gilt, wenn solche Gegenstände am Tag des Wirksamwerdens des Beitritts oder danach errichtet oder angebracht werden, soweit dies aufgrund eines vor dem Wirksamwerden des Beitritts begründeten Nutzungsrechts an dem Grundstück oder Nutzungsrechts nach den §§ 312 bis 315 des Zivilgesetzbuchs der Deutschen Demokratischen Republik zulässig ist.

(2) Das Nutzungsrecht an dem Grundstück und die erwähnten Anlagen, Anpflanzungen oder Einrichtungen gelten als wesentliche Bestandteile des Gebäudes. Artikel 233 § 4 Abs. 3 und 5 bleibt unberührt.

(3) Das Gebäudeeigentum nach den Absätzen 1 und 2 erlischt, wenn nach dem 31. Dezember 2000 das Eigentum am Grundstück übertragen wird, es sei denn, dass das Nutzungsrecht oder das selbstständige Gebäudeeigentum nach Artikel 233 § 2b Abs. 2 Satz 3 im Grundbuch des veräußerten Grundstücks eingetragen ist oder dem Erwerber das nicht eingetragene Recht bekannt war. Dem Inhaber des Gebäudeeigentums steht gegen den Veräußerer ein Anspruch auf Ersatz des Wertes zu, den das Gebäudeeigentum im Zeitpunkt seines Erlöschens hatte; an dem Gebäudeeigentum begründete Grundpfandrechte werden Pfandrechte an diesem Anspruch.

(4) Wird nach dem 31. Dezember 2000 das Grundstück mit einem dinglichen Recht belastet oder ein solches Recht erworben, so gilt für den Inhaber des Rechts das Gebäude als Bestandteil des Grundstücks. Absatz 3 Satz 1 ist entsprechend anzuwenden.

(5) Ist ein Gebäude auf mehreren Grundstücken errichtet, gelten die Absätze 3 und 4 nur in Ansehung des Grundstücks, auf dem sich der überwiegende Teil des Gebäudes befindet. Für den Erwerber des

Grundstücks gelten in Ansehung des auf dem anderen Grundstück befindlichen Teils des Gebäudes die Vorschriften über den zu duldenden Überbau sinngemäß.

§ 6
Verjährung

(1) Die Vorschriften des Bürgerlichen Gesetzbuchs über die Verjährung finden auf die am Tag des Wirksamwerdens des Beitritts bestehenden und noch nicht verjährten Ansprüche Anwendung. Der Beginn, die Hemmung und die Unterbrechung der Verjährung bestimmen sich jedoch für den Zeitraum vor dem Wirksamwerden des Beitritts nach den bislang für das in Artikel 3 des Einigungsvertrages genannte Gebiet geltenden Rechtsvorschriften.

(2) Ist die Verjährungsfrist nach dem Bürgerlichen Gesetzbuch kürzer als nach den Rechtsvorschriften, die bislang für das in Artikel 3 des Einigungsvertrages genannte Gebiet galten, so wird die kürzere Frist von dem Tag des Wirksamwerdens des Beitritts an berechnet. Läuft jedoch die in den Rechtsvorschriften, die bislang für das in Artikel 3 des Einigungsvertrages genannte Gebiet galten, bestimmte längere Frist früher als die im Bürgerlichen Gesetzbuch bestimmte kürzere Frist ab, so ist die Verjährung mit dem Ablauf der längeren Frist vollendet.

(3) Die Absätze 1 und 2 sind entsprechend auf Fristen anzuwenden, die für die Geltendmachung, den Erwerb oder den Verlust eines Rechts maßgebend sind.

...

Art. 232
Zweites Buch. Recht der Schuldverhältnisse

§ 1
Allgemeine Bestimmungen für Schuldverhältnisse

Für ein Schuldverhältnis, das vor dem Wirksamwerden des Beitritts entstanden ist, bleibt das bisherige für das in Artikel 3 des Einigungsvertrages genannte Gebiet geltende Recht maßgebend.

§ 1a
Überlassungsverträge

Ein vor dem 3. Oktober 1990 geschlossener Vertrag, durch den ein bisher staatlich verwaltetes (§ 1 Abs. 4 des Vermögensgesetzes) Grundstück durch den staatlichen Verwalter oder die von ihm beauftragte Stelle gegen Leistung eines Geldbetrages für das Grundstück sowie etwa aufstehende Gebäude und gegen Übernahme der öffentlichen Lasten einem anderen zur Nutzung überlassen wurde (Überlassungsvertrag), ist wirksam.

§ 2
Mietverträge

Mietverhältnisse aufgrund von Verträgen, die vor dem Wirksamwerden des Beitritts geschlossen worden sind, richten sich von diesem Zeitpunkt an nach den Vorschriften des Bürgerlichen Gesetzbuchs.

§ 3
Pachtverträge

(1) Pachtverhältnisse aufgrund von Verträgen, die vor dem Wirksamwerden des Beitritts geschlossen worden sind, richten sich von diesem Zeitpunkt an nach den §§ 581 bis 597 des Bürgerlichen Gesetzbuchs.

(2) Die §§ 51 und 52 des Landwirtschaftsanpassungsgesetzes vom 29. Juni 1990 (GBl. I Nr. 42 S. 642) bleiben unberührt.

§ 4
Nutzung von Bodenflächen zur Erholung

(1) Nutzungsverhältnisse nach den §§ 312 bis 315 des Zivilgesetzbuchs der Deutschen Demokratischen Republik aufgrund von Verträgen, die vor dem Wirksamwerden des Beitritts geschlossen worden sind, richten sich weiterhin nach den genannten Vorschriften des Zivilgesetzbuchs. Abweichende Regelungen bleiben einem besonderen Gesetz vorbehalten.

(2) Die Bundesregierung wird ermächtigt, durch Rechtsverordnung mit Zustimmung des Bundesrates Vorschriften über eine angemessene Gestaltung der Nutzungsentgelte zu erlassen. Angemessen sind Entgelte bis zur Höhe der ortsüblichen Pacht für Grundstücke, die auch hinsichtlich der Art und des Umfangs der Bebauung in vergleichbarer Weise genutzt werden. In der Rechtsverordnung können Bestimmun-

gen über die Ermittlung der ortsüblichen Pacht, über das Verfahren der Entgelterhöhung sowie über die Kündigung im Fall der Erhöhung getroffen werden.

(3) Für Nutzungsverhältnisse innerhalb von Kleingartenanlagen bleibt die Anwendung des Bundeskleingartengesetzes vom 28. Februar 1983 (BGBl. I S. 210) mit den in Anlage I Kapitel XIV Abschnitt II Nr. 4 zum Einigungsvertrag enthaltenen Ergänzungen unberührt.

(4) Die Absätze 1 bis 3 gelten auch für vor dem 1. Januar 1976 geschlossene Verträge, durch die land- oder forstwirtschaftlich nicht genutzte Bodenflächen Bürgern zum Zwecke der nicht gewerblichen kleingärtnerischen Nutzung, Erholung und Freizeitgestaltung überlassen wurden.

§ 4a
Vertrags-Moratorium

(1) Verträge nach § 4 können, auch soweit sie Garagen betreffen, gegenüber dem Nutzer bis zum Ablauf des 31. Dezember 1994 nur aus den in § 554 des Bürgerlichen Gesetzbuchs bezeichneten Gründen gekündigt oder sonst beendet werden. Sie verlängern sich, wenn nicht der Nutzer etwas Gegenteiliges mitteilt, bis zu diesem Zeitpunkt, wenn sie nach ihrem Inhalt vorher enden würden.

(2) Hat der Nutzer einen Vertrag nach § 4 nicht mit dem Eigentümer des betreffenden Grundstücks, sondern aufgrund des § 18 oder § 46 in Verbindung mit § 18 des Gesetzes über die landwirtschaftlichen Produktionsgenossenschaften – LPG-Gesetz – vom 2. Juli 1982 (GBl. I Nr. 25 S. 443) in der vor dem 1. Juli 1990 geltenden Fassung mit einer der dort genannten Genossenschaften oder Stellen geschlossen, so ist er nach Maßgabe des Vertrages und des Absatzes 1 bis zum Ablauf des 31. Dezember 1994 auch dem Grundstückseigentümer gegenüber zum Besitz berechtigt.

(3) Die Absätze 1 und 2 gelten ferner, wenn ein Vertrag nach § 4 mit einer staatlichen Stelle abgeschlossen wurde, auch wenn diese hierzu nicht ermächtigt war. Dies gilt jedoch nicht, wenn der Nutzer Kenntnis von dem Fehlen einer entsprechenden Ermächtigung hatte.

(4) Die Absätze 1 und 2 gelten ferner auch, wenn ein Vertrag nach § 4 mit einer staatlichen Stelle abgeschlossen wurde und diese bei Vertragsschluss nicht ausdrücklich in fremdem Namen, sondern im eigenen Namen handelte, obwohl es sich nicht um ein volkseigenes, sondern ein von ihr verwaltetes Grundstück handelte, es sei denn, dass der Nutzer hiervon Kenntnis hatte.

(5) In den Fällen der Absätze 2 bis 4 ist der Vertragspartner des Nutzers unbeschadet des § 51 des Landwirtschaftsanpassungsgesetzes verpflichtet, die gezogenen Entgelte unter Abzug der mit ihrer Erzielung verbundenen Kosten an den Grundstückseigentümer abzuführen. Entgelte, die in der Zeit von dem 1. Januar 1992 an bis zum Inkrafttreten dieser Vorschrift erzielt wurden, sind um 20 vom Hundert gemindert an den Grundstückseigentümer auszukehren; ein weiter gehender Ausgleich für gezogene Entgelte und Aufwendungen findet nicht statt. Ist ein Entgelt nicht vereinbart, so ist das Entgelt, das für Verträge der betreffenden Art gewöhnlich zu erzielen ist, unter Abzug der mit seiner Erzielung verbundenen Kosten an den Grundstückseigentümer auszukehren. Der Grundstückseigentümer kann von dem Vertragspartner des Nutzers die Abtretung der Entgeltansprüche verlangen.

(6) Die Absätze 1 bis 5 gelten auch, wenn der unmittelbare Nutzer Verträge mit einer Vereinigung von Kleingärtnern und diese mit einer der dort genannten Stellen den Hauptnutzungsvertrag geschlossen hat. Ist Gegenstand des Vertrages die Nutzung des Grundstücks für eine Garage, so kann der Eigentümer die Verlegung der Nutzung auf eine andere Stelle des Grundstücks oder ein anderes Grundstück verlangen, wenn die Nutzung ihn besonders beeinträchtigt, die andere Stelle für den Nutzer gleichwertig ist und die rechtlichen Voraussetzungen für die Nutzung geschaffen worden sind; die Kosten der Verlegung hat der Eigentümer zu tragen und vorzuschießen.

(7) Die Absätze 1 bis 6 finden keine Anwendung, wenn die Betroffenen nach dem 2. Oktober 1990 etwas Abweichendes vereinbart haben oder zwischen ihnen abweichende rechtskräftige Urteile ergangen sind.

...

Art. 233
Drittes Buch. Sachenrecht

ERSTER ABSCHNITT
Allgemeine Vorschriften

§ 1
Besitz

Auf ein am Tag des Wirksamwerdens des Beitritts bestehendes Besitzverhältnis finden von dieser Zeit an die Vorschriften des Bürgerlichen Gesetzbuchs Anwendung.

§ 2
Inhalt des Eigentums

(1) Auf das am Tag des Wirksamwerdens des Beitritts bestehende Eigentum an Sachen finden von dieser Zeit an die Vorschriften des Bürgerlichen Gesetzbuchs Anwendung, soweit nicht in den nachstehenden Vorschriften etwas anderes bestimmt ist.

(2) Bei ehemals volkseigenen Grundstücken wird unwiderleglich vermutet, dass in der Zeit vom 15. März 1990 bis zum Ablauf des 2. Oktober 1990 die als Rechtsträger eingetragene staatliche Stelle und diejenige Stelle, die deren Aufgaben bei Vornahme der Verfügung wahrgenommen hat, und in der Zeit vom 3. Oktober 1990 bis zum 24. Dezember 1993 die in § 8 des Vermögenszuordnungsgesetzes in der seit dem 25. Dezember 1993 geltenden Fassung bezeichneten Stellen zur Verfügung über das Grundstück befugt waren. § 878 des Bürgerlichen Gesetzbuchs gilt auch für den Fortfall der Verfügungsbefugnis sinngemäß. Die vorstehenden Sätze lassen Verbote, über ehemals volkseigene Grundstücke zu verfügen, namentlich nach § 68 des Zivilgesetzbuchs und der Zweiten, Dritten und Vierten Durchführungsverordnung zum Treuhandgesetz unberührt. Wem bisheriges Volkseigentum zusteht, richtet sich nach den Vorschriften über die Abwicklung des Volkseigentums.

(3) Ist der Eigentümer eines Grundstücks oder sein Aufenthalt nicht festzustellen und besteht ein Bedürfnis, die Vertretung des Eigentümers sicherzustellen, so bestellt der Landkreis oder die kreisfreie Stadt, in dessen oder deren Gebiet sich das Grundstück befindet, auf Antrag der Gemeinde oder eines anderen, der ein berechtigtes Interesse daran hat, einen gesetzlichen Vertreter. Im Falle einer Gemeinschaft wird ein Mitglied der Gemeinschaft zum gesetzlichen Vertreter bestellt. Der Vertreter ist von den Beschränkungen des § 181 des Bürgerlichen Gesetzbuchs befreit. § 16 Abs. 3 und 4 des Verwaltungsverfahrensgesetzes findet entsprechende Anwendung. Der Vertreter wird auf Antrag des Eigentümers abberufen. Diese Vorschrift tritt in ihrem räumlichen Anwendungsbereich und für die Dauer ihrer Geltung an die Stelle des § 119 des Flurbereinigungsgesetzes auch, soweit auf diese Bestimmung in anderen Gesetzen verwiesen wird. § 11b des Vermögensgesetzes bleibt unberührt.

§ 2a
Moratorium

(1) Als zum Besitz eines in dem in Artikel 3 des Einigungsvertrages genannten Gebiet belegenen Grundstücks berechtigt gelten unbeschadet bestehender Nutzungsrechte und günstigerer Vereinbarungen und Regelungen:

a) wer das Grundstück bis zum Ablauf des 2. Oktober 1990 aufgrund einer bestandskräftigen Baugenehmigung oder sonst entsprechend den Rechtsvorschriften mit Billigung staatlicher oder gesellschaftlicher Organe mit Gebäuden oder Anlagen bebaut oder zu bebauen begonnen hat und bei Inkrafttreten dieser Vorschrift selbst nutzt,

b) Genossenschaften und ehemals volkseigene Betriebe der Wohnungswirtschaft, denen vor dem 3. Oktober 1990 aufgrund einer bestandskräftigen Baugenehmigung oder sonst entsprechend den Rechtsvorschriften mit Billigung staatlicher oder gesellschaftlicher Organe errichtete Gebäude und dazugehörige Grundstücksflächen und -teilflächen zur Nutzung sowie selbstständigen Bewirtschaftung und Verwaltung übertragen worden waren und von diesen oder ihren Rechtsnachfolgern genutzt werden,

c) wer über ein bei Abschluss des Vertrages bereits mit einem Wohnhaus bebautes Grundstück, das bis dahin unter staatlicher oder treuhänderischer Verwaltung gestanden hat, einen Überlassungsvertrag geschlossen hat, sowie diejenigen, die mit diesem einen gemeinsamen Hausstand führen,

d) wer ein auf einem Grundstück errichtetes Gebäude gekauft oder den Kauf beantragt hat.

...

(2) Das Recht zum Besitz nach Absatz 1 wird durch eine Übertragung oder einen Übergang des Eigentums oder eine sonstige Verfügung über das Grundstück nicht berührt. Das Recht kann übertragen werden; die Übertragung ist gegenüber dem Grundstückseigentümer nur wirksam, wenn sie diesem vom Veräußerer angezeigt wird.

(3) Während des in Absatz 8 Satz 1 genannten Zeitraums kann Ersatz für gezogene Nutzungen oder vorgenommene Verwendungen nur auf einvernehmlicher Grundlage verlangt werden. Der Eigentümer eines Grundstücks ist während der Dauer des Rechts zum Besitz nach Absatz 1 verpflichtet, das Grundstück nicht mit Rechten zu belasten, es sei denn, er ist zu deren Bestellung gesetzlich oder aufgrund der Entscheidung einer Behörde verpflichtet.

(4) Bis zu dem in Absatz 1 Satz 2 genannten Zeitpunkt findet auf Überlassungsverträge unbeschadet des Artikels 232 § 1 der § 78 des Zivilgesetzbuchs der Deutschen Demokratischen Republik keine Anwendung.

(5) Das Vermögensgesetz, § 20b Abs. 3 des Parteiengesetzes vom 21. Februar 1990 (GBl. I Nr. 9 S. 66), das zuletzt durch Artikel 1 des

Gesetzes vom 19. Dezember 2006 (BGBl. I S. 3230) geändert worden ist, sowie Verfahren nach dem Achten Abschnitt des Landwirtschaftsanpassungsgesetzes bleiben unberührt.

(6) Bestehende Rechte des gemäß Absatz 1 Berechtigten werden nicht berührt. In Ansehung der Nutzung des Grundstücks getroffene Vereinbarungen bleiben außer in den Fällen des Absatzes 1 Satz 1 Buchstabe c unberührt. Sie sind in allen Fällen auch weiterhin möglich. Das Recht nach Absatz 1 kann ohne Einhaltung einer Frist durch einseitige Erklärung des Grundeigentümers beendet werden, wenn

a) der Nutzer

   aa) im Sinne der §§ 20a und 20b des Parteiengesetzes der Deutschen Demokratischen Republik eine Massenorganisation, eine Partei, eine ihr verbundene Organisation oder eine juristische Person ist und die treuhänderische Verwaltung über den betreffenden Vermögenswert beendet worden ist oder

   bb) dem Bereich der Kommerziellen Koordinierung zuzuordnen ist oder

b) die Rechtsverhältnisse des Nutzers an dem fraglichen Grund und Boden Gegenstand eines gerichtlichen Strafverfahrens gegen den Nutzer sind oder

c) es sich um ein ehemals volkseigenes Grundstück handelt und seine Nutzung am 2. Oktober 1990 auf einer Rechtsträgerschaft beruhte, es sei denn, der Nutzer ist eine landwirtschaftliche Produktionsgenossenschaft, ein ehemals volkseigener Betrieb der Wohnungswirtschaft, eine Arbeiter-Wohnungsbaugenossenschaft oder eine gemeinnützige Wohnungsgenossenschaft oder deren jeweiliger Rechtsnachfolger.

In den Fällen des Satzes 4 Buchstabe a und c ist § 1000 des Bürgerlichen Gesetzbuchs nicht anzuwenden. Das Recht zum Besitz nach dieser Vorschrift erlischt, wenn eine Vereinbarung nach den Sätzen 2 und 3 durch den Nutzer gekündigt wird.

(7) Die vorstehenden Regelungen gelten nicht für Nutzungen zur Erholung, Freizeitgestaltung oder zu ähnlichen persönlichen Bedürfnissen einschließlich der Nutzung innerhalb von Kleingartenanlagen. Ein Miet- oder Pachtvertrag ist nicht als Überlassungsvertrag anzusehen.

(8) Für die Zeit bis zum Ablauf des 21. Juli 1992 ist der nach Absatz 1 Berechtigte gegenüber dem Grundstückseigentümer sowie sonstigen dinglichen Berechtigten zur Herausgabe von Nutzungen nicht verpflichtet, es sei denn, dass die Beteiligten andere Abreden

getroffen haben. Ist ein in Absatz 1 Satz 1 Buchstabe d bezeichneter Kaufvertrag unwirksam oder sind die Verhandlungen auf Abschluss des beantragten Kaufvertrages gescheitert, so ist der Nutzer von der Erlangung der Kenntnis der Unwirksamkeit des Vertrages oder der Ablehnung des Vertragsschlusses an nach § 987 des Bürgerlichen Gesetzbuchs zur Herausgabe von Nutzungen verpflichtet.

...

§ 2b
Gebäudeeigentum ohne dingliches Nutzungsrecht

(1) In den Fällen des § 2a Abs. 1 Satz 1 Buchstabe a und b sind Gebäude und Anlagen von Arbeiter-Wohnungsbaugenossenschaften und von gemeinnützigen Wohnungsgenossenschaften auf ehemals volkseigenen Grundstücken, in den Fällen des § 2a Abs. 1 Satz 1 Buchstabe a Gebäude und Anlagen landwirtschaftlicher Produktionsgenossenschaften, auch soweit dies nicht gesetzlich bestimmt ist, unabhängig vom Eigentum am Grundstück, Eigentum des Nutzers. Ein beschränkt dingliches Recht am Grundstück besteht nur, wenn dies besonders begründet worden ist. Dies gilt auch für Rechtsnachfolger der in Satz 1 bezeichneten Genossenschaften.

(2) Für Gebäudeeigentum, das nach Absatz 1 entsteht oder nach § 27 des Gesetzes über die landwirtschaftlichen Produktionsgenossenschaften vom 2. Juli 1982 (GBl. I Nr. 25 S. 443), das zuletzt durch das Gesetz über die Änderung oder Aufhebung von Gesetzen der Deutschen Demokratischen Republik vom 28. Juni 1990 (GBl. I Nr. 38 S. 483) geändert worden ist, entstanden ist, ist auf Antrag des Nutzers ein Gebäudegrundbuchblatt anzulegen. Für die Anlegung und Führung des Gebäudegrundbuchblatts sind die vor dem Wirksamwerden des Beitritts geltenden sowie später erlassene Vorschriften entsprechend anzuwenden. Ist das Gebäudeeigentum nicht gemäß § 2c Abs. 1 wie eine Belastung im Grundbuch des betroffenen Grundstücks eingetragen, so ist diese Eintragung vor Anlegung des Gebäudegrundbuchblatts von Amts wegen vorzunehmen.

(3) Ob Gebäudeeigentum entstanden ist und wem es zusteht, wird durch Bescheid des Bundesamtes für zentrale Dienste und offene Vermögensfragen festgestellt. Das Vermögenszuordnungsgesetz ist anzuwenden. § 3a des Verwaltungsverfahrensgesetzes findet keine Anwendung. Den Grundbuchämtern bleibt es unbenommen, Gebäudeeigentum und seinen Inhaber nach Maßgabe der Bestimmungen des Grundbuchrechts festzustellen; ein Antrag nach den Sätzen 1 und 2 darf nicht von der vor-

herigen Befassung der Grundbuchämter abhängig gemacht werden. Im Antrag an das Bundesamt für zentrale Dienste und offene Vermögensfragen oder an das Grundbuchamt hat der Antragsteller zu versichern, dass bei keiner anderen Stelle ein vergleichbarer Antrag anhängig oder ein Antrag nach Satz 1 abschlägig beschieden worden ist.

...

§ 2c
Grundbucheintragung

(1) Selbstständiges Gebäudeeigentum nach § 2b ist auf Antrag (§ 13 Abs. 2 der Grundbuchordnung) im Grundbuch wie eine Belastung des betroffenen Grundstücks einzutragen. Ist für das Gebäudeeigentum ein Gebäudegrundbuchblatt nicht vorhanden, so wird es bei der Eintragung in das Grundbuch von Amts wegen angelegt.

...

(3) Der Erwerb selbstständigen Gebäudeeigentums sowie dinglicher Rechte am Gebäude der in § 2b bezeichneten Art aufgrund der Vorschriften über den öffentlichen Glauben des Grundbuchs ist nur möglich, wenn das Gebäudeeigentum auch bei dem belasteten Grundstück eingetragen ist.

§ 3
Inhalt und Rang beschränkter dinglicher Rechte

(1) Rechte, mit denen eine Sache oder ein Recht am Ende des Tages vor dem Wirksamwerden des Beitritts belastet ist, bleiben mit dem sich aus dem bisherigen Recht ergebenden Inhalt und Rang bestehen, soweit sich nicht aus den nachstehenden Vorschriften ein anderes ergibt. ...

(2) Die Aufhebung eines Rechts, mit dem ein Grundstück oder ein Recht an einem Grundstück belastet ist, richtet sich nach den bisherigen Vorschriften, wenn das Recht der Eintragung in das Grundbuch nicht bedurfte und nicht eingetragen ist.

(3) Die Anpassung des vom Grundstückseigentum unabhängigen Eigentums am Gebäude und des in § 4 Abs. 2 bezeichneten Nutzungsrechts an das Bürgerliche Gesetzbuch und seine Nebengesetze und an die veränderten Verhältnisse sowie die Begründung von Rechten zur Absicherung der in § 2a bezeichneten Bebauungen erfolgen nach Maßgabe des Sachenrechtsbereinigungsgesetzes. Eine Anpassung im Übrigen bleibt vorbehalten.

(4) Auf Vorkaufsrechte, die nach den Vorschriften des Zivilgesetzbuchs der Deutschen Demokratischen Republik bestellt wurden, sind vom 1. Oktober 1994 an die Bestimmungen des Bürgerlichen Gesetzbuchs nach den §§ 1094 bis 1104 anzuwenden.

§ 4
Sondervorschriften für dingliche Nutzungsrechte und Gebäudeeigentum

(1) Für das Gebäudeeigentum nach § 288 Abs. 4 oder § 292 Abs. 3 des Zivilgesetzbuchs der Deutschen Demokratischen Republik gelten von dem Wirksamwerden des Beitritts an die sich auf Grundstücke beziehenden Vorschriften des Bürgerlichen Gesetzbuchs mit Ausnahme der §§ 927 und 928 entsprechend. Vor der Anlegung eines Gebäudegrundbuchblatts ist das dem Gebäudeeigentum zugrunde liegende Nutzungsrecht von Amts wegen im Grundbuch des belasteten Grundstücks einzutragen. Der Erwerb eines selbstständigen Gebäudeeigentums oder eines dinglichen Rechts am Gebäude der in Satz 1 genannten Art aufgrund der Vorschriften über den öffentlichen Glauben des Grundbuchs ist nur möglich, wenn auch das zugrunde liegende Nutzungsrecht bei dem belasteten Grundstück eingetragen ist.

(2) Ein Nutzungsrecht nach den §§ 287 bis 294 des Zivilgesetzbuchs der Deutschen Demokratischen Republik, das nicht im Grundbuch des belasteten Grundstücks eingetragen ist, wird durch die Vorschriften des Bürgerlichen Gesetzbuchs über den öffentlichen Glauben des Grundbuchs nicht beeinträchtigt, wenn ein aufgrund des Nutzungsrechts zulässiges Eigenheim oder sonstiges Gebäude in dem für den öffentlichen Glauben maßgebenden Zeitpunkt ganz oder teilweise errichtet ist und der dem Erwerb zugrunde liegende Eintragungsantrag vor dem 1. Januar 2001 gestellt worden ist. Der Erwerber des Eigentums oder eines sonstigen Rechts an dem belasteten Grundstück kann in diesem Fall die Aufhebung oder Änderung des Nutzungsrechts gegen Ausgleich der dem Nutzungsberechtigten dadurch entstehenden Vermögensnachteile verlangen, wenn das Nutzungsrecht für ihn mit Nachteilen verbunden ist, welche erheblich größer sind als der dem Nutzungsberechtigten durch die Aufhebung oder Änderung seines Rechts entstehende Schaden; dies gilt nicht, wenn er beim Erwerb des Eigentums oder sonstigen Rechts in dem für den öffentlichen Glauben des Grundbuchs maßgeblichen Zeitpunkt das Vorhandensein des Nutzungsrechts kannte.

(3) Der Untergang des Gebäudes lässt den Bestand des Nutzungsrechts unberührt. Aufgrund des Nutzungsrechts kann ein neues Ge-

bäude errichtet werden; Belastungen des Gebäudeeigentums setzen sich an dem Nutzungsrecht und dem neu errichteten Gebäude fort. Ist ein Nutzungsrecht nur auf die Gebäudegrundfläche verliehen worden, so umfasst das Nutzungsrecht auch die Nutzung des Grundstücks in dem für Gebäude der errichteten Art zweckentsprechenden ortsüblichen Umfang, bei Eigenheimen nicht mehr als eine Fläche von 500 qm. Auf Antrag ist das Grundbuch entsprechend zu berichtigen. Absatz 2 gilt entsprechend.

(4) Besteht am Gebäude selbstständiges Eigentum nach § 288 Abs. 4 und § 292 Abs. 3 des Zivilgesetzbuchs der Deutschen Demokratischen Republik, so bleibt bei bis zum Ablauf des 31. Dezember 2000 angeordneten Zwangsversteigerungen ein nach jenem Recht begründetes Nutzungsrecht am Grundstück bei dessen Versteigerung auch dann bestehen, wenn es bei der Feststellung des geringsten Gebots nicht berücksichtigt ist.

(5) War der Nutzer beim Erwerb des Nutzungsrechts unredlich im Sinne des § 4 des Vermögensgesetzes, kann der Grundstückseigentümer die Aufhebung des Nutzungsrechts durch gerichtliche Entscheidung verlangen. Der Anspruch nach Satz 1 ist ausgeschlossen, wenn er nicht bis zum 31. Dezember 2000 rechtshängig geworden ist. Ein Klageantrag auf Aufhebung ist unzulässig, wenn der Grundstückseigentümer zu einem Antrag auf Aufhebung des Nutzungsrechts durch Bescheid des Amtes zur Regelung offener Vermögensfragen berechtigt oder berechtigt gewesen ist. Mit der Aufhebung des Nutzungsrechts erlischt das Eigentum am Gebäude nach § 288 Abs. 4 und § 292 Abs. 3 des Zivilgesetzbuchs der Deutschen Demokratischen Republik. Das Gebäude wird Bestandteil des Grundstücks. Der Nutzer kann für Gebäude, Anlagen und Anpflanzungen, mit denen er das Grundstück ausgestattet hat, Ersatz verlangen, soweit der Wert des Grundstücks hierdurch noch zu dem Zeitpunkt der Aufhebung des Nutzungsrechts erhöht ist. Grundpfandrechte an einem aufgrund des Nutzungsrechts errichteten Gebäude setzen sich am Wertersatzanspruch des Nutzers gegen den Grundstückseigentümer fort. § 16 Abs. 3 Satz 5 des Vermögensgesetzes ist entsprechend anzuwenden.

(6) Auf die Aufhebung eines Nutzungsrechts nach § 287 oder § 291 des Zivilgesetzbuchs der Deutschen Demokratischen Republik finden die §§ 875 und 876 des Bürgerlichen Gesetzbuchs Anwendung. Ist das Nutzungsrecht nicht im Grundbuch eingetragen, so reicht die notariell beurkundete Erklärung des Berechtigten, dass er das Recht aufgebe, aus, wenn die Erklärung bei dem Grundbuchamt eingereicht wird. Mit der Aufhebung des Nutzungsrechts erlischt das Gebäudeeigen-

tum nach § 288 Abs. 4 oder § 292 Abs. 3 des Zivilgesetzbuchs der Deutschen Demokratischen Republik; das Gebäude wird Bestandteil des Grundstücks.

(7) Die Absätze 1 bis 5 gelten entsprechend, soweit aufgrund anderer Rechtsvorschriften Gebäudeeigentum, für das ein Gebäudegrundbuchblatt anzulegen ist, in Verbindung mit einem Nutzungsrecht an dem betroffenen Grundstück besteht.

§ 5
Mitbenutzungsrechte

(1) Mitbenutzungsrechte im Sinn des § 321 Abs. 1 bis 3 und des § 322 des Zivilgesetzbuchs der Deutschen Demokratischen Republik gelten als Rechte an dem belasteten Grundstück, soweit ihre Begründung der Zustimmung des Eigentümers dieses Grundstücks bedurfte.

(2) Soweit die in Absatz 1 bezeichneten Rechte nach den am Tag vor dem Wirksamwerden des Beitritts geltenden Rechtsvorschriften gegenüber einem Erwerber des belasteten Grundstücks oder eines Rechts an diesem Grundstück auch dann wirksam bleiben, wenn sie nicht im Grundbuch eingetragen sind, behalten sie ihre Wirksamkeit auch gegenüber den Vorschriften des Bürgerlichen Gesetzbuchs über den öffentlichen Glauben des Grundbuchs, wenn der dem Erwerb zugrunde liegende Eintragungsantrag vor dem 1. Januar 2001 gestellt worden ist. Der Erwerber des Eigentums oder eines sonstigen Rechts an dem belasteten Grundstück kann in diesem Fall jedoch die Aufhebung oder Änderung des Mitbenutzungsrechts gegen Ausgleich der dem Berechtigten dadurch entstehenden Vermögensnachteile verlangen, wenn das Mitbenutzungsrecht für ihn mit Nachteilen verbunden ist, welche erheblich größer sind als der durch die Aufhebung oder Änderung dieses Rechts dem Berechtigten entstehende Schaden; dies gilt nicht, wenn derjenige, der die Aufhebung oder Änderung des Mitbenutzungsrechts verlangt, beim Erwerb des Eigentums oder sonstigen Rechts an dem belasteten Grundstück in dem für den öffentlichen Glauben des Grundbuchs maßgeblichen Zeitpunkt das Vorhandensein des Mitbenutzungsrechts kannte. In der Zwangsversteigerung des Grundstücks ist bei bis zum Ablauf des 31. Dezember 2000 angeordneten Zwangsversteigerungen auf die in Absatz 1 bezeichneten Rechte § 9 des Einführungsgesetzes zu dem Gesetz über die Zwangsversteigerung und die Zwangsverwaltung in der im Bundesgesetzblatt Teil III, Gliederungsnummer 310-13, veröffentlichten bereinigten Fassung, zuletzt geändert durch Artikel 7 Abs. 24 des Gesetzes vom 17. Dezember 1990 (BGBl. I S. 2847), entsprechend anzuwenden.

(3) Ein nach Absatz 1 als Recht an einem Grundstück geltendes Mitbenutzungsrecht kann in das Grundbuch auch dann eingetragen werden, wenn es nach den am Tag vor dem Wirksamwerden des Beitritts geltenden Vorschriften nicht eintragungsfähig war. Bei Eintragung eines solchen Rechts ist der Zeitpunkt der Entstehung des Rechts zu vermerken, wenn der Antragsteller diesen in der nach der Grundbuchordnung für die Eintragung vorgesehenen Form nachweist. Kann der Entstehungszeitpunkt nicht nachgewiesen werden, so ist der Vorrang vor anderen Rechten zu vermerken, wenn dieser von den Betroffenen bewilligt wird.

(4) Durch Landesgesetz kann bestimmt werden, dass ein Mitbenutzungsrecht der in Absatz 1 bezeichneten Art mit dem Inhalt in das Grundbuch einzutragen ist, der dem seit dem 3. Oktober 1990 geltenden Recht entspricht oder am ehesten entspricht. Ist die Verpflichtung zur Eintragung durch rechtskräftige Entscheidung festgestellt, so kann das Recht auch in den Fällen des Satzes 1 mit seinem festgestellten Inhalt eingetragen werden.

...

6.
Gesetz zur Sachenrechtsbereinigung im Beitrittsgebiet (Sachenrechtsbereinigungsgesetz – SachenRBerG)[1])

vom 21.9.1994 (BGBl. I S. 2457),
zuletzt geändert durch Art. 21 G vom 23.7.2013 (BGBl. I S. 2586)

– Auszug –

KAPITEL 1
Gegenstände der Sachenrechtsbereinigung

§ 1
Betroffene Rechtsverhältnisse

(1) Dieses Gesetz regelt Rechtsverhältnisse an Grundstücken in dem in Artikel 3 des Einigungsvertrages genannten Gebiet (Beitrittsgebiet),

1. a) an denen Nutzungsrechte verliehen oder zugewiesen wurden,
   b) auf denen vom Eigentum am Grundstück getrenntes selbstständiges Eigentum an Gebäuden oder an baulichen Anlagen entstanden ist,
   c) die mit Billigung staatlicher Stellen von einem anderen als dem Grundstückseigentümer für bauliche Zwecke in Anspruch genommen wurden oder
   d) auf denen nach einem nicht mehr erfüllten Kaufvertrag ein vom Eigentum am Grundstück getrenntes selbstständiges Eigentum am Gebäude oder an einer baulichen Anlage entstehen sollte,
2. die mit Erbbaurechten, deren Inhalt gemäß § 5 Abs. 2 des Einführungsgesetzes zum Zivilgesetzbuch der Deutschen Demokratischen Republik umgestaltet wurde, belastet sind,
3. an denen nach § 459 des Zivilgesetzbuchs der Deutschen Demokratischen Republik kraft Gesetzes ein Miteigentumsanteil besteht oder
4. auf denen andere natürliche oder juristische Personen als der Grundstückseigentümer bauliche Erschließungs-, Entsorgungs-

---

[1] **Anm. d. Verlages:**
Dieses Gesetz wurde verkündet als Art. 1 des Sachenrechtsänderungsgesetzes und ist am 1.10.1994 in Kraft getreten.

oder Versorgungsanlagen, die nicht durch ein mit Zustimmung des Grundstückseigentümers begründetes Mitbenutzungsrecht gesichert sind, errichtet haben.

(2) Ist das Eigentum an einem Grundstück dem Nutzer nach Maßgabe besonderer Gesetze zugewiesen worden oder zu übertragen, finden die Bestimmungen dieses Gesetzes keine Anwendung.

...

§ 2
Nicht einbezogene Rechtsverhältnisse

(1) Dieses Gesetz ist nicht anzuwenden, wenn der Nutzer das Grundstück

1. am 2. Oktober 1990 aufgrund eines Vertrages oder eines verliehenen Nutzungsrechts zur Erholung, Freizeitgestaltung oder kleingärtnerischen Bewirtschaftung oder als Standort für ein persönliches, jedoch nicht Wohnzwecken dienendes Gebäude genutzt hat,

2. aufgrund eines Miet-, Pacht- oder sonstigen Nutzungsvertrages zu anderen als den in Nummer 1 genannten Zwecken bebaut hat, es sei denn, dass der Nutzer auf vertraglicher Grundlage eine bauliche Investition vorgenommen hat,

   a) die in den §§ 5 bis 7 bezeichnet ist oder

   b) zu deren Absicherung nach den Rechtsvorschriften der Deutschen Demokratischen Republik das Grundstück hätte als Bauland bereitgestellt werden und eine der in § 3 Abs. 2 Satz 1 bezeichneten Rechtspositionen begründet werden müssen,

3. mit Anlagen zur Verbesserung der land- und forstwirtschaftlichen Bodennutzung (wie Anlagen zur Beregnung, Drainagen) bebaut hat,

4. mit Gebäuden, die öffentlichen Zwecken gewidmet sind und bestimmten Verwaltungsaufgaben dienen (insbesondere Dienstgebäude, Universitäten, Schulen), oder mit dem Gemeingebrauch gewidmeten Anlagen bebaut hat, es sei denn, dass die Grundstücke im komplexen Wohnungsbau oder Siedlungsbau verwendet wurden oder in einem anderen nach einer einheitlichen Bebauungskonzeption überbauten Gebiet liegen, oder

5. aufgrund öffentlich-rechtlicher Bestimmungen der Deutschen Demokratischen Republik, die nach dem Einigungsvertrag fortgelten, bebaut hat.

Satz 1 Nr. 1 ist entsprechend anzuwenden auf die von den in § 459 Abs. 1 Satz 1 des Zivilgesetzbuchs der Deutschen Demokratischen Republik bezeichneten juristischen Personen auf vertraglich genutzten Grundstücken zur Erholung, Freizeitgestaltung oder kleingärtnerischen Bewirtschaftung errichteten Gebäude, wenn diese allein zur persönlichen Nutzung durch Betriebsangehörige oder Dritte bestimmt waren. Dies gilt auch für Gebäude und bauliche Anlagen, die innerhalb einer Ferienhaus- oder Wochenendhaus- oder anderen Erholungszwecken dienenden Siedlung belegen sind und dieser als gemeinschaftliche Einrichtung dienen oder gedient haben.

(2) Dieses Gesetz gilt ferner nicht, wenn der Nutzer

1. eine Partei, eine mit ihr verbundene Massenorganisation oder eine juristische Person im Sinne der §§ 20a und 20b des Parteiengesetzes der Deutschen Demokratischen Republik ist oder
2. ein Unternehmen oder ein Rechtsnachfolger eines Unternehmens ist, das bis zum 31. März 1990 oder zu einem früheren Zeitpunkt zum Bereich „Kommerzielle Koordinierung" gehört hat.

(3) Die Bestimmungen über die Ansprüche eines Mitglieds einer landwirtschaftlichen Produktionsgenossenschaft oder des Nachfolgeunternehmens nach den §§ 43 bis 50 und § 64b des Landwirtschaftsanpassungsgesetzes gehen den Regelungen dieses Gesetzes vor.

KAPITEL 2
Nutzung fremder Grundstücke durch den Bau oder den Erwerb von Gebäuden

ABSCHNITT 1
Allgemeine Bestimmungen

Unterabschnitt 1
Grundsätze

§ 3
Regelungsinstrumente und Regelungsziele

(1) In den in § 1 Abs. 1 Nr. 1 bezeichneten Fällen können Grundstückseigentümer und Nutzer (Beteiligte) zur Bereinigung der Rechtsverhältnisse an den Grundstücken Ansprüche auf Bestellung von Erb-

baurechten oder auf Ankauf der Grundstücke oder der Gebäude nach Maßgabe dieses Kapitels geltend machen. Die Beteiligten können von den gesetzlichen Bestimmungen über den Vertragsinhalt abweichende Vereinbarungen treffen.

(2) Die Bereinigung erfolgt zur

1. Anpassung der nach dem Recht der Deutschen Demokratischen Republik bestellten Nutzungsrechte an das Bürgerliche Gesetzbuch und seine Nebengesetze,

2. Absicherung aufgrund von Rechtsträgerschaften vorgenommener baulicher Investitionen, soweit den Nutzern nicht das Eigentum an den Grundstücken zugewiesen worden ist, und

3. Regelung der Rechte am Grundstück beim Auseinanderfallen von Grundstücks- und Gebäudeeigentum.

Nach Absatz 1 sind auch die Rechtsverhältnisse zu bereinigen, denen bauliche Investitionen zugrunde liegen, zu deren Absicherung nach den Rechtsvorschriften der Deutschen Demokratischen Republik eine in Satz 1 bezeichnete Rechtsposition vorgesehen war, auch wenn die Absicherung nicht erfolgt ist.

(3) Nach diesem Gesetz sind auch die Fälle zu bereinigen, in denen der Nutzer ein Gebäude oder eine bauliche Anlage gekauft hat, die Bestellung eines Nutzungsrechts aber ausgeblieben und selbstständiges, vom Eigentum am Grundstück getrenntes Eigentum am Gebäude nicht entstanden ist, wenn der Nutzer aufgrund des Vertrags Besitz am Grundstück erlangt hat oder den Besitz ausgeübt hat. Dies gilt nicht, wenn der Vertrag

1. wegen einer Pflichtverletzung des Käufers nicht erfüllt worden ist,

2. wegen Versagung einer erforderlichen Genehmigung aus anderen als den in § 6 der Verordnung über die Anmeldung vermögensrechtlicher Ansprüche in der Fassung der Bekanntmachung vom 11. Oktober 1990 (BGBl I S. 2162) genannten Gründen nicht durchgeführt werden konnte oder

3. nach dem 18. Oktober 1989 abgeschlossen worden ist und das Grundstück nach den Vorschriften des Vermögensgesetzes an den Grundstückseigentümer zurückzuübertragen ist oder zurückübertragen wurde; für diese Fälle gilt § 121.

Unterabschnitt 2
Anwendungsbereich

§ 4
Bauliche Nutzungen

Die Bestimmungen dieses Kapitels sind anzuwenden auf

1. den Erwerb oder den Bau eines Eigenheimes durch oder für natürliche Personen (§ 5),
2. den staatlichen oder genossenschaftlichen Wohnungsbau (§ 6),
3. den Bau von Wohngebäuden durch landwirtschaftliche Produktionsgenossenschaften sowie die Errichtung gewerblicher, landwirtschaftlicher oder öffentlichen Zwecken dienender Gebäude (§ 7) und
4. die von der Deutschen Demokratischen Republik an ausländische Staaten verliehenen Nutzungsrechte (§ 110).

§ 5
Erwerb oder Bau von Eigenheimen

(1) Auf den Erwerb oder den Bau von Eigenheimen ist dieses Gesetz anzuwenden, wenn

1. nach den Gesetzen der Deutschen Demokratischen Republik über den Verkauf volkseigener Gebäude vom 15. September 1954 (GBl. I Nr. 81 S. 784), vom 19. Dezember 1973 (GBl. I Nr. 58 S. 578) und vom 7. März 1990 (GBl. I Nr. 18 S. 157) Eigenheime verkauft worden sind und selbstständiges Eigentum an den Gebäuden entstanden ist,
2. Nutzungsrechte verliehen oder zugewiesen worden sind (§§ 287, 291 des Zivilgesetzbuchs der Deutschen Demokratischen Republik) oder
3. Grundstücke mit Billigung staatlicher Stellen in Besitz genommen und mit einem Eigenheim bebaut worden sind. Dies ist insbesondere der Fall, wenn
   a) Wohn- und Stallgebäude für die persönliche Hauswirtschaft auf zugewiesenen, ehemals genossenschaftlich genutzten Grundstücken nach den Musterstatuten für die landwirtschaftlichen Produktionsgenossenschaften errichtet wurden,
   b) Eigenheime von einem Betrieb oder einer Produktionsgenossenschaft errichtet und anschließend auf einen Bürger übertragen wurden,

c) Bebauungen mit oder an Eigenheimen aufgrund von Überlassungsverträgen erfolgten,

d) Eigenheime aufgrund von Nutzungsverträgen auf Flächen gebaut wurden, die Gemeinden oder anderen staatlichen Stellen von einer landwirtschaftlichen Produktionsgenossenschaft als Bauland übertragen wurden,

e) als Wohnhäuser geeignete und hierzu dienende Gebäude aufgrund eines Vertrages zur Nutzung von Bodenflächen zur Erholung (§§ 312 bis 315 des Zivilgesetzbuchs der Deutschen Demokratischen Republik) mit Billigung staatlicher Stellen errichtet wurden, es sei denn, dass der Überlassende dieser Nutzung widersprochen hatte,

f) Eigenheime auf vormals volkseigenen, kohlehaltigen Siedlungsflächen, für die Bodenbenutzungsscheine nach den Ausführungsverordnungen zur Bodenreform ausgestellt wurden, mit Billigung staatlicher Stellen errichtet worden sind oder

g) Eigenheime aufgrund einer die bauliche Nutzung des fremden Grundstücks gestattenden Zustimmung nach der Eigenheimverordnung der Deutschen Demokratischen Republik vom 31. August 1978 (GBl. I Nr. 40 S. 425) oder einer anderen Billigung staatlicher Stellen errichtet wurden, die Verleihung oder Zuweisung eines Nutzungsrechts jedoch ausblieb, die nach den Rechtsvorschriften der Deutschen Demokratischen Republik für diese Art der Bebauung vorgeschrieben war,

h) Wohn- und Stallgebäude nach den Vorschriften über den Besitzwechsel bei ehemals volkseigenen Grundstücken aus der Bodenreform einem Bürger auch ohne förmlichen Beschluss verbindlich zugewiesen oder aufgrund einer solchen Zuweisung errichtet worden sind.

(2) Eigenheime sind Gebäude, die für den Wohnbedarf bestimmt sind und eine oder zwei Wohnungen enthalten. Die Bestimmungen über Eigenheime gelten auch für mit Billigung staatlicher Stellen errichtete Nebengebäude (wie Werkstätten, Lagerräume).

(3) Gebäude, die bis zum Ablauf des 2. Oktober 1990 von den Nutzern zur persönlichen Erholung, Freizeitgestaltung oder zu kleingärtnerischen Zwecken genutzt wurden, sind auch im Falle einer späteren Nutzungsänderung keine Eigenheime. Eine Nutzung im Sinne des Satzes 1 liegt auch vor, wenn der Nutzer in dem Gebäude zwar zeitweise gewohnt, dort jedoch nicht seinen Lebensmittelpunkt hatte.

...

KAPITEL 5
Ansprüche auf Bestellung von Dienstbarkeiten

§ 116
Bestellung einer Dienstbarkeit

(1) Derjenige, der ein Grundstück in einzelnen Beziehungen nutzt oder auf diesem Grundstück eine Anlage unterhält (Mitbenutzer), kann von dem Eigentümer die Bestellung einer Grunddienstbarkeit oder einer beschränkten persönlichen Dienstbarkeit verlangen, wenn

1. die Nutzung vor Ablauf des 2. Oktober 1990 begründet wurde,
2. die Nutzung des Grundstücks für die Erschließung oder Entsorgung eines eigenen Grundstücks oder Bauwerks erforderlich ist und
3. ein Mitbenutzungsrecht nach den §§ 321 und 322 des Zivilgesetzbuchs der Deutschen Demokratischen Republik nicht begründet wurde.

(2) Zugunsten derjenigen, die durch ein nach Ablauf des 31. Dezember 1999 abgeschlossenes Rechtsgeschäft gutgläubig Rechte an Grundstücken erwerben, ist § 111 entsprechend anzuwenden. Die Eintragung eines Vermerks über die Klageerhebung erfolgt entsprechend § 113 Abs. 3.

§ 117
Einwendungen des Grundstückseigentümers

(1) Der Grundstückseigentümer kann die Bestellung einer Dienstbarkeit verweigern, wenn

1. die weitere Mitbenutzung oder der weitere Fortbestand der Anlage die Nutzung des belasteten Grundstücks erheblich beeinträchtigen würde, der Mitbenutzer der Inanspruchnahme des Grundstücks nicht bedarf oder eine Verlegung der Ausübung möglich ist und keinen unverhältnismäßigen Aufwand verursachen würde oder
2. die Nachteile für das zu belastende Grundstück die Vorteile für das herrschende Grundstück überwiegen und eine anderweitige Erschließung oder Entsorgung mit einem im Verhältnis zu den Nachteilen geringen Aufwand hergestellt werden kann.

Die Kosten einer Verlegung haben die Beteiligten zu teilen.

(2) Sind Erschließungs- oder Entsorgungsanlagen zu verlegen, so besteht ein Recht zur Mitbenutzung des Grundstücks im bisherigen Umfange für die Zeit, die für eine solche Verlegung erforderlich ist.

Der Grundstückseigentümer hat dem Nutzer eine angemessene Frist einzuräumen. Können sich die Parteien über die Dauer, für die das Recht nach Satz 1 fortbesteht, nicht einigen, so kann die Frist durch gerichtliche Entscheidung bestimmt werden. Eine richterliche Fristbestimmung wirkt auch gegenüber den Rechtsnachfolgern der Parteien.

§ 118
Entgelt

(1) Der Eigentümer des belasteten Grundstücks kann die Zustimmung zur Bestellung einer Dienstbarkeit von der Zahlung eines einmaligen oder eines in wiederkehrenden Leistungen zu zahlenden Entgelts (Rente) abhängig machen. Es kann ein Entgelt gefordert werden

1. bis zur Hälfte der Höhe, wie sie für die Begründung solcher Belastungen üblich ist, wenn die Inanspruchnahme des Grundstücks auf den von landwirtschaftlichen Produktionsgenossenschaften bewirtschafteten Flächen bis zum Ablauf des 30. Juni 1990, in allen anderen Fällen bis zum Ablauf des 2. Oktober 1990 begründet wurde und das Mitbenutzungsrecht in der bisherigen Weise ausgeübt wird, oder

2. in Höhe des üblichen Entgelts, wenn die Nutzung des herrschenden Grundstücks und die Mitbenutzung des belasteten Grundstücks nach den in Nummer 1 genannten Zeitpunkten geändert wurde.

(2) Das in Absatz 1 bestimmte Entgelt steht dem Eigentümer nicht zu, wenn

1. nach dem 2. Oktober 1990 ein Mitbenutzungsrecht bestand und dieses nicht erloschen ist oder

2. der Eigentümer sich mit der Mitbenutzung einverstanden erklärt hat.

§ 119
Fortbestehende Rechte, andere Ansprüche

Die Vorschriften dieses Kapitels finden keine Anwendung, wenn die Mitbenutzung des Grundstücks

1. aufgrund nach dem Einigungsvertrag fortgeltender Rechtsvorschriften der Deutschen Demokratischen Republik oder

2. durch andere Rechtsvorschriften

gestattet ist.

...

7.
Baugesetzbuch (BauGB)*)

i.d.F. der Bek. vom 23.9.2004 (BGBl. I S. 2414),
zuletzt geändert durch G vom 20.11.2014 (BGBl. I S. 1748)

– Auszug –

ERSTES KAPITEL
Allgemeines Städtebaurecht

ERSTER TEIL
Bauleitplanung

ERSTER ABSCHNITT
Allgemeine Vorschriften

§ 1
Aufgabe, Begriff und Grundsätze der Bauleitplanung

(1) Aufgabe der Bauleitplanung ist es, die bauliche und sonstige Nutzung der Grundstücke in der Gemeinde nach Maßgabe dieses Gesetzbuchs vorzubereiten und zu leiten.

(2) Bauleitpläne sind der Flächennutzungsplan (vorbereitender Bauleitplan) und der Bebauungsplan (verbindlicher Bauleitplan).

(3) Die Gemeinden haben die Bauleitpläne aufzustellen, sobald und soweit es für die städtebauliche Entwicklung und Ordnung erforder-

---

*) Dieses Gesetz dient der Umsetzung folgender Richtlinien:
  1. Richtlinie 79/409/EWG des Rates vom 2. April 1979 über die Erhaltung der wild lebenden Vogelarten (ABl. EG Nr. L 103 S. 1), zuletzt geändert durch Verordnung (EG) Nr. 807/2003 des Rates vom 14. April 2003 (ABl. EU Nr. L 122 S. 36);
  2. Richtlinie 85/337/EWG des Rates vom 27. Juni 1985 über die Umweltverträglichkeitsprüfung bei bestimmten öffentlichen und privaten Projekten (ABl. EG Nr. L 175 S. 40), zuletzt geändert durch Richtlinie 2003/35/EG des Europäischen Parlaments und des Rates vom 26. Mai 2003 (ABl. EU Nr. L 156 S. 17);
  3. Richtlinie 92/43/EWG des Rates vom 21. Mai 1992 zur Erhaltung der natürlichen Lebensräume sowie der wild lebenden Tiere und Pflanzen (ABl. EG Nr. L 206 S. 7), zuletzt geändert durch Verordnung (EG) Nr. 1882/2003 des Europäischen Parlaments und des Rates vom 29. September 2003 (ABl. EU Nr. L 284 S. 1);
  4. Richtlinie 2001/42/EG des Europäischen Parlaments und des Rates vom 27. Juni 2001 über die Prüfung der Umweltauswirkungen bestimmter Pläne und Programme (ABl. EG Nr. L 197 S. 30).

lich ist. Auf die Aufstellung von Bauleitplänen und städtebaulichen Satzungen besteht kein Anspruch; ein Anspruch kann auch nicht durch Vertrag begründet werden.

(4) Die Bauleitpläne sind den Zielen der Raumordnung anzupassen.

(5) Die Bauleitpläne sollen eine nachhaltige städtebauliche Entwicklung, die die sozialen, wirtschaftlichen und umweltschützenden Anforderungen auch in Verantwortung gegenüber künftigen Generationen miteinander in Einklang bringt, und eine dem Wohl der Allgemeinheit dienende sozialgerechte Bodennutzung gewährleisten. Sie sollen dazu beitragen, eine menschenwürdige Umwelt zu sichern, die natürlichen Lebensgrundlagen zu schützen und zu entwickeln sowie den Klimaschutz und die Klimaanpassung, insbesondere auch in der Stadtentwicklung, zu fördern, sowie die städtebauliche Gestalt und das Orts- und Landschaftsbild baukulturell zu erhalten und zu entwickeln. Hierzu soll die städtebauliche Entwicklung vorrangig durch Maßnahmen der Innenentwicklung erfolgen.

(6) Bei der Aufstellung der Bauleitpläne sind insbesondere zu berücksichtigen:
1. die allgemeinen Anforderungen an gesunde Wohn- und Arbeitsverhältnisse und die Sicherheit der Wohn- und Arbeitsbevölkerung,
2. die Wohnbedürfnisse der Bevölkerung, die Schaffung und Erhaltung sozial stabiler Bewohnerstrukturen, die Eigentumsbildung weiter Kreise der Bevölkerung und die Anforderung kostensparenden Bauens sowie die Bevölkerungsentwicklung,
3. die sozialen und kulturellen Bedürfnisse der Bevölkerung, insbesondere die Bedürfnisse der Familien, der jungen, alten und behinderten Menschen, unterschiedliche Auswirkungen auf Frauen und Männer sowie die Belange des Bildungswesens und von Sport, Freizeit und Erholung,
4. die Erhaltung, Erneuerung, Fortentwicklung, Anpassung und der Umbau vorhandener Ortsteile sowie die Erhaltung und Entwicklung zentraler Versorgungsbereiche,
5. die Belange der Baukultur, des Denkmalschutzes und der Denkmalpflege, die erhaltenswerten Ortsteile, Straßen und Plätze von geschichtlicher, künstlerischer oder städtebaulicher Bedeutung und die Gestaltung des Orts- und Landschaftsbildes,
6. die von den Kirchen und Religionsgesellschaften des öffentlichen Rechts festgestellten Erfordernisse für Gottesdienst und Seelsorge,

7. die Belange des Umweltschutzes, einschließlich des Naturschutzes und der Landschaftspflege, insbesondere
   a) die Auswirkungen auf Tiere, Pflanzen, Boden, Wasser, Luft, Klima und das Wirkungsgefüge zwischen ihnen sowie die Landschaft und die biologische Vielfalt,
   b) die Erhaltungsziele und der Schutzzweck der Natura 2000-Gebiete im Sinne des Bundesnaturschutzgesetzes,
   c) umweltbezogene Auswirkungen auf den Menschen und seine Gesundheit sowie die Bevölkerung insgesamt,
   d) umweltbezogene Auswirkungen auf Kulturgüter und sonstige Sachgüter,
   e) die Vermeidung von Emissionen sowie der sachgerechte Umgang mit Abfällen und Abwässern,
   f) die Nutzung erneuerbarer Energien sowie die sparsame und effiziente Nutzung von Energie,
   g) die Darstellungen von Landschaftsplänen sowie von sonstigen Plänen, insbesondere des Wasser-, Abfall- und Immissionsschutzrechts,
   h) die Erhaltung der bestmöglichen Luftqualität in Gebieten, in denen die durch Rechtsverordnung zur Erfüllung von Rechtsakten der Europäischen Union festgelegten Immissionsgrenzwerte nicht überschritten werden,
   i) die Wechselwirkungen zwischen den einzelnen Belangen des Umweltschutzes nach den Buchstaben a, c und d,
8. die Belange
   a) der Wirtschaft, auch ihrer mittelständischen Struktur im Interesse einer verbrauchernahen Versorgung der Bevölkerung,
   b) der Land- und Forstwirtschaft,
   c) der Erhaltung, Sicherung und Schaffung von Arbeitsplätzen,
   d) des Post- und Telekommunikationswesens,
   e) der Versorgung, insbesondere mit Energie und Wasser, einschließlich der Versorgungssicherheit,
   f) der Sicherung von Rohstoffvorkommen,
9. die Belange des Personen- und Güterverkehrs und der Mobilität der Bevölkerung, einschließlich des öffentlichen Personennahverkehrs und des nicht motorisierten Verkehrs, unter besonderer Berücksichtigung einer auf Vermeidung und Verringerung von Verkehr ausgerichteten städtebaulichen Entwicklung,

10. die Belange der Verteidigung und des Zivilschutzes sowie der zivilen Anschlussnutzung von Militärliegenschaften,
11. die Ergebnisse eines von der Gemeinde beschlossenen städtebaulichen Entwicklungskonzeptes oder einer von ihr beschlossenen sonstigen städtebaulichen Planung,
12. die Belange des Hochwasserschutzes,
13. die Belange von Flüchtlingen oder Asylbegehrenden und ihrer Unterbringung.

(7) Bei der Aufstellung der Bauleitpläne sind die öffentlichen und privaten Belange gegeneinander und untereinander gerecht abzuwägen.

(8) Die Vorschriften dieses Gesetzbuchs über die Aufstellung von Bauleitplänen gelten auch für ihre Änderung, Ergänzung und Aufhebung.

§ 1a
Ergänzende Vorschriften zum Umweltschutz

(1) Bei der Aufstellung der Bauleitpläne sind die nachfolgenden Vorschriften zum Umweltschutz anzuwenden.

(2) Mit Grund und Boden soll sparsam und schonend umgegangen werden; dabei sind zur Verringerung der zusätzlichen Inanspruchnahme von Flächen für bauliche Nutzungen die Möglichkeiten der Entwicklung der Gemeinde insbesondere durch Wiedernutzbarmachung von Flächen, Nachverdichtung und andere Maßnahmen zur Innenentwicklung zu nutzen sowie Bodenversiegelungen auf das notwendige Maß zu begrenzen. Landwirtschaftlich, als Wald oder für Wohnzwecke genutzte Flächen sollen nur im notwendigen Umfang umgenutzt werden. Die Grundsätze nach den Sätzen 1 und 2 sind in der Abwägung nach § 1 Abs. 7 zu berücksichtigen. Die Notwendigkeit der Umwandlung landwirtschaftlich oder als Wald genutzter Flächen soll begründet werden; dabei sollen Ermittlungen zu den Möglichkeiten der Innenentwicklung zugrunde gelegt werden, zu denen insbesondere Brachflächen, Gebäudeleerstand, Baulücken und andere Nachverdichtungsmöglichkeiten zählen können.

(3) Die Vermeidung und der Ausgleich voraussichtlich erheblicher Beeinträchtigungen des Landschaftsbildes sowie der Leistungs- und Funktionsfähigkeit des Naturhaushalts in seinen in § 1 Abs. 6 Nr. 7 Buchstabe a bezeichneten Bestandteilen (Eingriffsregelung nach dem Bundesnaturschutzgesetz) sind in der Abwägung nach § 1 Abs. 7 zu

berücksichtigen. Der Ausgleich erfolgt durch geeignete Darstellungen und Festsetzungen nach den §§ 5 und 9 als Flächen oder Maßnahmen zum Ausgleich. Soweit dies mit einer nachhaltigen städtebaulichen Entwicklung und den Zielen der Raumordnung sowie des Naturschutzes und der Landschaftspflege vereinbar ist, können die Darstellungen und Festsetzungen auch an anderer Stelle als am Ort des Eingriffs erfolgen. Anstelle von Darstellungen und Festsetzungen können auch vertragliche Vereinbarungen nach § 11 oder sonstige geeignete Maßnahmen zum Ausgleich auf von der Gemeinde bereitgestellten Flächen getroffen werden. § 15 Absatz 3 des Bundesnaturschutzgesetzes gilt entsprechend. Ein Ausgleich ist nicht erforderlich, soweit die Eingriffe bereits vor der planerischen Entscheidung erfolgt sind oder zulässig waren.

(4) Soweit ein Gebiet im Sinne des § 1 Abs. 6 Nr. 7 Buchstabe b in seinen für die Erhaltungsziele oder den Schutzzweck maßgeblichen Bestandteilen erheblich beeinträchtigt werden kann, sind die Vorschriften des Bundesnaturschutzgesetzes über die Zulässigkeit und Durchführung von derartigen Eingriffen einschließlich der Einholung der Stellungnahme der Europäischen Kommission anzuwenden.

(5) Den Erfordernissen des Klimaschutzes soll sowohl durch Maßnahmen, die dem Klimawandel entgegenwirken, als auch durch solche, die der Anpassung an den Klimawandel dienen, Rechnung getragen werden. Der Grundsatz nach Satz 1 ist in der Abwägung nach § 1 Absatz 7 zu berücksichtigen.

§ 2
Aufstellung der Bauleitpläne

(1) Die Bauleitpläne sind von der Gemeinde in eigener Verantwortung aufzustellen. Der Beschluss, einen Bauleitplan aufzustellen, ist ortsüblich bekannt zu machen.

(2) Die Bauleitpläne benachbarter Gemeinden sind aufeinander abzustimmen. Dabei können sich Gemeinden auch auf die ihnen durch Ziele der Raumordnung zugewiesenen Funktionen sowie auf Auswirkungen auf ihre zentralen Versorgungsbereiche berufen.

(3) Bei der Aufstellung der Bauleitpläne sind die Belange, die für die Abwägung von Bedeutung sind (Abwägungsmaterial), zu ermitteln und zu bewerten.

(4) Für die Belange des Umweltschutzes nach § 1 Abs. 6 Nr. 7 und § 1a wird eine Umweltprüfung durchgeführt, in der die voraussichtli-

chen erheblichen Umweltauswirkungen ermittelt werden und in einem Umweltbericht beschrieben und bewertet werden; die Anlage 1 zu diesem Gesetzbuch ist anzuwenden. Die Gemeinde legt dazu für jeden Bauleitplan fest, in welchem Umfang und Detaillierungsgrad die Ermittlung der Belange für die Abwägung erforderlich ist. Die Umweltprüfung bezieht sich auf das, was nach gegenwärtigem Wissensstand und allgemein anerkannten Prüfmethoden sowie nach Inhalt und Detaillierungsgrad des Bauleitplans angemessenerweise verlangt werden kann. Das Ergebnis der Umweltprüfung ist in der Abwägung zu berücksichtigen. Wird eine Umweltprüfung für das Plangebiet oder für Teile davon in einem Raumordnungs-, Flächennutzungs- oder Bebauungsplanverfahren durchgeführt, soll die Umweltprüfung in einem zeitlich nachfolgend oder gleichzeitig durchgeführten Bauleitplanverfahren auf zusätzliche oder andere erhebliche Umweltauswirkungen beschränkt werden. Liegen Landschaftspläne oder sonstige Pläne nach § 1 Abs. 6 Nr. 7 Buchstabe g vor, sind deren Bestandsaufnahmen und Bewertungen in der Umweltprüfung heranzuziehen.

§ 2a
Begründung zum Bauleitplanentwurf, Umweltbericht

Die Gemeinde hat im Aufstellungsverfahren dem Entwurf des Bauleitplans eine Begründung beizufügen. In ihr sind entsprechend dem Stand des Verfahrens

1. die Ziele, Zwecke und wesentlichen Auswirkungen des Bauleitplans und

2. in dem Umweltbericht nach der Anlage 1 zu diesem Gesetzbuch die aufgrund der Umweltprüfung nach § 2 Abs. 4 ermittelten und bewerteten Belange des Umweltschutzes

darzulegen. Der Umweltbericht bildet einen gesonderten Teil der Begründung.

§ 3
Beteiligung der Öffentlichkeit

(1) Die Öffentlichkeit ist möglichst frühzeitig über die allgemeinen Ziele und Zwecke der Planung, sich wesentlich unterscheidende Lösungen, die für die Neugestaltung oder Entwicklung eines Gebiets in Betracht kommen, und die voraussichtlichen Auswirkungen der Planung öffentlich zu unterrichten; ihr ist Gelegenheit zur Äußerung und Erörterung zu geben. Auch Kinder und Jugendliche sind Teil der

Öffentlichkeit im Sinne des Satzes 1. Von der Unterrichtung und Erörterung kann abgesehen werden, wenn

1. ein Bebauungsplan aufgestellt oder aufgehoben wird und sich dies auf das Plangebiet und die Nachbargebiete nicht oder nur unwesentlich auswirkt oder
2. die Unterrichtung und Erörterung bereits zuvor auf anderer Grundlage erfolgt sind.

An die Unterrichtung und Erörterung schließt sich das Verfahren nach Absatz 2 auch an, wenn die Erörterung zu einer Änderung der Planung führt.

(2) Die Entwürfe der Bauleitpläne sind mit der Begründung und den nach Einschätzung der Gemeinde wesentlichen, bereits vorliegenden umweltbezogenen Stellungnahmen für die Dauer eines Monats öffentlich auszulegen. Ort und Dauer der Auslegung sowie Angaben dazu, welche Arten umweltbezogener Informationen verfügbar sind, sind mindestens eine Woche vorher ortsüblich bekannt zu machen; dabei ist darauf hinzuweisen, dass Stellungnahmen während der Auslegungsfrist abgegeben werden können, dass nicht fristgerecht abgegebene Stellungnahmen bei der Beschlussfassung über den Bauleitplan unberücksichtigt bleiben können und, bei Aufstellung eines Bebauungsplans, dass ein Antrag nach § 47 der Verwaltungsgerichtsordnung unzulässig ist, wenn mit ihm nur Einwendungen geltend gemacht werden, die vom Antragsteller im Rahmen der Auslegung nicht oder verspätet geltend gemacht wurden, aber hätten geltend gemacht werden können. Die nach § 4 Abs. 2 Beteiligten sollen von der Auslegung benachrichtigt werden. Die fristgemäß abgegebenen Stellungnahmen sind zu prüfen; das Ergebnis ist mitzuteilen. Haben mehr als 50 Personen Stellungnahmen mit im Wesentlichen gleichem Inhalt abgegeben, kann die Mitteilung dadurch ersetzt werden, dass diesen Personen die Einsicht in das Ergebnis ermöglicht wird; die Stelle, bei der das Ergebnis der Prüfung während der Dienststunden eingesehen werden kann, ist ortsüblich bekannt zu machen. Bei der Vorlage der Bauleitpläne nach § 6 oder § 10 Abs. 2 sind die nicht berücksichtigten Stellungnahmen mit einer Stellungnahme der Gemeinde beizufügen.

§ 4
Beteiligung der Behörden

(1) Die Behörden und sonstigen Träger öffentlicher Belange, deren Aufgabenbereich durch die Planung berührt werden kann, sind entsprechend § 3 Abs. 1 Satz 1 Halbsatz 1 zu unterrichten und zur Äuße-

rung auch im Hinblick auf den erforderlichen Umfang und Detaillierungsgrad der Umweltprüfung nach § 2 Abs. 4 aufzufordern. Hieran schließt sich das Verfahren nach Absatz 2 auch an, wenn die Äußerung zu einer Änderung der Planung führt.

(2) Die Gemeinde holt die Stellungnahmen der Behörden und sonstigen Träger öffentlicher Belange, deren Aufgabenbereich durch die Planung berührt werden kann, zum Planentwurf und der Begründung ein. Sie haben ihre Stellungnahmen innerhalb eines Monats abzugeben; die Gemeinde soll diese Frist bei Vorliegen eines wichtigen Grundes angemessen verlängern. In den Stellungnahmen sollen sich die Behörden und sonstigen Träger öffentlicher Belange auf ihren Aufgabenbereich beschränken; sie haben auch Aufschluss über von ihnen beabsichtigte oder bereits eingeleitete Planungen und sonstige Maßnahmen sowie deren zeitliche Abwicklung zu geben, die für die städtebauliche Entwicklung und Ordnung des Gebietes bedeutsam sein können. Verfügen sie über Informationen, die für die Ermittlung und Bewertung des Abwägungsmaterials zweckdienlich sind, haben sie diese Informationen der Gemeinde zur Verfügung zu stellen.

(3) Nach Abschluss des Verfahrens zur Aufstellung des Bauleitplans unterrichten die Behörden die Gemeinde, sofern nach den ihnen vorliegenden Erkenntnissen die Durchführung des Bauleitplans erhebliche, insbesondere unvorhergesehene nachteilige Auswirkungen auf die Umwelt hat.

§ 4a
Gemeinsame Vorschriften zur Beteiligung

(1) Die Vorschriften über die Öffentlichkeits- und Behördenbeteiligung dienen insbesondere der vollständigen Ermittlung und zutreffenden Bewertung der von der Planung berührten Belange und der Information der Öffentlichkeit.

...

§ 4b
Einschaltung eines Dritten

Die Gemeinde kann insbesondere zur Beschleunigung des Bauleitplanverfahrens die Vorbereitung und Durchführung von Verfahrensschritten nach den §§ 2a bis 4a einem Dritten übertragen. Sie kann einem Dritten auch die Durchführung einer Mediation oder eines anderen Verfahrens der außergerichtlichen Konfliktbeilegung übertragen.

§ 4c
Überwachung

Die Gemeinden überwachen die erheblichen Umweltauswirkungen, die aufgrund der Durchführung der Bauleitpläne eintreten, um insbesondere unvorhergesehene nachteilige Auswirkungen frühzeitig zu ermitteln und in der Lage zu sein, geeignete Maßnahmen zur Abhilfe zu ergreifen. Sie nutzen dabei die im Umweltbericht nach Nummer 3 Buchstabe b der Anlage 1 zu diesem Gesetzbuch angegebenen Überwachungsmaßnahmen und die Informationen der Behörden nach § 4 Abs. 3.

ZWEITER ABSCHNITT
Vorbereitender Bauleitplan (Flächennutzungsplan)

§ 5
Inhalt des Flächennutzungsplans

(1) Im Flächennutzungsplan ist für das ganze Gemeindegebiet die sich aus der beabsichtigten städtebaulichen Entwicklung ergebende Art der Bodennutzung nach den voraussehbaren Bedürfnissen der Gemeinde in den Grundzügen darzustellen. Aus dem Flächennutzungsplan können Flächen und sonstige Darstellungen ausgenommen werden, wenn dadurch die nach Satz 1 darzustellenden Grundzüge nicht berührt werden und die Gemeinde beabsichtigt, die Darstellung zu einem späteren Zeitpunkt vorzunehmen; in der Begründung sind die Gründe hierfür darzulegen.

(2) Im Flächennutzungsplan können insbesondere dargestellt werden:

1. die für die Bebauung vorgesehenen Flächen nach der allgemeinen Art ihrer baulichen Nutzung (Bauflächen), nach der besonderen Art ihrer baulichen Nutzung (Baugebiete) sowie nach dem allgemeinen Maß der baulichen Nutzung; Bauflächen, für die eine zentrale Abwasserbeseitigung nicht vorgesehen ist, sind zu kennzeichnen;

2. die Ausstattung des Gemeindegebiets
   a) mit Anlagen und Einrichtungen zur Versorgung mit Gütern und Dienstleistungen des öffentlichen und privaten Bereichs, insbesondere mit der Allgemeinheit dienenden baulichen Anlagen und Einrichtungen des Gemeinbedarfs, wie mit Schulen

und Kirchen sowie mit sonstigen kirchlichen, sozialen, gesundheitlichen und kulturellen Zwecken dienenden Gebäuden und Einrichtungen, sowie mit Flächen für Sport- und Spielanlagen,

b) mit Anlagen, Einrichtungen und sonstigen Maßnahmen, die dem Klimawandel entgegenwirken, insbesondere zur dezentralen und zentralen Erzeugung, Verteilung, Nutzung oder Speicherung von Strom, Wärme oder Kälte aus erneuerbaren Energien oder Kraft-Wärme-Kopplung,

c) mit Anlagen, Einrichtungen und sonstigen Maßnahmen, die der Anpassung an den Klimawandel dienen,

d) mit zentralen Versorgungsbereichen;

3. die Flächen für den überörtlichen Verkehr und für die örtlichen Hauptverkehrszüge;

4. die Flächen für Versorgungsanlagen, für die Abfallentsorgung und Abwasserbeseitigung, für Ablagerungen sowie für Hauptversorgungs- und Hauptabwasserleitungen;

5. die Grünflächen, wie Parkanlagen, Dauerkleingärten, Sport-, Spiel-, Zelt- und Badeplätze, Friedhöfe;

6. die Flächen für Nutzungsbeschränkungen oder für Vorkehrungen zum Schutz gegen schädliche Umwelteinwirkungen im Sinne des Bundes-Immissionsschutzgesetzes;

7. die Wasserflächen, Häfen und die für die Wasserwirtschaft vorgesehenen Flächen sowie die Flächen, die im Interesse des Hochwasserschutzes und der Regelung des Wasserabflusses freizuhalten sind;

8. die Flächen für Aufschüttungen, Abgrabungen oder für die Gewinnung von Steinen, Erden und anderen Bodenschätzen;

9. a) die Flächen für die Landwirtschaft und

b) Wald;

10. die Flächen für Maßnahmen zum Schutz, zur Pflege und zur Entwicklung von Boden, Natur und Landschaft.

(2a) Flächen zum Ausgleich im Sinne des § 1a Abs. 3 im Geltungsbereich des Flächennutzungsplans können den Flächen, auf denen Eingriffe in Natur und Landschaft zu erwarten sind, ganz oder teilweise zugeordnet werden.

(2b) Für die Zwecke des § 35 Absatz 3 Satz 3 können sachliche Teilflächennutzungspläne aufgestellt werden; sie können auch für Teile des Gemeindegebiets aufgestellt werden.

(3) Im Flächennutzungsplan sollen gekennzeichnet werden:
1. Flächen, bei deren Bebauung besondere bauliche Vorkehrungen gegen äußere Einwirkungen oder bei denen besondere bauliche Sicherungsmaßnahmen gegen Naturgewalten erforderlich sind;
2. Flächen, unter denen der Bergbau umgeht oder die für den Abbau von Mineralien bestimmt sind;
3. für bauliche Nutzungen vorgesehene Flächen, deren Böden erheblich mit umweltgefährdenden Stoffen belastet sind.

(4) Planungen und sonstige Nutzungsregelungen, die nach anderen gesetzlichen Vorschriften festgesetzt sind, sowie nach Landesrecht denkmalgeschützte Mehrheiten von baulichen Anlagen sollen nachrichtlich übernommen werden. Sind derartige Festsetzungen in Aussicht genommen, sollen sie im Flächennutzungsplan vermerkt werden.

(4a) Festgesetzte Überschwemmungsgebiete im Sinne des § 76 Absatz 2 des Wasserhaushaltsgesetzes sollen nachrichtlich übernommen werden. Noch nicht festgesetzte Überschwemmungsgebiete im Sinne des § 76 Absatz 3 des Wasserhaushaltsgesetzes sowie als Risikogebiete im Sinne des § 73 Absatz 1 Satz 1 des Wasserhaushaltsgesetzes bestimmte Gebiete sollen im Flächennutzungsplan vermerkt werden.

(5) Dem Flächennutzungsplan ist eine Begründung mit den Angaben nach § 2a beizufügen.

§ 6
Genehmigung des Flächennutzungsplans

(1) Der Flächennutzungsplan bedarf der Genehmigung der höheren Verwaltungsbehörde.

(2) Die Genehmigung darf nur versagt werden, wenn der Flächennutzungsplan nicht ordnungsgemäß zustande gekommen ist oder diesem Gesetzbuch, den aufgrund dieses Gesetzbuchs erlassenen oder sonstigen Rechtsvorschriften widerspricht.

(3) Können Versagungsgründe nicht ausgeräumt werden, kann die höhere Verwaltungsbehörde räumliche oder sachliche Teile des Flächennutzungsplans von der Genehmigung ausnehmen.

(4) Über die Genehmigung ist binnen drei Monaten zu entscheiden; die höhere Verwaltungsbehörde kann räumliche und sachliche Teile des Flächennutzungsplans vorweg genehmigen. Aus wichtigen Gründen kann die Frist auf Antrag der Genehmigungsbehörde von der zuständigen übergeordneten Behörde verlängert werden, in der Regel

jedoch nur bis zu drei Monaten. Die Gemeinde ist von der Fristverlängerung in Kenntnis zu setzen. Die Genehmigung gilt als erteilt, wenn sie nicht innerhalb der Frist unter Angabe von Gründen abgelehnt wird.

(5) Die Erteilung der Genehmigung ist ortsüblich bekannt zu machen. Mit der Bekanntmachung wird der Flächennutzungsplan wirksam. Ihm ist eine zusammenfassende Erklärung beizufügen über die Art und Weise, wie die Umweltbelange und die Ergebnisse der Öffentlichkeits- und Behördenbeteiligung in dem Flächennutzungsplan berücksichtigt wurden, und aus welchen Gründen der Plan nach Abwägung mit den geprüften, in Betracht kommenden anderweitigen Planungsmöglichkeiten gewählt wurde. Jedermann kann den Flächennutzungsplan, die Begründung und die zusammenfassende Erklärung einsehen und über deren Inhalt Auskunft verlangen.

(6) Mit dem Beschluss über eine Änderung oder Ergänzung des Flächennutzungsplans kann die Gemeinde auch bestimmen, dass der Flächennutzungsplan in der Fassung, die er durch die Änderung oder Ergänzung erfahren hat, neu bekannt zu machen ist.

§ 7
Anpassung an den Flächennutzungsplan

Öffentliche Planungsträger, die nach § 4 oder § 13 beteiligt worden sind, haben ihre Planungen dem Flächennutzungsplan insoweit anzupassen, als sie diesem Plan nicht widersprochen haben. Der Widerspruch ist bis zum Beschluss der Gemeinde einzulegen. Macht eine Veränderung der Sachlage eine abweichende Planung erforderlich, haben sie sich unverzüglich mit der Gemeinde ins Benehmen zu setzen. Kann ein Einvernehmen zwischen der Gemeinde und dem öffentlichen Planungsträger nicht erreicht werden, kann der öffentliche Planungsträger nachträglich widersprechen. Der Widerspruch ist nur zulässig, wenn die für die abweichende Planung geltend gemachten Belange die sich aus dem Flächennutzungsplan ergebenden städtebaulichen Belange nicht nur unwesentlich überwiegen. Im Fall einer abweichenden Planung ist § 37 Abs. 3 auf die durch die Änderung oder Ergänzung des Flächennutzungsplans oder eines Bebauungsplans, der aus dem Flächennutzungsplan entwickelt worden ist und geändert, ergänzt oder aufgehoben werden musste, entstehenden Aufwendungen und Kosten entsprechend anzuwenden; § 38 Satz 3 bleibt unberührt.

DRITTER ABSCHNITT
Verbindlicher Bauleitplan
(Bebauungsplan)

§ 8
Zweck des Bebauungsplans

(1) Der Bebauungsplan enthält die rechtsverbindlichen Festsetzungen für die städtebauliche Ordnung. Er bildet die Grundlage für weitere, zum Vollzug dieses Gesetzbuchs erforderliche Maßnahmen.

(2) Bebauungspläne sind aus dem Flächennutzungsplan zu entwickeln. Ein Flächennutzungsplan ist nicht erforderlich, wenn der Bebauungsplan ausreicht, um die städtebauliche Entwicklung zu ordnen.

(3) Mit der Aufstellung, Änderung, Ergänzung oder Aufhebung eines Bebauungsplans kann gleichzeitig auch der Flächennutzungsplan aufgestellt, geändert oder ergänzt werden (Parallelverfahren). Der Bebauungsplan kann vor dem Flächennutzungsplan bekannt gemacht werden, wenn nach dem Stand der Planungsarbeiten anzunehmen ist, dass der Bebauungsplan aus den künftigen Darstellungen des Flächennutzungsplans entwickelt sein wird.

(4) Ein Bebauungsplan kann aufgestellt, geändert, ergänzt oder aufgehoben werden, bevor der Flächennutzungsplan aufgestellt ist, wenn dringende Gründe es erfordern und wenn der Bebauungsplan der beabsichtigten städtebaulichen Entwicklung des Gemeindegebiets nicht entgegenstehen wird (vorzeitiger Bebauungsplan). Gilt bei Gebiets- oder Bestandsänderungen von Gemeinden oder anderen Veränderungen der Zuständigkeit für die Aufstellung von Flächennutzungsplänen ein Flächennutzungsplan fort, kann ein vorzeitiger Bebauungsplan auch aufgestellt werden, bevor der Flächennutzungsplan ergänzt oder geändert ist.

§ 9
Inhalt des Bebauungsplans

(1) Im Bebauungsplan können aus städtebaulichen Gründen festgesetzt werden:
1. die Art und das Maß der baulichen Nutzung;
2. die Bauweise, die überbaubaren und die nicht überbaubaren Grundstücksflächen sowie die Stellung der baulichen Anlagen;

2a. vom Bauordnungsrecht abweichende Maße der Tiefe der Abstandsflächen;

3. für die Größe, Breite und Tiefe der Baugrundstücke Mindestmaße und aus Gründen des sparsamen und schonenden Umgangs mit Grund und Boden für Wohnbaugrundstücke auch Höchstmaße;

4. die Flächen für Nebenanlagen, die aufgrund anderer Vorschriften für die Nutzung von Grundstücken erforderlich sind, wie Spiel-, Freizeit- und Erholungsflächen sowie die Flächen für Stellplätze und Garagen mit ihren Einfahrten;

5. die Flächen für den Gemeinbedarf sowie für Sport- und Spielanlagen;

6. die höchstzulässige Zahl der Wohnungen in Wohngebäuden;

7. die Flächen, auf denen ganz oder teilweise nur Wohngebäude, die mit Mitteln der sozialen Wohnraumförderung gefördert werden könnten, errichtet werden dürfen;

8. einzelne Flächen, auf denen ganz oder teilweise nur Wohngebäude errichtet werden dürfen, die für Personengruppen mit besonderem Wohnbedarf bestimmt sind;

9. der besondere Nutzungszweck von Flächen;

10. die Flächen, die von der Bebauung freizuhalten sind, und ihre Nutzung;

11. die Verkehrsflächen sowie Verkehrsflächen besonderer Zweckbestimmung, wie Fußgängerbereiche, Flächen für das Parken von Fahrzeugen, Flächen für das Abstellen von Fahrrädern sowie den Anschluss anderer Flächen an die Verkehrsflächen; die Flächen können auch als öffentliche oder private Flächen festgesetzt werden;

12. die Versorgungsflächen, einschließlich der Flächen für Anlagen und Einrichtungen zur dezentralen und zentralen Erzeugung, Verteilung, Nutzung oder Speicherung von Strom, Wärme oder Kälte aus erneuerbaren Energien oder Kraft-Wärme-Kopplung;

13. die Führung von oberirdischen oder unterirdischen Versorgungsanlagen und -leitungen;

14. die Flächen für die Abfall- und Abwasserbeseitigung, einschließlich der Rückhaltung und Versickerung von Niederschlagswasser, sowie für Ablagerungen;

15. die öffentlichen und privaten Grünflächen, wie Parkanlagen, Dauerkleingärten, Sport-, Spiel-, Zelt- und Badeplätze, Friedhöfe;

16. die Wasserflächen sowie die Flächen für die Wasserwirtschaft, für Hochwasserschutzanlagen und für die Regelung des Wasserabflusses;
17. die Flächen für Aufschüttungen, Abgrabungen oder für die Gewinnung von Steinen, Erden und anderen Bodenschätzen;
18. a) die Flächen für die Landwirtschaft und
    b) Wald;
19. die Flächen für die Errichtung von Anlagen für die Kleintierhaltung wie Ausstellungs- und Zuchtanlagen, Zwinger, Koppeln und dergleichen;
20. die Flächen oder Maßnahmen zum Schutz, zur Pflege und zur Entwicklung von Boden, Natur und Landschaft;
21. die mit Geh-, Fahr- und Leitungsrechten zugunsten der Allgemeinheit, eines Erschließungsträgers oder eines beschränkten Personenkreises zu belastenden Flächen;
22. die Flächen für Gemeinschaftsanlagen für bestimmte räumliche Bereiche wie Kinderspielplätze, Freizeiteinrichtungen, Stellplätze und Garagen;
23. Gebiete, in denen
    a) zum Schutz vor schädlichen Umwelteinwirkungen im Sinne des Bundes-Immissionsschutzgesetzes bestimmte Luft verunreinigende Stoffe nicht oder nur beschränkt verwendet werden dürfen,
    b) bei der Errichtung von Gebäuden oder bestimmten sonstigen baulichen Anlagen bestimmte bauliche und sonstige technische Maßnahmen für die Erzeugung, Nutzung oder Speicherung von Strom, Wärme oder Kälte aus erneuerbaren Energien oder Kraft-Wärme-Kopplung getroffen werden müssen;
24. die von der Bebauung freizuhaltenden Schutzflächen und ihre Nutzung, die Flächen für besondere Anlagen und Vorkehrungen zum Schutz vor schädlichen Umwelteinwirkungen und sonstigen Gefahren im Sinne des Bundes-Immissionsschutzgesetzes sowie die zum Schutz vor solchen Einwirkungen oder zur Vermeidung oder Minderung solcher Einwirkungen zu treffenden baulichen und sonstigen technischen Vorkehrungen;
25. für einzelne Flächen oder für ein Bebauungsplangebiet oder Teile davon sowie für Teile baulicher Anlagen mit Ausnahme der für landwirtschaftliche Nutzungen oder Wald festgesetzten Flächen

a) das Anpflanzen von Bäumen, Sträuchern und sonstigen Bepflanzungen,
b) Bindungen für Bepflanzungen und für die Erhaltung von Bäumen, Sträuchern und sonstigen Bepflanzungen sowie von Gewässern;
26. die Flächen für Aufschüttungen, Abgrabungen und Stützmauern, soweit sie zur Herstellung des Straßenkörpers erforderlich sind.

(1a) Flächen oder Maßnahmen zum Ausgleich im Sinne des § 1a Abs. 3 können auf den Grundstücken, auf denen Eingriffe in Natur und Landschaft zu erwarten sind, oder an anderer Stelle sowohl im sonstigen Geltungsbereich des Bebauungsplans als auch in einem anderen Bebauungsplan festgesetzt werden. Die Flächen oder Maßnahmen zum Ausgleich an anderer Stelle können den Grundstücken, auf denen Eingriffe zu erwarten sind, ganz oder teilweise zugeordnet werden; dies gilt auch für Maßnahmen auf von der Gemeinde bereitgestellten Flächen.

(2) Im Bebauungsplan kann in besonderen Fällen festgesetzt werden, dass bestimmte der in ihm festgesetzten baulichen und sonstigen Nutzungen und Anlagen nur
1. für einen bestimmten Zeitraum zulässig oder
2. bis zum Eintritt bestimmter Umstände zulässig oder unzulässig sind. Die Folgenutzung soll festgesetzt werden.

...

(3) Bei Festsetzungen nach Absatz 1 kann auch die Höhenlage festgesetzt werden. Festsetzungen nach Absatz 1 für übereinander liegende Geschosse und Ebenen und sonstige Teile baulicher Anlagen können gesondert getroffen werden; dies gilt auch, soweit Geschosse, Ebenen und sonstige Teile baulicher Anlagen unterhalb der Geländeoberfläche vorgesehen sind.

(4) Die Länder können durch Rechtsvorschriften bestimmen, dass auf Landesrecht beruhende Regelungen in den Bebauungsplan als Festsetzungen aufgenommen werden können und inwieweit auf diese Festsetzungen die Vorschriften dieses Gesetzbuchs Anwendung finden.

(5) Im Bebauungsplan sollen gekennzeichnet werden:
1. Flächen, bei deren Bebauung besondere bauliche Vorkehrungen gegen äußere Einwirkungen oder bei denen besondere bauliche Sicherungsmaßnahmen gegen Naturgewalten erforderlich sind;

2. Flächen, unter denen der Bergbau umgeht oder die für den Abbau von Mineralien bestimmt sind;
3. Flächen, deren Böden erheblich mit umweltgefährdenden Stoffen belastet sind.

(6) Nach anderen gesetzlichen Vorschriften getroffene Festsetzungen, gemeindliche Regelungen zum Anschluss- und Benutzungszwang sowie Denkmäler nach Landesrecht sollen in den Bebauungsplan nachrichtlich übernommen werden, soweit sie zu seinem Verständnis oder für die städtebauliche Beurteilung von Baugesuchen notwendig oder zweckmäßig sind.

(6a) Festgesetzte Überschwemmungsgebiete im Sinne des § 76 Absatz 2 des Wasserhaushaltsgesetzes sollen nachrichtlich übernommen werden. Noch nicht festgesetzte Überschwemmungsgebiete im Sinne des § 76 Absatz 3 des Wasserhaushaltsgesetzes sowie als Risikogebiete im Sinne des § 73 Absatz 1 Satz 1 des Wasserhaushaltsgesetzes bestimmte Gebiete sollen im Bebauungsplan vermerkt werden.

(7) Der Bebauungsplan setzt die Grenzen seines räumlichen Geltungsbereichs fest.

(8) Dem Bebauungsplan ist eine Begründung mit den Angaben nach § 2a beizufügen.

…

§ 10
Beschluss, Genehmigung und Inkrafttreten des Bebauungsplans

(1) Die Gemeinde beschließt den Bebauungsplan als Satzung.

(2) Bebauungspläne nach § 8 Abs. 2 Satz 2, Abs. 3 Satz 2 und Abs. 4 bedürfen der Genehmigung der höheren Verwaltungsbehörde. § 6 Abs. 2 und 4 ist entsprechend anzuwenden.

(3) Die Erteilung der Genehmigung oder, soweit eine Genehmigung nicht erforderlich ist, der Beschluss des Bebauungsplans durch die Gemeinde ist ortsüblich bekannt zu machen. Der Bebauungsplan ist mit der Begründung und der zusammenfassenden Erklärung nach Absatz 4 zu jedermanns Einsicht bereitzuhalten; über den Inhalt ist auf Verlangen Auskunft zu geben. In der Bekanntmachung ist darauf hinzuweisen, wo der Bebauungsplan eingesehen werden kann. Mit der Bekanntmachung tritt der Bebauungsplan in Kraft. Die Bekanntmachung tritt an die Stelle der sonst für Satzungen vorgeschriebenen Veröffentlichung.

…

VIERTER ABSCHNITT
Zusammenarbeit mit Privaten; vereinfachtes Verfahren

§ 11
Städtebaulicher Vertrag

(1) Die Gemeinde kann städtebauliche Verträge schließen. Gegenstände eines städtebaulichen Vertrages können insbesondere sein:
1. die Vorbereitung oder Durchführung städtebaulicher Maßnahmen durch den Vertragspartner auf eigene Kosten; dazu gehören auch die Neuordnung der Grundstücksverhältnisse, die Bodensanierung und sonstige vorbereitende Maßnahmen, die Erschließung durch nach Bundes- oder nach Landesrecht beitragsfähige sowie nicht beitragsfähige Erschließungsanlagen, die Ausarbeitung der städtebaulichen Planungen sowie erforderlichenfalls des Umweltberichts; die Verantwortung der Gemeinde für das gesetzlich vorgesehene Planaufstellungsverfahren bleibt unberührt;
2. die Förderung und Sicherung der mit der Bauleitplanung verfolgten Ziele, insbesondere die Grundstücksnutzung, auch hinsichtlich einer Befristung oder einer Bedingung, die Durchführung des Ausgleichs im Sinne des § 1a Absatz 3, die Berücksichtigung baukultureller Belange, die Deckung des Wohnbedarfs von Bevölkerungsgruppen mit besonderen Wohnraumversorgungsproblemen sowie des Wohnbedarfs der ortsansässigen Bevölkerung;
3. die Übernahme von Kosten oder sonstigen Aufwendungen, die der Gemeinde für städtebauliche Maßnahmen entstehen oder entstanden sind und die Voraussetzung oder Folge des geplanten Vorhabens sind; dazu gehört auch die Bereitstellung von Grundstücken;
4. entsprechend den mit den städtebaulichen Planungen und Maßnahmen verfolgten Zielen und Zwecken die Errichtung und Nutzung von Anlagen und Einrichtungen zur dezentralen und zentralen Erzeugung, Verteilung, Nutzung oder Speicherung von Strom, Wärme oder Kälte aus erneuerbaren Energien oder Kraft-Wärme-Kopplung;
5. entsprechend den mit den städtebaulichen Planungen und Maßnahmen verfolgten Zielen und Zwecken die Anforderungen an die energetische Qualität von Gebäuden.

Die Gemeinde kann städtebauliche Verträge auch mit einer juristischen Person abschließen, an der sie beteiligt ist.

(2) Die vereinbarten Leistungen müssen den gesamten Umständen nach angemessen sein. Die Vereinbarung einer vom Vertragspartner

zu erbringenden Leistung ist unzulässig, wenn er auch ohne sie einen Anspruch auf die Gegenleistung hätte. Trägt oder übernimmt der Vertragspartner Kosten oder sonstige Aufwendungen, ist unbeschadet des Satzes 1 eine Eigenbeteiligung der Gemeinde nicht erforderlich.

(3) Ein städtebaulicher Vertrag bedarf der Schriftform, soweit nicht durch Rechtsvorschriften eine andere Form vorgeschrieben ist.

(4) Die Zulässigkeit anderer städtebaulicher Verträge bleibt unberührt.

§ 12
Vorhaben- und Erschließungsplan

(1) Die Gemeinde kann durch einen vorhabenbezogenen Bebauungsplan die Zulässigkeit von Vorhaben bestimmen, wenn der Vorhabenträger auf der Grundlage eines mit der Gemeinde abgestimmten Plans zur Durchführung der Vorhaben und der Erschließungsmaßnahmen (Vorhaben- und Erschließungsplan) bereit und in der Lage ist und sich zur Durchführung innerhalb einer bestimmten Frist und zur Tragung der Planungs- und Erschließungskosten ganz oder teilweise vor dem Beschluss nach § 10 Abs. 1 verpflichtet (Durchführungsvertrag). Die Begründung des Planentwurfs hat die nach § 2a erforderlichen Angaben zu enthalten. Für die grenzüberschreitende Beteiligung ist eine Übersetzung der Angaben vorzulegen, soweit dies nach den Vorschriften des Gesetzes über die Umweltverträglichkeitsprüfung notwendig ist. Für den vorhabenbezogenen Bebauungsplan nach Satz 1 gelten ergänzend die Absätze 2 bis 6.

(2) Die Gemeinde hat auf Antrag des Vorhabenträgers über die Einleitung des Bebauungsplanverfahrens nach pflichtgemäßem Ermessen zu entscheiden. Auf Antrag des Vorhabenträgers oder sofern die Gemeinde es nach Einleitung des Bebauungsplanverfahrens für erforderlich hält, informiert die Gemeinde diesen über den voraussichtlich erforderlichen Untersuchungsrahmen der Umweltprüfung nach § 2 Abs. 4 unter Beteiligung der Behörden nach § 4 Abs. 1.

(3) Der Vorhaben- und Erschließungsplan wird Bestandteil des vorhabenbezogenen Bebauungsplans. Im Bereich des Vorhaben- und Erschließungsplans ist die Gemeinde bei der Bestimmung der Zulässigkeit der Vorhaben nicht an die Festsetzungen nach § 9 und nach der aufgrund von § 9a erlassenen Verordnung gebunden; die §§ 14 bis 18, 22 bis 28, 39 bis 79, 127 bis 135c sind nicht anzuwenden. Soweit der vorhabenbezogene Bebauungsplan auch im Bereich des Vorhaben- und Erschließungsplans Festsetzungen nach § 9 für öffentliche Zwecke trifft, kann gemäß § 85 Abs. 1 Nr. 1 enteignet werden.

(3a) Wird in einem vorhabenbezogenen Bebauungsplan für den Bereich des Vorhaben- und Erschließungsplans durch Festsetzung eines Baugebiets aufgrund der Baunutzungsverordnung oder auf sonstige Weise eine bauliche oder sonstige Nutzung allgemein festgesetzt, ist unter entsprechender Anwendung des § 9 Abs. 2 festzusetzen, dass im Rahmen der festgesetzten Nutzungen nur solche Vorhaben zulässig sind, zu deren Durchführung sich der Vorhabenträger im Durchführungsvertrag verpflichtet. Änderungen des Durchführungsvertrags oder der Abschluss eines neuen Durchführungsvertrags sind zulässig.

(4) Einzelne Flächen außerhalb des Bereichs des Vorhaben- und Erschließungsplans können in den vorhabenbezogenen Bebauungsplan einbezogen werden.

(5) Ein Wechsel des Vorhabenträgers bedarf der Zustimmung der Gemeinde. Die Zustimmung darf nur dann verweigert werden, wenn Tatsachen die Annahme rechtfertigen, dass die Durchführung des Vorhaben- und Erschließungsplans innerhalb der Frist nach Absatz 1 gefährdet ist.

(6) Wird der Vorhaben- und Erschließungsplan nicht innerhalb der Frist nach Absatz 1 durchgeführt, soll die Gemeinde den Bebauungsplan aufheben. Aus der Aufhebung können Ansprüche des Vorhabenträgers gegen die Gemeinde nicht geltend gemacht werden. Bei der Aufhebung kann das vereinfachte Verfahren nach § 13 angewendet werden.

§ 13
Vereinfachtes Verfahren

(1) Werden durch die Änderung oder Ergänzung eines Bauleitplans die Grundzüge der Planung nicht berührt oder wird durch die Aufstellung eines Bebauungsplans in einem Gebiet nach § 34 der sich aus der vorhandenen Eigenart der näheren Umgebung ergebende Zulässigkeitsmaßstab nicht wesentlich verändert oder enthält er lediglich Festsetzungen nach § 9 Absatz 2a oder Absatz 2b, kann die Gemeinde das vereinfachte Verfahren anwenden, wenn

1. die Zulässigkeit von Vorhaben, die einer Pflicht zur Durchführung einer Umweltverträglichkeitsprüfung nach Anlage 1 zum Gesetz über die Umweltverträglichkeitsprüfung oder nach Landesrecht unterliegen, nicht vorbereitet oder begründet wird und
2. keine Anhaltspunkte für eine Beeinträchtigung der in § 1 Abs. 6 Nr. 7 Buchstabe b genannten Schutzgüter bestehen.

(2) Im vereinfachten Verfahren kann
1. von der frühzeitigen Unterrichtung und Erörterung nach §3 Abs. 1 und §4 Abs. 1 abgesehen werden,
2. der betroffenen Öffentlichkeit Gelegenheit zur Stellungnahme innerhalb angemessener Frist gegeben oder wahlweise die Auslegung nach §3 Abs. 2 durchgeführt werden,
3. den berührten Behörden und sonstigen Trägern öffentlicher Belange Gelegenheit zur Stellungnahme innerhalb angemessener Frist gegeben oder wahlweise die Beteiligung nach §4 Abs. 2 durchgeführt werden.

Wird nach Satz 1 Nr. 2 die betroffene Öffentlichkeit beteiligt, gilt die Hinweispflicht des §3 Abs. 2 Satz 2 Halbsatz 2 entsprechend.

(3) Im vereinfachten Verfahren wird von der Umweltprüfung nach §2 Abs. 4, von dem Umweltbericht nach §2a, von der Angabe nach §3 Abs. 2 Satz 2, welche Arten umweltbezogener Informationen verfügbar sind, sowie von der zusammenfassenden Erklärung nach §6 Abs. 5 Satz 3 und §10 Abs. 4 abgesehen; §4c ist nicht anzuwenden. Bei der Beteiligung nach Absatz 2 Nr. 2 ist darauf hinzuweisen, dass von einer Umweltprüfung abgesehen wird.

§ 13a
Bebauungspläne der Innenentwicklung

(1) Ein Bebauungsplan für die Wiedernutzbarmachung von Flächen, die Nachverdichtung oder andere Maßnahmen der Innenentwicklung (Bebauungsplan der Innenentwicklung) kann im beschleunigten Verfahren aufgestellt werden. Der Bebauungsplan darf im beschleunigten Verfahren nur aufgestellt werden, wenn in ihm eine zulässige Grundfläche im Sinne des §19 Abs. 2 der Baunutzungsverordnung oder eine Größe der Grundfläche festgesetzt wird von insgesamt

1. weniger als 20 000 Quadratmetern, wobei die Grundflächen mehrerer Bebauungspläne, die in einem engen sachlichen, räumlichen und zeitlichen Zusammenhang aufgestellt werden, mitzurechnen sind, oder
2. 20 000 Quadratmetern bis weniger als 70 000 Quadratmetern, wenn aufgrund einer überschlägigen Prüfung unter Berücksichtigung der in Anlage 2 dieses Gesetzes genannten Kriterien die Einschätzung erlangt wird, dass der Bebauungsplan voraussichtlich keine erheblichen Umweltauswirkungen hat, die nach §2 Abs. 4 Satz 4 in der Abwägung zu berücksichtigen wären (Vorprüfung des Einzelfalls); die Behörden und sonstigen Träger öffentlicher

Belange, deren Aufgabenbereiche durch die Planung berührt werden können, sind an der Vorprüfung des Einzelfalls zu beteiligen. Wird in einem Bebauungsplan weder eine zulässige Grundfläche noch eine Größe der Grundfläche festgesetzt, ist bei Anwendung des Satzes 2 die Fläche maßgeblich, die bei Durchführung des Bebauungsplans voraussichtlich versiegelt wird. Das beschleunigte Verfahren ist ausgeschlossen, wenn durch den Bebauungsplan die Zulässigkeit von Vorhaben begründet wird, die einer Pflicht zur Durchführung einer Umweltverträglichkeitsprüfung nach dem Gesetz über die Umweltverträglichkeitsprüfung oder nach Landesrecht unterliegen. Das beschleunigte Verfahren ist auch ausgeschlossen, wenn Anhaltspunkte für eine Beeinträchtigung der in § 1 Abs. 6 Nr. 7 Buchstabe b genannten Schutzgüter bestehen.

(2) Im beschleunigten Verfahren

1. gelten die Vorschriften des vereinfachten Verfahrens nach § 13 Abs. 2 und 3 Satz 1 entsprechend;

2. kann ein Bebauungsplan, der von Darstellungen des Flächennutzungsplans abweicht, auch aufgestellt werden, bevor der Flächennutzungsplan geändert oder ergänzt ist; die geordnete städtebauliche Entwicklung des Gemeindegebiets darf nicht beeinträchtigt werden; der Flächennutzungsplan ist im Wege der Berichtigung anzupassen;

3. soll einem Bedarf an Investitionen zur Erhaltung, Sicherung und Schaffung von Arbeitsplätzen, zur Versorgung der Bevölkerung mit Wohnraum oder zur Verwirklichung von Infrastrukturvorhaben in der Abwägung in angemessener Weise Rechnung getragen werden;

4. gelten in den Fällen des Absatzes 1 Satz 2 Nr. 1 Eingriffe, die aufgrund der Aufstellung des Bebauungsplans zu erwarten sind, als im Sinne des § 1a Abs. 3 Satz 6 vor der planerischen Entscheidung erfolgt oder zulässig.

(3) Bei Aufstellung eines Bebauungsplans im beschleunigten Verfahren ist ortsüblich bekannt zu machen,

1. dass der Bebauungsplan im beschleunigten Verfahren ohne Durchführung einer Umweltprüfung nach § 2 Abs. 4 aufgestellt werden soll, in den Fällen des Absatzes 1 Satz 2 Nr. 2 einschließlich der hierfür wesentlichen Gründe,

und

2. wo sich die Öffentlichkeit über die allgemeinen Ziele und Zwecke sowie die wesentlichen Auswirkungen der Planung unterrichten kann und dass sich die Öffentlichkeit innerhalb einer bestimmten Frist zur Planung äußern kann, sofern keine frühzeitige Unterrichtung und Erörterung im Sinne des § 3 Abs. 1 stattfindet.

Die Bekanntmachung nach Satz 1 kann mit der ortsüblichen Bekanntmachung nach § 2 Abs. 1 Satz 2 verbunden werden. In den Fällen des Absatzes 1 Satz 2 Nr. 2 erfolgt die Bekanntmachung nach Satz 1 nach Abschluss der Vorprüfung des Einzelfalls.

(4) Die Absätze 1 bis 3 gelten entsprechend für die Änderung und Ergänzung eines Bebauungsplans.

ZWEITER TEIL
Sicherung der Bauleitplanung

...

ZWEITER ABSCHNITT
Teilung von Grundstücken; Gebiete mit Fremdenverkehrsfunktionen

§ 19
Teilung von Grundstücken

(1) Die Teilung eines Grundstücks ist die dem Grundbuchamt gegenüber abgegebene oder sonstwie erkennbar gemachte Erklärung des Eigentümers, dass ein Grundstücksteil grundbuchmäßig abgeschrieben und als selbstständiges Grundstück oder als ein Grundstück zusammen mit anderen Grundstücken oder mit Teilen anderer Grundstücke eingetragen werden soll.

(2) Durch die Teilung eines Grundstücks im Geltungsbereich eines Bebauungsplans dürfen keine Verhältnisse entstehen, die den Festsetzungen des Bebauungsplans widersprechen.

...

DRITTER TEIL
Regelung der baulichen und sonstigen Nutzung; Entschädigung

ERSTER ABSCHNITT
Zulässigkeit von Vorhaben

§ 29
Begriff des Vorhabens; Geltung von Rechtsvorschriften

(1) Für Vorhaben, die die Errichtung, Änderung oder Nutzungsänderung von baulichen Anlagen zum Inhalt haben, und für Aufschüttungen und Abgrabungen größeren Umfangs sowie für Ausschachtungen, Ablagerungen einschließlich Lagerstätten gelten die §§ 30 bis 37.

(2) Die Vorschriften des Bauordnungsrechts und andere öffentlich-rechtliche Vorschriften bleiben unberührt.

§ 30
Zulässigkeit von Vorhaben im Geltungsbereich eines Bebauungsplans

(1) Im Geltungsbereich eines Bebauungsplans, der allein oder gemeinsam mit sonstigen baurechtlichen Vorschriften mindestens Festsetzungen über die Art und das Maß der baulichen Nutzung, die überbaubaren Grundstücksflächen und die örtlichen Verkehrsflächen enthält, ist ein Vorhaben zulässig, wenn es diesen Festsetzungen nicht widerspricht und die Erschließung gesichert ist.

(2) Im Geltungsbereich eines vorhabenbezogenen Bebauungsplans nach § 12 ist ein Vorhaben zulässig, wenn es dem Bebauungsplan nicht widerspricht und die Erschließung gesichert ist.

(3) Im Geltungsbereich eines Bebauungsplans, der die Voraussetzungen des Absatzes 1 nicht erfüllt (einfacher Bebauungsplan), richtet sich die Zulässigkeit von Vorhaben im Übrigen nach § 34 oder § 35.

§ 31
Ausnahmen und Befreiungen

(1) Von den Festsetzungen des Bebauungsplans können solche Ausnahmen zugelassen werden, die in dem Bebauungsplan nach Art und Umfang ausdrücklich vorgesehen sind.

(2) Von den Festsetzungen des Bebauungsplans kann befreit werden, wenn die Grundzüge der Planung nicht berührt werden und

1. Gründe des Wohls der Allgemeinheit, einschließlich des Bedarfs zur Unterbringung von Flüchtlingen oder Asylbegehrenden, die Befreiung erfordern oder
2. die Abweichung städtebaulich vertretbar ist oder
3. die Durchführung des Bebauungsplans zu einer offenbar nicht beabsichtigten Härte führen würde

und wenn die Abweichung auch unter Würdigung nachbarlicher Interessen mit den öffentlichen Belangen vereinbar ist.

§ 32
Nutzungsbeschränkungen auf künftigen Gemeinbedarfs-, Verkehrs-, Versorgungs- und Grünflächen

Sind überbaute Flächen in dem Bebauungsplan als Baugrundstücke für den Gemeinbedarf oder als Verkehrs-, Versorgungs- oder Grünflächen festgesetzt, dürfen auf ihnen Vorhaben, die eine wertsteigernde Änderung baulicher Anlagen zur Folge haben, nur zugelassen und für sie Befreiungen von den Festsetzungen des Bebauungsplans nur erteilt werden, wenn der Bedarfs- oder Erschließungsträger zustimmt oder der Eigentümer für sich und seine Rechtsnachfolger auf Ersatz der Werterhöhung für den Fall schriftlich verzichtet, dass der Bebauungsplan durchgeführt wird. Dies gilt auch für die dem Bebauungsplan nicht widersprechenden Teile einer baulichen Anlage, wenn sie für sich allein nicht wirtschaftlich verwertbar sind oder wenn bei der Enteignung die Übernahme der restlichen überbauten Flächen verlangt werden kann.

§ 33
Zulässigkeit von Vorhaben während der Planaufstellung

(1) In Gebieten, für die ein Beschluss über die Aufstellung eines Bebauungsplans gefasst ist, ist ein Vorhaben zulässig, wenn

1. die Öffentlichkeits- und Behördenbeteiligung nach § 3 Abs. 2, § 4 Abs. 2 und § 4a Abs. 2 bis 5 durchgeführt worden ist,
2. anzunehmen ist, dass das Vorhaben den künftigen Festsetzungen des Bebauungsplans nicht entgegensteht,
3. der Antragsteller diese Festsetzungen für sich und seine Rechtsnachfolger schriftlich anerkennt und
4. die Erschließung gesichert ist.

(2) In Fällen des § 4a Abs. 3 Satz 1 kann vor der erneuten Öffentlichkeits- und Behördenbeteiligung ein Vorhaben zugelassen werden, wenn sich die vorgenommene Änderung oder Ergänzung des Bebauungsplanentwurfs nicht auf das Vorhaben auswirkt und die in Absatz 1 Nr. 2 bis 4 bezeichneten Voraussetzungen erfüllt sind.

(3) Wird ein Verfahren nach § 13 oder 13a durchgeführt, kann ein Vorhaben vor Durchführung der Öffentlichkeits- und Behördenbeteiligung zugelassen werden, wenn die in Absatz 1 Nr. 2 bis 4 bezeichneten Voraussetzungen erfüllt sind. Der betroffenen Öffentlichkeit und den berührten Behörden und sonstigen Trägern öffentlicher Belange ist vor Erteilung der Genehmigung Gelegenheit zur Stellungnahme innerhalb angemessener Frist zu geben, soweit sie nicht bereits zuvor Gelegenheit hatten.

§ 34
Zulässigkeit von Vorhaben innerhalb der im Zusammenhang bebauten Ortsteile

(1) Innerhalb der im Zusammenhang bebauten Ortsteile ist ein Vorhaben zulässig, wenn es sich nach Art und Maß der baulichen Nutzung, der Bauweise und der Grundstücksfläche, die überbaut werden soll, in die Eigenart der näheren Umgebung einfügt und die Erschließung gesichert ist. Die Anforderungen an gesunde Wohn- und Arbeitsverhältnisse müssen gewahrt bleiben; das Ortsbild darf nicht beeinträchtigt werden.

(2) Entspricht die Eigenart der näheren Umgebung einem der Baugebiete, die in der aufgrund des § 9a erlassenen Verordnung bezeichnet sind, beurteilt sich die Zulässigkeit des Vorhabens nach seiner Art allein danach, ob es nach der Verordnung in dem Baugebiet allgemein zulässig wäre; auf die nach der Verordnung ausnahmsweise zulässigen Vorhaben ist § 31 Abs. 1, im Übrigen ist § 31 Abs. 2 entsprechend anzuwenden.

(3) Von Vorhaben nach Absatz 1 oder 2 dürfen keine schädlichen Auswirkungen auf zentrale Versorgungsbereiche in der Gemeinde oder in anderen Gemeinden zu erwarten sein.

(3a) Vom Erfordernis des Einfügens in die Eigenart der näheren Umgebung nach Absatz 1 Satz 1 kann im Einzelfall abgewichen werden, wenn die Abweichung
1. der Erweiterung, Änderung, Nutzungsänderung oder Erneuerung eines zulässigerweise errichteten Gewerbe- oder Handwerksbetriebs, einschließlich der Nutzungsänderung zu Wohnzwecken,

oder der Erweiterung, Änderung oder Erneuerung einer zulässigerweise errichteten, Wohnzwecken dienenden baulichen Anlage dient,

2. städtebaulich vertretbar ist und
3. auch unter Würdigung nachbarlicher Interessen mit den öffentlichen Belangen vereinbar ist.

Satz 1 findet keine Anwendung auf Einzelhandelsbetriebe, die die verbrauchernahe Versorgung der Bevölkerung beeinträchtigen oder schädliche Auswirkungen auf zentrale Versorgungsbereiche in der Gemeinde oder in anderen Gemeinden haben können.

(4) Die Gemeinde kann durch Satzung

1. die Grenzen für im Zusammenhang bebaute Ortsteile festlegen,
2. bebaute Bereiche im Außenbereich als im Zusammenhang bebaute Ortsteile festlegen, wenn die Flächen im Flächennutzungsplan als Baufläche dargestellt sind,
3. einzelne Außenbereichsflächen in die im Zusammenhang bebauten Ortsteile einbeziehen, wenn die einbezogenen Flächen durch die bauliche Nutzung des angrenzenden Bereichs entsprechend geprägt sind.

Die Satzungen können miteinander verbunden werden.

(5) Voraussetzung für die Aufstellung von Satzungen nach Absatz 4 Satz 1 Nr. 2 und 3 ist, dass

1. sie mit einer geordneten städtebaulichen Entwicklung vereinbar sind,
2. die Zulässigkeit von Vorhaben, die einer Pflicht zur Durchführung einer Umweltverträglichkeitsprüfung nach Anlage 1 zum Gesetz über die Umweltverträglichkeitsprüfung oder nach Landesrecht unterliegen, nicht begründet wird und
3. keine Anhaltspunkte für eine Beeinträchtigung der in § 1 Abs. 6 Nr. 7 Buchstabe b genannten Schutzgüter bestehen.

In den Satzungen nach Absatz 4 Satz 1 Nr. 2 und 3 können einzelne Festsetzungen nach § 9 Abs. 1 und 3 Satz 1 sowie Abs. 4 getroffen werden. § 9 Absatz 6 und § 31 sind entsprechend anzuwenden. Auf die Satzung nach Absatz 4 Satz 1 Nr. 3 sind ergänzend § 1a Abs. 2 und 3 und § 9 Abs. 1a entsprechend anzuwenden; ihr ist eine Begründung mit den Angaben entsprechend § 2a Satz 2 Nr. 1 beizufügen.

(6) Bei der Aufstellung der Satzungen nach Absatz 4 Satz 1 Nr. 2 und 3 sind die Vorschriften über die Öffentlichkeits- und Behördenbe-

teiligung nach § 13 Abs. 2 Satz 1 Nr. 2 und 3 sowie Satz 2 entsprechend anzuwenden. Auf die Satzungen nach Absatz 4 Satz 1 Nr. 1 bis 3 ist § 10 Abs. 3 entsprechend anzuwenden.

§ 35
Bauen im Außenbereich

(1) Im Außenbereich ist ein Vorhaben nur zulässig, wenn öffentliche Belange nicht entgegenstehen, die ausreichende Erschließung gesichert ist und wenn es

1. einem land- oder forstwirtschaftlichen Betrieb dient und nur einen untergeordneten Teil der Betriebsfläche einnimmt,
2. einem Betrieb der gartenbaulichen Erzeugung dient,
3. der öffentlichen Versorgung mit Elektrizität, Gas, Telekommunikationsdienstleistungen, Wärme und Wasser, der Abwasserwirtschaft oder einem ortsgebundenen gewerblichen Betrieb dient,
4. wegen seiner besonderen Anforderungen an die Umgebung, wegen seiner nachteiligen Wirkung auf die Umgebung oder wegen seiner besonderen Zweckbestimmung nur im Außenbereich ausgeführt werden soll, es sei denn, es handelt sich um die Errichtung, Änderung oder Erweiterung einer baulichen Anlage zur Tierhaltung, die dem Anwendungsbereich der Nummer 1 nicht unterfällt und die einer Pflicht zur Durchführung einer standortbezogenen oder allgemeinen Vorprüfung oder einer Umweltverträglichkeitsprüfung nach dem Gesetz über die Umweltverträglichkeitsprüfung unterliegt, wobei bei kumulierenden Vorhaben für die Annahme eines engen Zusammenhangs diejenigen Tierhaltungsanlagen zu berücksichtigen sind, die auf demselben Betriebs- oder Baugelände liegen und mit gemeinsamen betrieblichen oder baulichen Einrichtungen verbunden sind,
5. der Erforschung, Entwicklung oder Nutzung der Wind- oder Wasserenergie dient,
6. der energetischen Nutzung von Biomasse im Rahmen eines Betriebes nach Nummer 1 oder 2 oder eines Betriebes nach Nummer 4, der Tierhaltung betreibt, sowie dem Anschluss solcher Anlagen an das öffentliche Versorgungsnetz dient, unter folgenden Voraussetzungen:
    a) das Vorhaben steht in einem räumlich-funktionalen Zusammenhang mit dem Betrieb,
    b) die Biomasse stammt überwiegend aus dem Betrieb oder überwiegend aus diesem und aus nahe gelegenen Betrieben nach den Nummern 1, 2 oder 4, soweit letzterer Tierhaltung betreibt,

c) es wird je Hofstelle oder Betriebsstandort nur eine Anlage betrieben und

d) die Kapazität einer Anlage zur Erzeugung von Biogas überschreitet nicht 2,3 Millionen Normkubikmeter Biogas pro Jahr, die Feuerungswärmeleistung anderer Anlagen überschreitet nicht 2,0 Megawatt,

7. der Erforschung, Entwicklung oder Nutzung der Kernenergie zu friedlichen Zwecken oder der Entsorgung radioaktiver Abfälle dient, mit Ausnahme der Neuerrichtung von Anlagen zur Spaltung von Kernbrennstoffen zur gewerblichen Erzeugung von Elektrizität, oder

8. der Nutzung solarer Strahlungsenergie in, an und auf Dach- und Außenwandflächen von zulässigerweise genutzten Gebäuden dient, wenn die Anlage dem Gebäude baulich untergeordnet ist.

(2) Sonstige Vorhaben können im Einzelfall zugelassen werden, wenn ihre Ausführung oder Benutzung öffentliche Belange nicht beeinträchtigt und die Erschließung gesichert ist.

(3) Eine Beeinträchtigung öffentlicher Belange liegt insbesondere vor, wenn das Vorhaben

1. den Darstellungen des Flächennutzungsplans widerspricht,

2. den Darstellungen eines Landschaftsplans oder sonstigen Plans insbesondere des Wasser-, Abfall- oder Immissionsschutzrechts widerspricht,

3. schädliche Umwelteinwirkungen hervorrufen kann oder ihnen ausgesetzt wird,

4. unwirtschaftliche Aufwendungen für Straßen oder andere Verkehrseinrichtungen, für Anlagen der Versorgung oder Entsorgung, für die Sicherheit oder Gesundheit oder für sonstige Aufgaben erfordert,

5. Belange des Naturschutzes und der Landschaftspflege, des Bodenschutzes, des Denkmalschutzes oder die natürliche Eigenart der Landschaft und ihren Erholungswert beeinträchtigt oder das Orts- und Landschaftsbild verunstaltet,

6. Maßnahmen zur Verbesserung der Agrarstruktur beeinträchtigt, die Wasserwirtschaft oder den Hochwasserschutz gefährdet,

7. die Entstehung, Verfestigung oder Erweiterung einer Splittersiedlung befürchten lässt oder

8. die Funktionsfähigkeit von Funkstellen und Radaranlagen stört.

Raumbedeutsame Vorhaben dürfen den Zielen der Raumordnung nicht widersprechen; öffentliche Belange stehen raumbedeutsamen Vorhaben nach Absatz 1 nicht entgegen, soweit die Belange bei der Darstellung dieser Vorhaben als Ziele der Raumordnung abgewogen worden sind. Öffentliche Belange stehen einem Vorhaben nach Absatz 1 Nr. 2 bis 6 in der Regel auch dann entgegen, soweit hierfür durch Darstellungen im Flächennutzungsplan oder als Ziele der Raumordnung eine Ausweisung an anderer Stelle erfolgt ist.

(4) Den nachfolgend bezeichneten sonstigen Vorhaben im Sinne des Absatzes 2 kann nicht entgegengehalten werden, dass sie Darstellungen des Flächennutzungsplans oder eines Landschaftsplans widersprechen, die natürliche Eigenart der Landschaft beeinträchtigen oder die Entstehung, Verfestigung oder Erweiterung einer Splittersiedlung befürchten lassen, soweit sie im Übrigen außenbereichsverträglich im Sinne des Absatzes 3 sind:

1. die Änderung der bisherigen Nutzung eines Gebäudes im Sinne des Absatzes 1 Nr. 1 unter folgenden Voraussetzungen:

   a) das Vorhaben dient einer zweckmäßigen Verwendung erhaltenswerter Bausubstanz,

   b) die äußere Gestalt des Gebäudes bleibt im Wesentlichen gewahrt,

   c) die Aufgabe der bisherigen Nutzung liegt nicht länger als sieben Jahre zurück,

   d) das Gebäude ist vor mehr als sieben Jahren zulässigerweise errichtet worden,

   e) das Gebäude steht im räumlich-funktionalen Zusammenhang mit der Hofstelle des land- oder forstwirtschaftlichen Betriebes,

   f) im Falle der Änderung zu Wohnzwecken entstehen neben den bisher nach Absatz 1 Nr. 1 zulässigen Wohnungen höchstens drei Wohnungen je Hofstelle und

   g) es wird eine Verpflichtung übernommen, keine Neubebauung als Ersatz für die aufgegebene Nutzung vorzunehmen, es sei denn, die Neubebauung wird im Interesse der Entwicklung des Betriebes im Sinne des Absatzes 1 Nr. 1 erforderlich,

2. die Neuerrichtung eines gleichartigen Wohngebäudes an gleicher Stelle unter folgenden Voraussetzungen:

   a) das vorhandene Gebäude ist zulässigerweise errichtet worden,

   b) das vorhandene Gebäude weist Missstände oder Mängel auf,

c) das vorhandene Gebäude wird seit längerer Zeit vom Eigentümer selbst genutzt und

d) Tatsachen rechtfertigen die Annahme, dass das neu errichtete Gebäude für den Eigenbedarf des bisherigen Eigentümers oder seiner Familie genutzt wird; hat der Eigentümer das vorhandene Gebäude im Wege der Erbfolge von einem Voreigentümer erworben, der es seit längerer Zeit selbst genutzt hat, reicht es aus, wenn Tatsachen die Annahme rechtfertigen, dass das neu errichtete Gebäude für den Eigenbedarf des Eigentümers oder seiner Familie genutzt wird,

3. die alsbaldige Neuerrichtung eines zulässigerweise errichteten, durch Brand, Naturereignisse oder andere außergewöhnliche Ereignisse zerstörten, gleichartigen Gebäudes an gleicher Stelle,

4. die Änderung oder Nutzungsänderung von erhaltenswerten, das Bild der Kulturlandschaft prägenden Gebäuden, auch wenn sie aufgegeben sind, wenn das Vorhaben einer zweckmäßigen Verwendung der Gebäude und der Erhaltung des Gestaltwerts dient,

5. die Erweiterung eines Wohngebäudes auf bis zu höchstens zwei Wohnungen unter folgenden Voraussetzungen:

a) das Gebäude ist zulässigerweise errichtet worden,

b) die Erweiterung ist im Verhältnis zum vorhandenen Gebäude und unter Berücksichtigung der Wohnbedürfnisse angemessen und

c) bei der Errichtung einer weiteren Wohnung rechtfertigen Tatsachen die Annahme, dass das Gebäude vom bisherigen Eigentümer oder seiner Familie selbst genutzt wird,

6. die bauliche Erweiterung eines zulässigerweise errichteten gewerblichen Betriebs, wenn die Erweiterung im Verhältnis zum vorhandenen Gebäude und Betrieb angemessen ist.

In begründeten Einzelfällen gilt die Rechtsfolge des Satzes 1 auch für die Neuerrichtung eines Gebäudes im Sinne des Absatzes 1 Nummer 1, dem eine andere Nutzung zugewiesen werden soll, wenn das ursprüngliche Gebäude vom äußeren Erscheinungsbild auch zur Wahrung der Kulturlandschaft erhaltenswert ist, keine stärkere Belastung des Außenbereichs zu erwarten ist als in Fällen des Satzes 1 und die Neuerrichtung auch mit nachbarlichen Interessen vereinbar ist; Satz 1 Nummer 1 Buchstabe b bis g gilt entsprechend. In den Fällen des Satzes 1 Nummer 2 und 3 sowie des Satzes 2 sind geringfügige Erweiterungen des neuen Gebäudes gegenüber dem beseitigten oder zerstörten Gebäude sowie geringfügige Abweichungen vom bisherigen Standort des Gebäudes zulässig.

(5) Die nach den Absätzen 1 bis 4 zulässigen Vorhaben sind in einer flächensparenden, die Bodenversiegelung auf das notwendige Maß begrenzenden und den Außenbereich schonenden Weise auszuführen. Für Vorhaben nach Absatz 1 Nr. 2 bis 6 ist als weitere Zulässigkeitsvoraussetzung eine Verpflichtungserklärung abzugeben, das Vorhaben nach dauerhafter Aufgabe der zulässigen Nutzung zurückzubauen und Bodenversiegelungen zu beseitigen; bei einer nach Absatz 1 Nr. 2 bis 6 zulässigen Nutzungsänderung ist die Rückbauverpflichtung zu übernehmen, bei einer nach Absatz 1 Nr. 1 oder Absatz 2 zulässigen Nutzungsänderung entfällt sie. Die Baugenehmigungsbehörde soll durch nach Landesrecht vorgesehene Baulast oder in anderer Weise die Einhaltung der Verpflichtung nach Satz 2 sowie nach Absatz 4 Satz 1 Nr. 1 Buchstabe g sicherstellen. Im Übrigen soll sie in den Fällen des Absatzes 4 Satz 1 sicherstellen, dass die bauliche oder sonstige Anlage nach Durchführung des Vorhabens nur in der vorgesehenen Art genutzt wird.

(6) Die Gemeinde kann für bebaute Bereiche im Außenbereich, die nicht überwiegend landwirtschaftlich geprägt sind und in denen eine Wohnbebauung von einigem Gewicht vorhanden ist, durch Satzung bestimmen, dass Wohnzwecken dienenden Vorhaben im Sinne des Absatzes 2 nicht entgegengehalten werden kann, dass sie einer Darstellung im Flächennutzungsplan über Flächen für die Landwirtschaft oder Wald widersprechen oder die Entstehung oder Verfestigung einer Splittersiedlung befürchten lassen. Die Satzung kann auch auf Vorhaben erstreckt werden, die kleineren Handwerks- und Gewerbebetrieben dienen. In der Satzung können nähere Bestimmungen über die Zulässigkeit getroffen werden. Voraussetzung für die Aufstellung der Satzung ist, dass

1. sie mit einer geordneten städtebaulichen Entwicklung vereinbar ist,
2. die Zulässigkeit von Vorhaben, die einer Pflicht zur Durchführung einer Umweltverträglichkeitsprüfung nach Anlage 1 zum Gesetz über die Umweltverträglichkeitsprüfung oder nach Landesrecht unterliegen, nicht begründet wird und
3. keine Anhaltspunkte für eine Beeinträchtigung der in § 1 Abs. 6 Nr. 7 Buchstabe b genannten Schutzgüter bestehen.

Bei Aufstellung der Satzung sind die Vorschriften über die Öffentlichkeits- und Behördenbeteiligung nach § 13 Abs. 2 Satz 1 Nr. 2 und 3 sowie Satz 2 entsprechend anzuwenden. § 10 Abs. 3 ist entsprechend anzuwenden. Von der Satzung bleibt die Anwendung des Absatzes 4 unberührt.

§ 36
Beteiligung der Gemeinde und der höheren Verwaltungsbehörde

(1) Über die Zulässigkeit von Vorhaben nach den §§ 31, 33 bis 35 wird im bauaufsichtlichen Verfahren von der Baugenehmigungsbehörde im Einvernehmen mit der Gemeinde entschieden. Das Einvernehmen der Gemeinde ist auch erforderlich, wenn in einem anderen Verfahren über die Zulässigkeit nach den in Satz 1 bezeichneten Vorschriften entschieden wird; dies gilt nicht für Vorhaben der in § 29 Abs. 1 bezeichneten Art, die der Bergaufsicht unterliegen. Richtet sich die Zulässigkeit von Vorhaben nach § 30 Abs. 1, stellen die Länder sicher, dass die Gemeinde rechtzeitig vor Ausführung des Vorhabens über Maßnahmen zur Sicherung der Bauleitplanung nach den §§ 14 und 15 entscheiden kann. In den Fällen des § 35 Abs. 2 und 4 kann die Landesregierung durch Rechtsverordnung allgemein oder für bestimmte Fälle festlegen, dass die Zustimmung der höheren Verwaltungsbehörde erforderlich ist.

(2) Das Einvernehmen der Gemeinde und die Zustimmung der höheren Verwaltungsbehörde dürfen nur aus den sich aus den §§ 31, 33, 34 und 35 ergebenden Gründen versagt werden. Das Einvernehmen der Gemeinde und die Zustimmung der höheren Verwaltungsbehörde gelten als erteilt, wenn sie nicht binnen zwei Monaten nach Eingang des Ersuchens der Genehmigungsbehörde verweigert werden; dem Ersuchen gegenüber der Gemeinde steht die Einreichung des Antrags bei der Gemeinde gleich, wenn sie nach Landesrecht vorgeschrieben ist. Die nach Landesrecht zuständige Behörde kann ein rechtswidrig versagtes Einvernehmen der Gemeinde ersetzen.

§ 37
Bauliche Maßnahmen des Bundes und der Länder

(1) Macht die besondere öffentliche Zweckbestimmung für bauliche Anlagen des Bundes oder eines Landes erforderlich, von den Vorschriften dieses Gesetzbuchs oder den aufgrund dieses Gesetzbuchs erlassenen Vorschriften abzuweichen oder ist das Einvernehmen mit der Gemeinde nach § 14 oder § 36 nicht erreicht worden, entscheidet die höhere Verwaltungsbehörde.

(2) Handelt es sich dabei um Vorhaben, die der Landesverteidigung, dienstlichen Zwecken der Bundespolizei oder dem zivilen Bevölkerungsschutz dienen, ist nur die Zustimmung der höheren Verwaltungsbehörde erforderlich. Vor Erteilung der Zustimmung hat diese die Gemeinde zu hören. Versagt die höhere Verwaltungsbehörde ihre

Zustimmung oder widerspricht die Gemeinde dem beabsichtigten Bauvorhaben, entscheidet das zuständige Bundesministerium im Einvernehmen mit den beteiligten Bundesministerien und im Benehmen mit der zuständigen Obersten Landesbehörde.

(3) Entstehen der Gemeinde infolge der Durchführung von Maßnahmen nach den Absätzen 1 und 2 Aufwendungen für Entschädigungen nach diesem Gesetzbuch, sind sie ihr vom Träger der Maßnahmen zu ersetzen. Muss infolge dieser Maßnahmen ein Bebauungsplan aufgestellt, geändert, ergänzt oder aufgehoben werden, sind ihr auch die dadurch entstandenen Kosten zu ersetzen.

(4) Sollen bauliche Anlagen auf Grundstücken errichtet werden, die nach dem Landbeschaffungsgesetz beschafft werden, sind in dem Verfahren nach § 1 Abs. 2 des Landbeschaffungsgesetzes alle von der Gemeinde oder der höheren Verwaltungsbehörde nach den Absätzen 1 und 2 zulässigen Einwendungen abschließend zu erörtern. Eines Verfahrens nach Absatz 2 bedarf es in diesem Falle nicht.

§ 38
Bauliche Maßnahmen von überörtlicher Bedeutung aufgrund von Planfeststellungsverfahren; öffentlich zugängliche Abfallbeseitigungsanlagen

Auf Planfeststellungsverfahren und sonstige Verfahren mit den Rechtswirkungen der Planfeststellung für Vorhaben von überörtlicher Bedeutung sowie auf die aufgrund des Bundes-Immissionsschutzgesetzes für die Errichtung und den Betrieb öffentlich zugänglicher Abfallbeseitigungsanlagen geltenden Verfahren sind die §§ 29 bis 37 nicht anzuwenden, wenn die Gemeinde beteiligt wird; städtebauliche Belange sind zu berücksichtigen. Eine Bindung nach § 7 bleibt unberührt. § 37 Abs. 3 ist anzuwenden.

ZWEITER ABSCHNITT
Entschädigung

§ 39
Vertrauensschaden

Haben Eigentümer oder in Ausübung ihrer Nutzungsrechte sonstige Nutzungsberechtigte im berechtigten Vertrauen auf den Bestand eines rechtsverbindlichen Bebauungsplans Vorbereitungen für die Verwirklichung von Nutzungsmöglichkeiten getroffen, die sich aus dem

Bebauungsplan ergeben, können sie angemessene Entschädigung in Geld verlangen, soweit die Aufwendungen durch die Änderung, Ergänzung oder Aufhebung des Bebauungsplans an Wert verlieren. Dies gilt auch für Abgaben nach bundes- oder landesrechtlichen Vorschriften, die für die Erschließung des Grundstücks erhoben wurden.

§ 40
Entschädigung in Geld oder durch Übernahme

(1) Sind im Bebauungsplan

1. Flächen für den Gemeinbedarf sowie für Sport- und Spielanlagen,
2. Flächen für Personengruppen mit besonderem Wohnbedarf,
3. Flächen mit besonderem Nutzungszweck,
4. von der Bebauung freizuhaltende Schutzflächen und Flächen für besondere Anlagen und Vorkehrungen zum Schutz vor Einwirkungen,
5. Verkehrsflächen,
6. Versorgungsflächen,
7. Flächen für die Abfall- und Abwasserbeseitigung, einschließlich der Rückhaltung und Versickerung von Niederschlagswasser, sowie für Ablagerungen,
8. Grünflächen,
9. Flächen für Aufschüttungen, Abgrabungen oder für die Gewinnung von Steinen, Erden und anderen Bodenschätzen,
10. Flächen für Gemeinschaftsstellplätze und Gemeinschaftsgaragen,
11. Flächen für Gemeinschaftsanlagen,
12. von der Bebauung freizuhaltende Flächen,
13. Wasserflächen, Flächen für die Wasserwirtschaft, Flächen für Hochwasserschutzanlagen und Flächen für die Regelung des Wasserabflusses,
14. Flächen zum Schutz, zur Pflege und zur Entwicklung von Boden, Natur und Landschaft

festgesetzt, ist der Eigentümer nach Maßgabe der folgenden Absätze zu entschädigen, soweit ihm Vermögensnachteile entstehen. Dies gilt in den Fällen des Satzes 1 Nr. 1 in Bezug auf Flächen für Sport- und Spielanlagen sowie des Satzes 1 Nr. 4 und 10 bis 14 nicht, soweit die Festsetzungen oder ihre Durchführung den Interessen des Eigentümers oder der Erfüllung einer ihm obliegenden Rechtspflicht dienen.

(2) Der Eigentümer kann die Übernahme der Flächen verlangen,
1. wenn und soweit es ihm mit Rücksicht auf die Festsetzung oder Durchführung des Bebauungsplans wirtschaftlich nicht mehr zuzumuten ist, das Grundstück zu behalten oder es in der bisherigen oder einer anderen zulässigen Art zu nutzen, oder
2. wenn Vorhaben nach § 32 nicht ausgeführt werden dürfen und dadurch die bisherige Nutzung einer baulichen Anlage aufgehoben oder wesentlich herabgesetzt wird.

Der Eigentümer kann anstelle der Übernahme die Begründung von Miteigentum oder eines geeigneten Rechts verlangen, wenn die Verwirklichung des Bebauungsplans nicht die Entziehung des Eigentums erfordert.

(3) Dem Eigentümer ist eine angemessene Entschädigung in Geld zu leisten, wenn und soweit Vorhaben nach § 32 nicht ausgeführt werden dürfen und dadurch die bisherige Nutzung seines Grundstücks wirtschaftlich erschwert wird. Sind die Voraussetzungen des Übernahmeanspruchs nach Absatz 2 gegeben, kann nur dieser Anspruch geltend gemacht werden. Der zur Entschädigung Verpflichtete kann den Entschädigungsberechtigten auf den Übernahmeanspruch verweisen, wenn das Grundstück für den im Bebauungsplan festgesetzten Zweck alsbald benötigt wird.

...

VIERTER TEIL
Bodenordnung

ERSTER ABSCHNITT
Umlegung

§ 45
Zweck und Anwendungsbereich

Zur Erschließung oder Neugestaltung von Gebieten können bebaute und unbebaute Grundstücke durch Umlegung in der Weise neu geordnet werden, dass nach Lage, Form und Größe für die bauliche oder sonstige Nutzung zweckmäßig gestaltete Grundstücke entstehen. Die Umlegung kann
1. im Geltungsbereich eines Bebauungsplans im Sinne des § 30 oder
2. innerhalb eines im Zusammenhang bebauten Ortsteils im Sinne des § 34, wenn sich aus der Eigenart der näheren Umgebung oder

einem einfachen Bebauungsplan im Sinne des § 30 Abs. 3 hinreichende Kriterien für die Neuordnung der Grundstücke ergeben, durchgeführt werden.

...

§ 61
Aufhebung, Änderung und Begründung von Rechten

(1) Grundstücksgleiche Rechte sowie andere Rechte an einem im Umlegungsgebiet gelegenen Grundstück oder an einem das Grundstück belastenden Recht, ferner Ansprüche mit dem Recht auf Befriedigung aus dem Grundstück oder persönliche Rechte, die zum Erwerb, zum Besitz oder zur Nutzung eines im Umlegungsgebiet gelegenen Grundstücks berechtigen oder den Verpflichteten in der Benutzung des Grundstücks beschränken, können durch den Umlegungsplan aufgehoben, geändert oder neu begründet werden. In Übereinstimmung mit den Zielen des Bebauungsplans oder zur Verwirklichung einer nach § 34 zulässigen Nutzung können zur zweckmäßigen und wirtschaftlichen Ausnutzung der Grundstücke Flächen für Zuwege, gemeinschaftliche Hofräume, Kinderspielplätze, Freizeiteinrichtungen, Stellplätze, Garagen, Flächen zum Ausgleich im Sinne des § 1a Abs. 3 oder andere Gemeinschaftsanlagen festgelegt und ihre Rechtsverhältnisse geregelt werden. Im Landesrecht vorgesehene öffentlich-rechtliche Verpflichtungen zu einem das Grundstück betreffenden Tun, Dulden oder Unterlassen (Baulast) können im Einvernehmen mit der Baugenehmigungsbehörde aufgehoben, geändert oder neu begründet werden.

(2) Soweit durch die Aufhebung, Änderung oder Begründung von Rechten oder Baulasten Vermögensnachteile oder Vermögensvorteile entstehen, findet ein Ausgleich in Geld statt. Für den Fall, dass Vermögensnachteile entstehen, sind die Vorschriften über die Entschädigung im Zweiten Abschnitt des Fünften Teils und über den Härteausgleich nach § 181 entsprechend anzuwenden.

(3) Die Absätze 1 und 2 gelten auch für die nach § 55 Abs. 5 in die Verteilungsmasse eingebrachten Grundstücke.

...

FÜNFTER TEIL
Enteignung

ERSTER ABSCHNITT
Zulässigkeit der Enteignung

§ 85
Enteignungszweck

(1) Nach diesem Gesetzbuch kann nur enteignet werden, um
1. entsprechend den Festsetzungen des Bebauungsplans ein Grundstück zu nutzen oder eine solche Nutzung vorzubereiten,
2. unbebaute oder geringfügig bebaute Grundstücke, die nicht im Bereich eines Bebauungsplans, aber innerhalb im Zusammenhang bebauter Ortsteile liegen, insbesondere zur Schließung von Baulücken, entsprechend den baurechtlichen Vorschriften zu nutzen oder einer baulichen Nutzung zuzuführen,
3. Grundstücke für die Entschädigung in Land zu beschaffen,
4. durch Enteignung entzogene Rechte durch neue Rechte zu ersetzen,
5. Grundstücke einer baulichen Nutzung zuzuführen, wenn ein Eigentümer die Verpflichtung nach § 176 Abs. 1 oder 2 nicht erfüllt,
6. im Geltungsbereich einer Erhaltungssatzung eine bauliche Anlage aus den in § 172 Abs. 3 bis 5 bezeichneten Gründen zu erhalten oder
7. im Geltungsbereich einer Satzung zur Sicherung von Durchführungsmaßnahmen des Stadtumbaus eine bauliche Anlage aus den in § 171d Abs. 3 bezeichneten Gründen zu erhalten oder zu beseitigen.

(2) Unberührt bleiben
1. die Vorschriften über die Enteignung zu anderen als den in Absatz 1 genannten Zwecken,
2. landesrechtliche Vorschriften über die Enteignung zu den in Absatz 1 Nr. 6 genannten Zwecken.

§ 86
Gegenstand der Enteignung

(1) Durch Enteignung können
1. das Eigentum an Grundstücken entzogen oder belastet werden;
2. andere Rechte an Grundstücken entzogen oder belastet werden;

3. Rechte entzogen werden, die zum Erwerb, zum Besitz oder zur Nutzung von Grundstücken berechtigen oder die den Verpflichteten in der Benutzung von Grundstücken beschränken; hierzu zählen auch Rückübertragungsansprüche nach dem Vermögensgesetz;
4. soweit es in den Vorschriften dieses Teils vorgesehen ist, Rechtsverhältnisse begründet werden, die Rechte der in Nummer 3 bezeichneten Art gewähren.

(2) Auf das Zubehör eines Grundstücks sowie auf Sachen, die nur zu einem vorübergehenden Zweck mit dem Grundstück verbunden oder in ein Gebäude eingefügt sind, darf die Enteignung nur nach Maßgabe des § 92 Abs. 4 ausgedehnt werden.

(3) Die für die Entziehung oder Belastung des Eigentums an Grundstücken geltenden Vorschriften sind auf die Entziehung, Belastung oder Begründung der in Absatz 1 Nr. 2 bis 4 bezeichneten Rechte entsprechend anzuwenden.

...

SECHSTER TEIL
Erschließung

ERSTER ABSCHNITT
Allgemeine Vorschriften

§ 123
Erschließungslast

(1) Die Erschließung ist Aufgabe der Gemeinde, soweit sie nicht nach anderen gesetzlichen Vorschriften oder öffentlich-rechtlichen Verpflichtungen einem anderen obliegt.

(2) Die Erschließungsanlagen sollen entsprechend den Erfordernissen der Bebauung und des Verkehrs kostengünstig hergestellt werden und spätestens bis zur Fertigstellung der anzuschließenden baulichen Anlagen benutzbar sein.

(3) Ein Rechtsanspruch auf Erschließung besteht nicht.

(4) Die Unterhaltung der Erschließungsanlagen richtet sich nach landesrechtlichen Vorschriften.

...

ZWEITER ABSCHNITT
Erschließungsbeitrag

§ 127
Erhebung des Erschließungsbeitrags

(1) Die Gemeinden erheben zur Deckung ihres anderweitig nicht gedeckten Aufwands für Erschließungsanlagen einen Erschließungsbeitrag nach Maßgabe der folgenden Vorschriften.

(2) Erschließungsanlagen im Sinne dieses Abschnitts sind
1. die öffentlichen zum Anbau bestimmten Straßen, Wege und Plätze;
2. die öffentlichen aus rechtlichen oder tatsächlichen Gründen mit Kraftfahrzeugen nicht befahrbaren Verkehrsanlagen innerhalb der Baugebiete (z. B. Fußwege, Wohnwege);
3. Sammelstraßen innerhalb der Baugebiete; Sammelstraßen sind öffentliche Straßen, Wege und Plätze, die selbst nicht zum Anbau bestimmt, aber zur Erschließung der Baugebiete notwendig sind;
4. Parkflächen und Grünanlagen mit Ausnahme von Kinderspielplätzen, soweit sie Bestandteil der in den Nummern 1 bis 3 genannten Verkehrsanlagen oder nach städtebaulichen Grundsätzen innerhalb der Baugebiete zu deren Erschließung notwendig sind;
5. Anlagen zum Schutz von Baugebieten gegen schädliche Umwelteinwirkungen im Sinne des Bundes-Immissionsschutzgesetzes, auch wenn sie nicht Bestandteil der Erschließungsanlagen sind.

(3) Der Erschließungsbeitrag kann für den Grunderwerb, die Freilegung und für Teile der Erschließungsanlagen selbstständig erhoben werden (Kostenspaltung).

(4) Das Recht, Abgaben für Anlagen zu erheben, die nicht Erschließungsanlagen im Sinne dieses Abschnitts sind, bleibt unberührt. Dies gilt insbesondere für Anlagen zur Ableitung von Abwasser sowie zur Versorgung mit Elektrizität, Gas, Wärme und Wasser.

...

§ 133
Gegenstand und Entstehung der Beitragspflicht

(1) Der Beitragspflicht unterliegen Grundstücke, für die eine bauliche oder gewerbliche Nutzung festgesetzt ist, sobald sie bebaut oder gewerblich genutzt werden dürfen. Erschlossene Grundstücke, für die eine bauliche oder gewerbliche Nutzung nicht festgesetzt ist, unterlie-

gen der Beitragspflicht, wenn sie nach der Verkehrsauffassung Bauland sind und nach der geordneten baulichen Entwicklung der Gemeinde zur Bebauung anstehen. Die Gemeinde gibt bekannt, welche Grundstücke nach Satz 2 der Beitragspflicht unterliegen; die Bekanntmachung hat keine rechtsbegründende Wirkung.

(2) Die Beitragspflicht entsteht mit der endgültigen Herstellung der Erschließungsanlagen, für Teilbeträge, sobald die Maßnahmen, deren Aufwand durch die Teilbeträge gedeckt werden soll, abgeschlossen sind. Im Falle des § 128 Abs. 1 Satz 1 Nr. 3 entsteht die Beitragspflicht mit der Übernahme durch die Gemeinde.

(3) Für ein Grundstück, für das eine Beitragspflicht noch nicht oder nicht in vollem Umfang entstanden ist, können Vorausleistungen auf den Erschließungsbeitrag bis zur Höhe des voraussichtlichen endgültigen Erschließungsbeitrags verlangt werden, wenn ein Bauvorhaben auf dem Grundstück genehmigt wird oder wenn mit der Herstellung der Erschließungsanlagen begonnen worden ist und die endgültige Herstellung der Erschließungsanlagen innerhalb von vier Jahren zu erwarten ist. Die Vorausleistung ist mit der endgültigen Beitragsschuld zu verrechnen, auch wenn der Vorausleistende nicht beitragspflichtig ist. Ist die Beitragspflicht sechs Jahre nach Erlass des Vorausleistungsbescheids noch nicht entstanden, kann die Vorausleistung zurückverlangt werden, wenn die Erschließungsanlage bis zu diesem Zeitpunkt noch nicht benutzbar ist. Der Rückzahlungsanspruch ist ab Erhebung der Vorausleistung mit 2 vom Hundert über dem Basiszinssatz nach § 247 des Bürgerlichen Gesetzbuchs jährlich zu verzinsen. Die Gemeinde kann Bestimmungen über die Ablösung des Erschließungsbeitrags im Ganzen vor Entstehung der Beitragspflicht treffen.

§ 134
Beitragspflichtiger

(1) Beitragspflichtig ist derjenige, der im Zeitpunkt der Bekanntgabe des Beitragsbescheids Eigentümer des Grundstücks ist. Ist das Grundstück mit einem Erbbaurecht belastet, so ist der Erbbauberechtigte anstelle des Eigentümers beitragspflichtig. Ist das Grundstück mit einem dinglichen Nutzungsrecht nach Artikel 233 § 4 des Einführungsgesetzes zum Bürgerlichen Gesetzbuch belastet, so ist der Inhaber dieses Rechts anstelle des Eigentümers beitragspflichtig. Mehrere Beitragspflichtige haften als Gesamtschuldner; bei Wohnungs- und Teileigentum sind die einzelnen Wohnungs- und Teileigentümer nur entsprechend ihrem Miteigentumsanteil beitragspflichtig.

(2) Der Beitrag ruht als öffentliche Last auf dem Grundstück, im Falle des Absatzes 1 Satz 2 auf dem Erbbaurecht, im Falle des Absatzes 1 Satz 3 auf dem dinglichen Nutzungsrecht, im Falle des Absatzes 1 Satz 4 auf dem Wohnungs- oder dem Teileigentum.

§ 135
Fälligkeit und Zahlung des Beitrags

(1) Der Beitrag wird einen Monat nach der Bekanntgabe des Beitragsbescheids fällig.

(2) Die Gemeinde kann zur Vermeidung unbilliger Härten im Einzelfall, insbesondere soweit dies zur Durchführung eines genehmigten Bauvorhabens erforderlich ist, zulassen, dass der Erschließungsbeitrag in Raten oder in Form einer Rente gezahlt wird. Ist die Finanzierung eines Bauvorhabens gesichert, so soll die Zahlungsweise der Auszahlung der Finanzierungsmittel angepasst, jedoch nicht über zwei Jahre hinaus erstreckt werden.

(3) Lässt die Gemeinde nach Absatz 2 eine Verrentung zu, so ist der Erschließungsbeitrag durch Bescheid in eine Schuld umzuwandeln, die in höchstens zehn Jahresleistungen zu entrichten ist. In dem Bescheid sind Höhe und Zeitpunkt der Fälligkeit der Jahresleistungen zu bestimmen. Der jeweilige Restbetrag ist mit höchstens 2 vom Hundert über dem Basiszinssatz nach § 247 des Bürgerlichen Gesetzbuchs jährlich zu verzinsen. Die Jahresleistungen stehen wiederkehrenden Leistungen im Sinne des § 10 Abs. 1 Nr. 3 des Zwangsversteigerungsgesetzes gleich.

(4) Werden Grundstücke landwirtschaftlich oder als Wald genutzt, ist der Beitrag so lange zinslos zu stunden, wie das Grundstück zur Erhaltung der Wirtschaftlichkeit des landwirtschaftlichen Betriebs genutzt werden muss. Satz 1 gilt auch für die Fälle der Nutzungsüberlassung und Betriebsübergabe an Familienangehörige im Sinne des § 15 der Abgabenordnung. Der Beitrag ist auch zinslos zu stunden, solange Grundstücke als Kleingärten im Sinne des Bundeskleingartengesetzes genutzt werden.

(5) Im Einzelfall kann die Gemeinde auch von der Erhebung des Erschließungsbeitrags ganz oder teilweise absehen, wenn dies im öffentlichen Interesse oder zur Vermeidung unbilliger Härten geboten ist. Die Freistellung kann auch für den Fall vorgesehen werden, dass die Beitragspflicht noch nicht entstanden ist.

(6) Weitergehende landesrechtliche Billigkeitsregelungen bleiben unberührt.

...

ZWEITES KAPITEL
Besonderes Städtebaurecht

...

ACHTER TEIL
Miet- und Pachtverhältnisse

§ 182
Aufhebung von Miet- oder Pachtverhältnissen

(1) Erfordert die Verwirklichung der Ziele und Zwecke der Sanierung im förmlich festgelegten Sanierungsgebiet, der Entwicklung im städtebaulichen Entwicklungsbereich oder eine Maßnahme nach den §§ 176 bis 179 die Aufhebung eines Miet- oder Pachtverhältnisses, kann die Gemeinde das Rechtsverhältnis auf Antrag des Eigentümers oder im Hinblick auf ein städtebauliches Gebot mit einer Frist von mindestens sechs Monaten, bei einem land- oder forstwirtschaftlich genutzten Grundstück nur zum Schluss eines Pachtjahres aufheben.

(2) Die Gemeinde darf ein Mietverhältnis über Wohnraum nur aufheben, wenn im Zeitpunkt der Beendigung des Mietverhältnisses angemessener Ersatzwohnraum für den Mieter und die zu seinem Hausstand gehörenden Personen zu zumutbaren Bedingungen zur Verfügung steht. Strebt der Mieter oder Pächter von Geschäftsraum eine anderweitige Unterbringung an, soll die Gemeinde das Miet- oder Pachtverhältnis nur aufheben, wenn im Zeitpunkt der Beendigung des Rechtsverhältnisses anderer geeigneter Geschäftsraum zu zumutbaren Bedingungen zur Verfügung steht.

(3) Wird die Erwerbsgrundlage eines Mieters oder Pächters von Geschäftsraum im förmlich festgelegten Sanierungsgebiet oder in einem städtebaulichen Entwicklungsbereich infolge der Durchführung städtebaulicher Sanierungsmaßnahmen oder städtebaulicher Entwicklungsmaßnahmen wesentlich beeinträchtigt und ist ihm deshalb die Fortsetzung des Miet- oder Pachtverhältnisses nicht mehr zuzumuten, kann die Gemeinde auf Antrag des Mieters oder Pächters das Rechtsverhältnis mit einer Frist von mindestens sechs Monaten aufheben.

§ 183
Aufhebung von Miet- oder Pachtverhältnissen über unbebaute Grundstücke

(1) Ist nach den Festsetzungen des Bebauungsplans für ein unbebautes Grundstück eine andere Nutzung vorgesehen und ist die alsbaldige Änderung der Nutzung beabsichtigt, kann die Gemeinde auf Antrag des Eigentümers Miet- oder Pachtverhältnisse aufheben, die sich auf das Grundstück beziehen und der neuen Nutzung entgegenstehen.

(2) Auf die Aufhebung ist § 182 Abs. 1 entsprechend anzuwenden.

§ 184
Aufhebung anderer Vertragsverhältnisse

Die §§ 182 und 183 sind entsprechend auf andere schuldrechtliche Vertragsverhältnisse anzuwenden, die zum Gebrauch oder zur Nutzung eines Grundstücks, Gebäudes oder Gebäudeteils oder einer sonstigen baulichen Anlage berechtigen.

§ 185
Entschädigung bei Aufhebung von Miet- oder Pachtverhältnissen

(1) Ist ein Rechtsverhältnis aufgrund des § 182, des § 183 oder des § 184 aufgehoben worden, ist den Betroffenen insoweit eine angemessene Entschädigung in Geld zu leisten, als ihnen durch die vorzeitige Beendigung des Rechtsverhältnisses Vermögensnachteile entstehen. Die Vorschriften des Zweiten Abschnitts des Fünften Teils des Ersten Kapitels sind entsprechend anzuwenden.

(2) Zur Entschädigung ist die Gemeinde verpflichtet. Kommt eine Einigung über die Entschädigung nicht zustande, entscheidet die höhere Verwaltungsbehörde.

(3) Wird ein Pachtvertrag über kleingärtnerisch genutztes Land nach § 182, § 183 oder § 184 aufgehoben, ist die Gemeinde außer zur Entschädigung nach Absatz 1 auch zur Bereitstellung oder Beschaffung von Ersatzland verpflichtet. Bei der Entschädigung in Geld ist die Bereitstellung oder Beschaffung des Ersatzlands angemessen zu berücksichtigen. Die höhere Verwaltungsbehörde kann die Gemeinde von der Verpflichtung zur Bereitstellung oder Beschaffung von Ersatzland befreien, wenn die Gemeinde nachweist, dass sie zur Erfüllung außerstande ist.

...

DRITTES KAPITEL
Sonstige Vorschriften

ERSTER TEIL
Wertermittlung

§ 192
Gutachterausschuss

(1) Zur Ermittlung von Grundstückswerten und für sonstige Wertermittlungen werden selbstständige, unabhängige Gutachterausschüsse gebildet.

(2) Die Gutachterausschüsse bestehen aus einem Vorsitzenden und ehrenamtlichen weiteren Gutachtern.

(3) Der Vorsitzende und die weiteren Gutachter sollen in der Ermittlung von Grundstückswerten oder sonstigen Wertermittlungen sachkundig und erfahren sein und dürfen nicht hauptamtlich mit der Verwaltung der Grundstücke der Gebietskörperschaft, für deren Bereich der Gutachterausschuss gebildet ist, befasst sein. Zur Ermittlung der Bodenrichtwerte sowie der in § 193 Absatz 5 Satz 2 genannten sonstigen für die Wertermittlung erforderlichen Daten ist ein Bediensteter der zuständigen Finanzbehörde mit Erfahrung in der steuerlichen Bewertung von Grundstücken als Gutachter hinzuzuziehen.

(4) Die Gutachterausschüsse bedienen sich einer Geschäftsstelle.

§ 193
Aufgaben des Gutachterausschusses

(1) Der Gutachterausschuss erstattet Gutachten über den Verkehrswert von bebauten und unbebauten Grundstücken sowie Rechten an Grundstücken, wenn

1. die für den Vollzug dieses Gesetzbuchs zuständigen Behörden bei der Erfüllung der Aufgaben nach diesem Gesetzbuch,
2. die für die Feststellung des Werts eines Grundstücks oder der Entschädigung für ein Grundstück oder ein Recht an einem Grundstück aufgrund anderer gesetzlicher Vorschriften zuständigen Behörden,
3. die Eigentümer, ihnen gleichstehende Berechtigte, Inhaber anderer Rechte am Grundstück und Pflichtteilsberechtigte, für deren Pflichtteil der Wert des Grundstücks von Bedeutung ist, oder
4. Gerichte und Justizbehörden

es beantragen. Unberührt bleiben Antragsberechtigungen nach anderen Rechtsvorschriften.

(2) Der Gutachterausschuss kann außer über die Höhe der Entschädigung für den Rechtsverlust auch Gutachten über die Höhe der Entschädigung für andere Vermögensnachteile erstatten.

(3) Die Gutachten haben keine bindende Wirkung, soweit nichts anderes bestimmt oder vereinbart ist.

(4) Eine Abschrift des Gutachtens ist dem Eigentümer zu übersenden.

(5) Der Gutachterausschuss führt eine Kaufpreissammlung, wertet sie aus und ermittelt Bodenrichtwerte und sonstige zur Wertermittlung erforderliche Daten …

…

§ 197
Befugnisse des Gutachterausschusses

(1) Der Gutachterausschuss kann mündliche oder schriftliche Auskünfte von Sachverständigen und von Personen einholen, die Angaben über das Grundstück und, wenn das zur Ermittlung von Geldleistungen im Umlegungsverfahren, von Ausgleichsbeträgen und von Enteignungsentschädigungen erforderlich ist, über ein Grundstück, das zum Vergleich herangezogen werden soll, machen können. Er kann verlangen, dass Eigentümer und sonstige Inhaber von Rechten an einem Grundstück die zur Führung der Kaufpreissammlung und zur Begutachtung notwendigen Unterlagen vorlegen. Der Eigentümer und der Besitzer des Grundstücks haben zu dulden, dass Grundstücke zur Auswertung von Kaufpreisen und zur Vorbereitung von Gutachten betreten werden. Wohnungen dürfen nur mit Zustimmung der Wohnungsinhaber betreten werden.

(2) Alle Gerichte und Behörden haben dem Gutachterausschuss Rechts- und Amtshilfe zu leisten. Die Finanzbehörden erteilen dem Gutachterausschuss auf Ersuchen Auskünfte über Grundstücke, soweit ihnen die Verhältnisse der Grundstücke bekannt sind und dies zur Ermittlung von Ausgleichsbeträgen und Enteignungsentschädigungen sowie zur Ermittlung von Verkehrswerten und der für die Wertermittlung erforderlichen Daten einschließlich der Bodenrichtwerte erforderlich ist. Die Auskunftspflicht besteht nicht, soweit deren Erfüllung mit einem unverhältnismäßigen Aufwand verbunden wäre.

§ 198
Oberer Gutachterausschuss

(1) Für den Bereich einer oder mehrerer höherer Verwaltungsbehörden sind Obere Gutachterausschüsse oder Zentrale Geschäftsstellen zu bilden, wenn in dem Bereich der höheren Verwaltungsbehörde mehr als zwei Gutachterausschüsse gebildet sind. Auf die Oberen Gutachterausschüsse sind die Vorschriften über die Gutachterausschüsse entsprechend anzuwenden.

(2) Der Obere Gutachterausschuss oder die Zentrale Geschäftsstelle haben insbesondere die Aufgabe, überregionale Auswertungen und Analysen des Grundstücksmarktgeschehens zu erstellen, auch um zu einer bundesweiten Grundstücksmarkttransparenz beizutragen. Ist nach Absatz 1 keine Oberer Gutachterausschuss oder keine Zentrale Geschäftsstelle zu bilden, gilt Satz 1 für die Gutachterausschüsse entsprechend.

(3) Der Obere Gutachterausschuss hat auf Antrag eines Gerichts ein Obergutachten zu erstatten, wenn schon das Gutachten eines Gutachterausschusses vorliegt.

...

ZWEITER TEIL
Allgemeine Vorschriften; Zuständigkeiten; Verwaltungsverfahren; Planerhaltung

ERSTER ABSCHNITT
Allgemeine Vorschriften

§ 200
Grundstücke; Rechte an Grundstücken; Baulandkataster

(1) Die für Grundstücke geltenden Vorschriften dieses Gesetzbuchs sind entsprechend auch auf Grundstücksteile anzuwenden.

(2) Die für das Eigentum an Grundstücken bestehenden Vorschriften sind, soweit dieses Gesetzbuch nichts anderes vorschreibt, entsprechend auch auf grundstücksgleiche Rechte anzuwenden.

(3) Die Gemeinde kann sofort oder in absehbarer Zeit bebaubare Flächen in Karten oder Listen auf der Grundlage eines Lageplans erfassen, der Flur- und Flurstücksnummern, Straßennamen und

Angaben zur Grundstücksgröße enthält (Baulandkataster). Sie kann die Flächen in Karten oder Listen veröffentlichen, soweit der Grundstückseigentümer nicht widersprochen hat. Die Gemeinde hat ihre Absicht zur Veröffentlichung einen Monat vorher öffentlich bekannt zu geben und dabei auf das Widerspruchsrecht der Grundstückseigentümer hinzuweisen.

...

§ 201
Begriff der Landwirtschaft

Landwirtschaft im Sinne dieses Gesetzbuchs ist insbesondere der Ackerbau, die Wiesen- und Weidewirtschaft einschließlich Tierhaltung, soweit das Futter überwiegend auf den zum landwirtschaftlichen Betrieb gehörenden, landwirtschaftlich genutzten Flächen erzeugt werden kann, die gartenbauliche Erzeugung, der Erwerbsobstbau, der Weinbau, die berufsmäßige Imkerei und die berufsmäßige Binnenfischerei.

...

VIERTES KAPITEL
Überleitungs- und Schlussvorschriften

ERSTER TEIL
Überleitungsvorschriften

...

§ 242
Überleitungsvorschriften für die Erschließung

...

(9) Für Erschließungsanlagen oder Teile von Erschließungsanlagen in dem in Artikel 3 des Einigungsvertrages genannten Gebiet, die vor dem Wirksamwerden des Beitritts bereits hergestellt worden sind, kann nach diesem Gesetz ein Erschließungsbeitrag nicht erhoben werden. Bereits hergestellte Erschließungsanlagen oder Teile von Erschließungsanlagen sind die einem technischen Ausbauprogramm oder den örtlichen Ausbaugepflogenheiten entsprechend fertig gestellten Erschließungsanlagen oder Teile von Erschließungsanlagen. Leistungen, die Beitragspflichtige für die Herstellung von Erschließungsanla-

gen oder Teilen von Erschließungsanlagen erbracht haben, sind auf den Erschließungsbeitrag anzurechnen. Die Landesregierungen werden ermächtigt, bei Bedarf Überleitungsregelungen durch Rechtsverordnung zu treffen.

...

8.
Gesetz über Naturschutz und Landschaftspflege (Bundesnaturschutzgesetz – BNatSchG)[1])

vom 29.7.2009 (BGBl. I S. 2542),
zuletzt geändert durch Art. 4 Abs. 100 G vom 7.8.2013
(BGBl. I S. 3154)

– Auszug –

KAPITEL 3
Allgemeiner Schutz von Natur und Landschaft

...

§ 14
Eingriffe in Natur und Landschaft

(1) Eingriffe in Natur und Landschaft im Sinne dieses Gesetzes sind Veränderungen der Gestalt oder Nutzung von Grundflächen oder Veränderungen des mit der belebten Bodenschicht in Verbindung stehenden Grundwasserspiegels, die die Leistungs- und Funktionsfähigkeit des Naturhaushalts oder das Landschaftsbild erheblich beeinträchtigen können.

(2) Die land-, forst- und fischereiwirtschaftliche Bodennutzung ist nicht als Eingriff anzusehen, soweit dabei die Ziele des Naturschutzes und der Landschaftspflege berücksichtigt werden. Entspricht die land-, forst- und fischereiwirtschaftliche Bodennutzung den in § 5 Absatz 2 bis 4 dieses Gesetzes genannten Anforderungen sowie den sich aus § 17 Absatz 2 des Bundes-Bodenschutzgesetzes und dem Recht der Land-, Forst- und Fischereiwirtschaft ergebenden Anforderungen an die gute fachliche Praxis, widerspricht sie in der Regel nicht den Zielen des Naturschutzes und der Landschaftspflege.

(3) Nicht als Eingriff gilt die Wiederaufnahme einer land-, forst- und fischereiwirtschaftlichen Bodennutzung, wenn sie zeitweise eingeschränkt oder unterbrochen war

---

[1] **Anm. d. Verlages:**
Dieses Gesetz wurde verkündet als Artikel 1 des Gesetzes zur Neuregelung des Rechts des Naturschutzes und der Landschaftspflege vom 29.7.2009 (BGBl. I S. 2542) und ist am 1.3.2010 in Kraft getreten.

1. aufgrund vertraglicher Vereinbarungen oder aufgrund der Teilnahme an öffentlichen Programmen zur Bewirtschaftungsbeschränkung und wenn die Wiederaufnahme innerhalb von zehn Jahren nach Auslaufen der Einschränkung oder Unterbrechung erfolgt,
2. aufgrund der Durchführung von vorgezogenen Kompensationsmaßnahmen, die vorgezogene Maßnahme aber nicht für eine Kompensation in Anspruch genommen wird.

§ 15
Verursacherpflichten, Unzulässigkeit von Eingriffen; Ermächtigung zum Erlass von Rechtsverordnungen

(1) Der Verursacher eines Eingriffs ist verpflichtet, vermeidbare Beeinträchtigungen von Natur und Landschaft zu unterlassen. Beeinträchtigungen sind vermeidbar, wenn zumutbare Alternativen, den mit dem Eingriff verfolgten Zweck am gleichen Ort ohne oder mit geringeren Beeinträchtigungen von Natur und Landschaft zu erreichen, gegeben sind. Soweit Beeinträchtigungen nicht vermieden werden können, ist dies zu begründen.

(2) Der Verursacher ist verpflichtet, unvermeidbare Beeinträchtigungen durch Maßnahmen des Naturschutzes und der Landschaftspflege auszugleichen (Ausgleichsmaßnahmen) oder zu ersetzen (Ersatzmaßnahmen). Ausgeglichen ist eine Beeinträchtigung, wenn und sobald die beeinträchtigten Funktionen des Naturhaushalts in gleichartiger Weise wiederhergestellt sind und das Landschaftsbild landschaftsgerecht wiederhergestellt oder neu gestaltet ist. Ersetzt ist eine Beeinträchtigung, wenn und sobald die beeinträchtigten Funktionen des Naturhaushalts in dem betroffenen Naturraum in gleichwertiger Weise hergestellt sind und das Landschaftsbild landschaftsgerecht neu gestaltet ist. Festlegungen von Entwicklungs- und Wiederherstellungsmaßnahmen für Gebiete im Sinne des § 20 Absatz 2 Nummer 1 bis 4 und in Bewirtschaftungsplänen nach § 32 Absatz 5, von Maßnahmen nach § 34 Absatz 5 und § 44 Absatz 5 Satz 3 dieses Gesetzes sowie von Maßnahmen in Maßnahmenprogrammen im Sinne des § 82 des Wasserhaushaltsgesetzes stehen der Anerkennung solcher Maßnahmen als Ausgleichs- und Ersatzmaßnahmen nicht entgegen. Bei der Festsetzung von Art und Umfang der Ausgleichs- und Ersatzmaßnahmen sind die Programme und Pläne nach den §§ 10 und 11 zu berücksichtigen.

(3) Bei der Inanspruchnahme von land- oder forstwirtschaftlich genutzten Flächen für Ausgleichs- und Ersatzmaßnahmen ist auf agrarstrukturelle Belange Rücksicht zu nehmen, insbesondere sind für die landwirtschaftliche Nutzung besonders geeignete Böden nur im notwendigen Umfang in Anspruch zu nehmen. Es ist vorrangig zu prüfen, ob der Ausgleich oder Ersatz auch durch Maßnahmen zur Entsiegelung, durch Maßnahmen zur Wiedervernetzung von Lebensräumen oder durch Bewirtschaftungs- oder Pflegemaßnahmen, die der dauerhaften Aufwertung des Naturhaushalts oder des Landschaftsbildes dienen, erbracht werden kann, um möglichst zu vermeiden, dass Flächen aus der Nutzung genommen werden.

(4) Ausgleichs- und Ersatzmaßnahmen sind in dem jeweils erforderlichen Zeitraum zu unterhalten und rechtlich zu sichern. Der Unterhaltungszeitraum ist durch die zuständige Behörde im Zulassungsbescheid festzusetzen. Verantwortlich für Ausführung, Unterhaltung und Sicherung der Ausgleichs- und Ersatzmaßnahmen ist der Verursacher oder dessen Rechtsnachfolger.

(5) Ein Eingriff darf nicht zugelassen oder durchgeführt werden, wenn die Beeinträchtigungen nicht zu vermeiden oder nicht in angemessener Frist auszugleichen oder zu ersetzen sind und die Belange des Naturschutzes und der Landschaftspflege bei der Abwägung aller Anforderungen an Natur und Landschaft anderen Belangen im Range vorgehen.

(6) Wird ein Eingriff nach Absatz 5 zugelassen oder durchgeführt, obwohl die Beeinträchtigungen nicht zu vermeiden oder nicht in angemessener Frist auszugleichen oder zu ersetzen sind, hat der Verursacher Ersatz in Geld zu leisten. Die Ersatzzahlung bemisst sich nach den durchschnittlichen Kosten der nicht durchführbaren Ausgleichs- und Ersatzmaßnahmen einschließlich der erforderlichen durchschnittlichen Kosten für deren Planung und Unterhaltung sowie die Flächenbereitstellung unter Einbeziehung der Personal- und sonstigen Verwaltungskosten. Sind diese nicht feststellbar, bemisst sich die Ersatzzahlung nach Dauer und Schwere des Eingriffs unter Berücksichtigung der dem Verursacher daraus erwachsenden Vorteile. Die Ersatzzahlung ist von der zuständigen Behörde im Zulassungsbescheid oder, wenn der Eingriff von einer Behörde durchgeführt wird, vor der Durchführung des Eingriffs festzusetzen. Die Zahlung ist vor der Durchführung des Eingriffs zu leisten. Es kann ein anderer Zeitpunkt für die Zahlung festgelegt werden; in diesem Fall soll eine Sicherheitsleistung verlangt werden. Die Ersatzzahlung ist zweckgebunden für Maßnahmen des Naturschutzes und der Landschafts-

pflege möglichst in dem betroffenen Naturraum zu verwenden, für die nicht bereits nach anderen Vorschriften eine rechtliche Verpflichtung besteht.

(7) Das Bundesministerium für Umwelt, Naturschutz und Reaktorsicherheit wird ermächtigt, im Einvernehmen mit dem Bundesministerium für Ernährung, Landwirtschaft und Verbraucherschutz und dem Bundesministerium für Verkehr, Bau und Stadtentwicklung durch Rechtsverordnung mit Zustimmung des Bundesrates das Nähere zur Kompensation von Eingriffen zu regeln, insbesondere

1. zu Inhalt, Art und Umfang von Ausgleichs- und Ersatzmaßnahmen einschließlich von Maßnahmen zur Entsiegelung, zur Wiedervernetzung von Lebensräumen und zur Bewirtschaftung und Pflege sowie zur Festlegung diesbezüglicher Standards, insbesondere für vergleichbare Eingriffsarten,
2. die Höhe der Ersatzzahlung und das Verfahren zu ihrer Erhebung.

Solange und soweit das Bundesministerium für Umwelt, Naturschutz und Reaktorsicherheit von seiner Ermächtigung keinen Gebrauch macht, richtet sich das Nähere zur Kompensation von Eingriffen nach Landesrecht, soweit dieses den vorstehenden Absätzen nicht widerspricht.

§ 16
Bevorratung von Kompensationsmaßnahmen

(1) Maßnahmen des Naturschutzes und der Landschaftspflege, die im Hinblick auf zu erwartende Eingriffe durchgeführt worden sind, sind als Ausgleichs- oder Ersatzmaßnahmen anzuerkennen, soweit

1. die Voraussetzungen des § 15 Absatz 2 erfüllt sind,
2. sie ohne rechtliche Verpflichtung durchgeführt wurden,
3. dafür keine öffentlichen Fördermittel in Anspruch genommen wurden,
4. sie Programmen und Plänen nach den §§ 10 und 11 nicht widersprechen und
5. eine Dokumentation des Ausgangszustands der Flächen vorliegt; Vorschriften der Länder zu den Anforderungen an die Dokumentation bleiben unberührt.

(2) Die Bevorratung von vorgezogenen Ausgleichs- und Ersatzmaßnahmen mittels Ökokonten, Flächenpools oder anderer Maßnahmen, insbesondere die Erfassung, Bewertung oder Buchung vorgezogener Ausgleichs- und Ersatzmaßnahmen in Ökokonten, deren Genehmigungsbedürftigkeit und Handelbarkeit sowie der Übergang der Ver-

antwortung nach § 15 Absatz 4 auf Dritte, die vorgezogene Ausgleichs- und Ersatzmaßnahmen durchführen, richtet sich nach Landesrecht.

§ 17
Verfahren; Ermächtigung zum Erlass von Rechtsverordnungen

(1) Bedarf ein Eingriff nach anderen Rechtsvorschriften einer behördlichen Zulassung oder einer Anzeige an eine Behörde oder wird er von einer Behörde durchgeführt, so hat diese Behörde zugleich die zur Durchführung des § 15 erforderlichen Entscheidungen und Maßnahmen im Benehmen mit der für Naturschutz und Landschaftspflege zuständigen Behörde zu treffen, soweit nicht nach Bundes- oder Landesrecht eine weiter gehende Form der Beteiligung vorgeschrieben ist oder die für Naturschutz und Landschaftspflege zuständige Behörde selbst entscheidet.

(2) Soll bei Eingriffen, die von Behörden des Bundes zugelassen oder durchgeführt werden, von der Stellungnahme der für Naturschutz und Landschaftspflege zuständigen Behörde abgewichen werden, entscheidet hierüber die fachlich zuständige Behörde des Bundes im Benehmen mit der obersten Landesbehörde für Naturschutz und Landschaftspflege, soweit nicht eine weiter gehende Form der Beteiligung vorgesehen ist.

(3) Für einen Eingriff, der nicht von einer Behörde durchgeführt wird und der keiner behördlichen Zulassung oder Anzeige nach anderen Rechtsvorschriften bedarf, ist eine Genehmigung der für Naturschutz und Landschaftspflege zuständigen Behörde erforderlich. Die Genehmigung ist schriftlich zu beantragen. Die Genehmigung ist zu erteilen, wenn die Anforderungen des § 15 erfüllt sind. Die für Naturschutz und Landschaftspflege zuständige Behörde trifft die zur Durchführung des § 15 erforderlichen Entscheidungen und Maßnahmen.

(4) Vom Verursacher eines Eingriffs sind zur Vorbereitung der Entscheidungen und Maßnahmen zur Durchführung des § 15 in einem nach Art und Umfang des Eingriffs angemessenen Umfang die für die Beurteilung des Eingriffs erforderlichen Angaben zu machen, insbesondere über

1. Ort, Art, Umfang und zeitlichen Ablauf des Eingriffs sowie
2. die vorgesehenen Maßnahmen zur Vermeidung, zum Ausgleich und zum Ersatz der Beeinträchtigungen von Natur und Landschaft einschließlich Angaben zur tatsächlichen und rechtlichen Verfügbarkeit der für Ausgleich und Ersatz benötigten Flächen.

Die zuständige Behörde kann die Vorlage von Gutachten verlangen, soweit dies zur Beurteilung der Auswirkungen des Eingriffs und der Ausgleichs- und Ersatzmaßnahmen erforderlich ist. Bei einem Eingriff, der aufgrund eines nach öffentlichem Recht vorgesehenen Fachplans vorgenommen werden soll, hat der Planungsträger die erforderlichen Angaben nach Satz 1 im Fachplan oder in einem landschaftspflegerischen Begleitplan in Text und Karte darzustellen. Dieser soll auch Angaben zu den zur Sicherung des Zusammenhangs des Netzes „Natura 2000" notwendigen Maßnahmen nach § 34 Absatz 5 und zu vorgezogenen Ausgleichsmaßnahmen nach § 44 Absatz 5 enthalten, sofern diese Vorschriften für das Vorhaben von Belang sind. Der Begleitplan ist Bestandteil des Fachplans.

(5) Die zuständige Behörde kann die Leistung einer Sicherheit bis zur Höhe der voraussichtlichen Kosten für die Ausgleichs- oder Ersatzmaßnahmen verlangen, soweit dies erforderlich ist, um die Erfüllung der Verpflichtungen nach § 15 zu gewährleisten. Auf Sicherheitsleistungen sind die §§ 232 bis 240 des Bürgerlichen Gesetzbuches anzuwenden.

(6) Die Ausgleichs- und Ersatzmaßnahmen und die dafür in Anspruch genommenen Flächen werden in einem Kompensationsverzeichnis erfasst. Hierzu übermitteln die nach den Absätzen 1 und 3 zuständigen Behörden der für die Führung des Kompensationsverzeichnisses zuständigen Stelle die erforderlichen Angaben.

(7) Die nach Absatz 1 oder Absatz 3 zuständige Behörde prüft die frist- und sachgerechte Durchführung der Vermeidungs- sowie der festgesetzten Ausgleichs- und Ersatzmaßnahmen einschließlich der erforderlichen Unterhaltungsmaßnahmen. Hierzu kann sie vom Verursacher des Eingriffs die Vorlage eines Berichts verlangen.

(8) Wird ein Eingriff ohne die erforderliche Zulassung oder Anzeige vorgenommen, soll die zuständige Behörde die weitere Durchführung des Eingriffs untersagen. Soweit nicht auf andere Weise ein rechtmäßiger Zustand hergestellt werden kann, soll sie entweder Maßnahmen nach § 15 oder die Wiederherstellung des früheren Zustands anordnen. § 19 Absatz 4 ist zu beachten.

(9) Die Beendigung oder eine länger als ein Jahr dauernde Unterbrechung eines Eingriffs ist der zuständigen Behörde anzuzeigen. Eine nur unwesentliche Weiterführung des Eingriffs steht einer Unterbrechung gleich. Wird der Eingriff länger als ein Jahr unterbrochen, kann die Behörde den Verursacher verpflichten, vorläufige Maßnahmen zur Sicherung der Ausgleichs- und Ersatzmaßnahmen durchzuführen

oder, wenn der Abschluss des Eingriffs in angemessener Frist nicht zu erwarten ist, den Eingriff in dem bis dahin vorgenommenen Umfang zu kompensieren.

(10) Handelt es sich bei einem Eingriff um ein Vorhaben, das nach dem Gesetz über die Umweltverträglichkeitsprüfung einer Umweltverträglichkeitsprüfung unterliegt, so muss das Verfahren, in dem Entscheidungen nach § 15 Absatz 1 bis 5 getroffen werden, den Anforderungen des genannten Gesetzes entsprechen.

(11) Die Landesregierungen werden ermächtigt, durch Rechtsverordnung das Nähere zu dem in den Absätzen 1 bis 10 geregelten Verfahren einschließlich des Kompensationsverzeichnisses zu bestimmen. Sie können die Ermächtigung nach Satz 1 durch Rechtsverordnung auf andere Landesbehörden übertragen.

§ 18
Verhältnis zum Baurecht

(1) Sind aufgrund der Aufstellung, Änderung, Ergänzung oder Aufhebung von Bauleitplänen oder von Satzungen nach § 34 Absatz 4 Satz 1 Nummer 3 des Baugesetzbuches Eingriffe in Natur und Landschaft zu erwarten, ist über die Vermeidung, den Ausgleich und den Ersatz nach den Vorschriften des Baugesetzbuches zu entscheiden.

(2) Auf Vorhaben in Gebieten mit Bebauungsplänen nach § 30 des Baugesetzbuches, während der Planaufstellung nach § 33 des Baugesetzbuches und im Innenbereich nach § 34 des Baugesetzbuches sind die §§ 14 bis 17 nicht anzuwenden. Für Vorhaben im Außenbereich nach § 35 des Baugesetzbuches sowie für Bebauungspläne, soweit sie eine Planfeststellung ersetzen, bleibt die Geltung der §§ 14 bis 17 unberührt.

(3) Entscheidungen über Vorhaben nach § 35 Absatz 1 und 4 des Baugesetzbuches und über die Errichtung von baulichen Anlagen nach § 34 des Baugesetzbuches ergehen im Benehmen mit den für Naturschutz und Landschaftspflege zuständigen Behörden. Äußert sich in den Fällen des § 34 des Baugesetzbuches die für Naturschutz und Landschaftspflege zuständige Behörde nicht binnen eines Monats, kann die für die Entscheidung zuständige Behörde davon ausgehen, dass Belange des Naturschutzes und der Landschaftspflege von dem Vorhaben nicht berührt werden. Das Benehmen ist nicht erforderlich bei Vorhaben in Gebieten mit Bebauungsplänen und während der Planaufstellung nach den §§ 30 und 33 des Bauge-

setzbuches sowie in Gebieten mit Satzungen nach § 34 Absatz 4 Satz 1 Nummer 3 des Baugesetzbuches.

(4) Ergeben sich bei Vorhaben nach § 34 des Baugesetzbuches im Rahmen der Herstellung des Benehmens nach Absatz 3 Anhaltspunkte dafür, dass das Vorhaben eine Schädigung im Sinne des § 19 Absatz 1 Satz 1 verursachen kann, ist dies auch dem Vorhabenträger mitzuteilen. Auf Antrag des Vorhabenträgers hat die für die Erteilung der Zulassung zuständige Behörde im Benehmen mit der für Naturschutz und Landschaftspflege zuständigen Behörde die Entscheidungen nach § 15 zu treffen, soweit sie der Vermeidung, dem Ausgleich oder dem Ersatz von Schädigungen nach § 19 Absatz 1 Satz 1 dienen; in diesen Fällen gilt § 19 Absatz 1 Satz 2. Im Übrigen bleibt Absatz 2 Satz 1 unberührt.

...

9a.
Bewertungsgesetz (BewG)

i. d. F. der Bek. vom 1.2.1991 (BGBl. I S. 230),
zuletzt geändert durch Art. 6 G vom 18.7.2014 (BGBl. I S. 1042)

– Auszug –

ZWEITER TEIL
Besondere Bewertungsvorschriften

§ 17
Geltungsbereich

(1) Die besonderen Bewertungsvorschriften sind nach Maßgabe der jeweiligen Einzelsteuergesetze anzuwenden.

...

§ 18
Vermögensarten

Das Vermögen, das nach den Vorschriften des Zweiten Teils dieses Gesetzes zu bewerten ist, umfasst die folgenden Vermögensarten:
1. Land- und forstwirtschaftliches Vermögen (§§ 33 bis 67, § 31),
2. Grundvermögen (§§ 68 bis 94, § 31),
3. Betriebsvermögen (§§ 95 bis 109, § 31).

...

B. Land- und forstwirtschaftliches Vermögen

I. Allgemeines

§ 33
Begriff des land- und forstwirtschaftlichen Vermögens

(1) Zum land- und forstwirtschaftlichen Vermögen gehören alle Wirtschaftsgüter, die einem Betrieb der Land- und Forstwirtschaft dauernd zu dienen bestimmt sind. Betrieb der Land- und Forstwirtschaft ist die wirtschaftliche Einheit des land- und forstwirtschaftlichen Vermögens.

(2) Zu den Wirtschaftsgütern, die einem Betrieb der Land- und Forstwirtschaft dauernd zu dienen bestimmt sind, gehören insbesondere der Grund und Boden, die Wohn- und Wirtschaftsgebäude, die stehenden Betriebsmittel und ein normaler Bestand an umlaufenden Betriebsmitteln; als normaler Bestand gilt ein solcher, der zur gesicherten Fortführung des Betriebes erforderlich ist.

(3) Zum land- und forstwirtschaftlichen Vermögen gehören nicht

1. Zahlungsmittel, Geldforderungen, Geschäftsguthaben und Wertpapiere,
2. Geldschulden,
3. über den normalen Bestand hinausgehende Bestände (Überbestände) an umlaufenden Betriebsmitteln,
4. Tierbestände oder Zweige des Tierbestands und die hiermit zusammenhängenden Wirtschaftsgüter (z. B. Gebäude und abgrenzbare Gebäudeteile mit den dazugehörenden Flächen, Betriebsmittel), wenn die Tiere weder nach § 51 oder § 51a zur landwirtschaftlichen Nutzung noch nach § 62 zur sonstigen land- und forstwirtschaftlichen Nutzung gehören.

Die Zugehörigkeit der landwirtschaftlich genutzten Flächen zum land- und forstwirtschaftlichen Vermögen wird hierdurch nicht berührt.

§ 34
Betrieb der Land- und Forstwirtschaft

(1) Ein Betrieb der Land- und Forstwirtschaft umfasst

1. den Wirtschaftsteil,
2. den Wohnteil.

(2) Der Wirtschaftsteil eines Betriebs der Land- und Forstwirtschaft umfasst

1. die land- und forstwirtschaftlichen Nutzungen:
   a) die landwirtschaftliche Nutzung,
   b) die forstwirtschaftliche Nutzung,
   c) die weinbauliche Nutzung,
   d) die gärtnerische Nutzung,
   e) die sonstige land- und forstwirtschaftliche Nutzung;

2. die folgenden nicht zu einer Nutzung nach Nummer 1 gehörenden Wirtschaftsgüter:
   a) Abbauland (§ 43),
   b) Geringstland (§ 44),
   c) Unland (§ 45);
3. die Nebenbetriebe (§ 42).

...

C. Grundvermögen

I. Allgemeines

§ 68
Begriff des Grundvermögens

(1) Zum Grundvermögen gehören
1. der Grund und Boden, die Gebäude, die sonstigen Bestandteile und das Zubehör,
2. das Erbbaurecht,
3. das Wohnungseigentum, Teileigentum, Wohnungserbbaurecht und Teilerbbaurecht nach dem Wohnungseigentumsgesetz,

soweit es sich nicht um land- und forstwirtschaftliches Vermögen (§ 33) oder um Betriebsgrundstücke (§ 99) handelt.

(2) In das Grundvermögen sind nicht einzubeziehen
1. Bodenschätze,
2. die Maschinen und sonstigen Vorrichtungen aller Art, die zu einer Betriebsanlage gehören (Betriebsvorrichtungen), auch wenn sie wesentliche Bestandteile sind.

Einzubeziehen sind jedoch die Verstärkungen von Decken und die nicht ausschließlich zu einer Betriebsanlage gehörenden Stützen und sonstigen Bauteile wie Mauervorlagen und Verstrebungen.

§ 69
Abgrenzung des Grundvermögens vom land- und forstwirtschaftlichen Vermögen

(1) Land- und forstwirtschaftlich genutzte Flächen sind dem Grundvermögen zuzurechnen, wenn nach ihrer Lage, den im Feststellungszeitpunkt bestehenden Verwertungsmöglichkeiten oder den sonstigen Umständen anzunehmen ist, dass sie in absehbarer Zeit anderen als

land- und forstwirtschaftlichen Zwecken, insbesondere als Bauland, Industrieland oder Land für Verkehrszwecke, dienen werden.

(2) Bildet ein Betrieb der Land- und Forstwirtschaft die Existenzgrundlage des Betriebsinhabers, so sind dem Betriebsinhaber gehörende Flächen, die von einer Stelle aus ordnungsgemäß nachhaltig bewirtschaftet werden, dem Grundvermögen nur dann zuzurechnen, wenn mit großer Wahrscheinlichkeit anzunehmen ist, dass sie spätestens nach zwei Jahren anderen als land- und forstwirtschaftlichen Zwecken dienen werden.

(3) Flächen sind stets dem Grundvermögen zuzurechnen, wenn sie in einem Bebauungsplan als Bauland festgesetzt sind, ihre sofortige Bebauung möglich ist und die Bebauung innerhalb des Plangebiets in benachbarten Bereichen begonnen hat oder schon durchgeführt ist. Satz 1 gilt nicht für die Hofstelle und für andere Flächen in unmittelbarem räumlichem Zusammenhang mit der Hofstelle bis zu einer Größe von insgesamt einem Hektar.

(4) Absatz 2 findet in den Fällen des § 55 Abs. 5 Satz 1 des Einkommensteuergesetzes keine Anwendung.

§ 70
Grundstück

(1) Jede wirtschaftliche Einheit des Grundvermögens bildet ein Grundstück im Sinne dieses Gesetzes.

...

(3) Als Grundstück im Sinne dieses Gesetzes gilt auch ein Gebäude, das auf fremdem Grund und Boden errichtet oder in sonstigen Fällen einem anderen als dem Eigentümer des Grund und Bodens zuzurechnen ist, selbst wenn es wesentlicher Bestandteil des Grund und Bodens geworden ist.

...

II. Unbebaute Grundstücke

§ 72
Begriff

(1) Unbebaute Grundstücke sind Grundstücke, auf denen sich keine benutzbaren Gebäude befinden. Die Benutzbarkeit beginnt im Zeitpunkt der Bezugsfertigkeit. Gebäude sind als bezugsfertig anzusehen, wenn den zukünftigen Bewohnern oder sonstigen Benutzern zugemu-

tet werden kann, sie zu benutzen; die Abnahme durch die Bauaufsichtsbehörde ist nicht entscheidend.

(2) Befinden sich auf einem Grundstück Gebäude, deren Zweckbestimmung und Wert gegenüber der Zweckbestimmung und dem Wert des Grund und Bodens von untergeordneter Bedeutung sind, so gilt das Grundstück als unbebaut.

(3) Als unbebautes Grundstück gilt auch ein Grundstück, auf dem infolge der Zerstörung oder des Verfalls der Gebäude auf die Dauer benutzbarer Raum nicht mehr vorhanden ist.

§ 73
Baureife Grundstücke

(1) Innerhalb der unbebauten Grundstücke bilden die baureifen Grundstücke eine besondere Grundstücksart.

(2) Baureife Grundstücke sind unbebaute Grundstücke, wenn sie in einem Bebauungsplan als Bauland festgesetzt sind, ihre sofortige Bebauung möglich ist und die Bebauung innerhalb des Plangebiets in benachbarten Bereichen begonnen hat oder schon durchgeführt ist. Zu den baureifen Grundstücken gehören nicht Grundstücke, die für den Gemeindebedarf vorgesehen sind.

...

9b.
Bewertungsgesetz der ehemaligen DDR

i. d. F. der Bek. vom 18.9.1970 (GBl Sonderdruck Nr. 674 S. 3)

– Auszug –

§ 10
Bewertungsgrundsatz

(1) Bei Bewertungen ist, soweit nichts anderes vorgeschrieben ist, der Preis anzusetzen, der im gewöhnlichen Geschäftsverkehr nach der Beschaffenheit des Wirtschaftsgutes bei einer Veräußerung zu erzielen wäre. Dabei sind alle Umstände, die den Preis beeinflussen, zu berücksichtigen. Ungewöhnliche oder persönliche Verhältnisse sind nicht zu berücksichtigen.

(2) Als persönliche Verhältnisse sind auch Verfügungsbeschränkungen anzusehen, die in der Person des Steuerpflichtigen oder eines Rechtsvorgängers begründet sind. Das gilt insbesondere für Verfügungsbeschränkungen, die auf letztwilligen Anordnungen beruhen.

§ 11
Mit Grundbesitz verbundene Rechte, Bestandteile und Zubehör

(1) Bei Grundbesitz erstreckt sich die Bewertung auf die Rechte und Nutzungen, die mit dem Grundbesitz als solchem verbunden sind. Rechte, die den Vorschriften des Zivilrechts über Grundstücke unterliegen (grundstücksgleiche Rechte) werden selbständig wie Grundbesitz behandelt.

(2) Wird bei Bewertung von in der Deutschen Demokratischen Republik befindlichem Grundbesitz als solchem der Wert gemäß § 10 zugrunde gelegt, so sind die Bestandteile einzubeziehen. Das Zubehör ist außer Betracht zu lassen. Maschinen und sonstige Vorrichtungen aller Art, die zu einer Betriebsanlage gehören, sind nicht zu berücksichtigen, auch wenn sie wesentliche Bestandteile des Grundbesitzes sind.

(3) Bei der Bewertung von Grundbesitz in anderen Staaten als solchem ist neben den Bestandteilen auch das Zubehör zu berücksichtigen. Zahlungsmittel, Geldforderungen, Wertpapiere und Geldschulden sind nicht einzubeziehen.

...

II. Grundvermögen

§ 50
Begriff des Grundvermögens

(1) Zum Grundvermögen gehört der Grund und Boden einschließlich der Bestandteile (insbesondere Gebäude) und des Zubehörs. In das Grundvermögen werden nicht einbezogen die Maschinen und sonstigen Vorrichtungen aller Art, die zu einer Betriebsanlage gehören, auch wenn sie wesentliche Bestandteile sind. Jede wirtschaftliche Einheit des Grundvermögens bildet ein selbständiges Grundstück im Sinne dieses Gesetzes.

(2) Als Grundstücke gelten auch das Erbbaurecht und sonstige grundstücksgleiche Rechte.

(3) Als Grundstück gilt auch ein Gebäude, das auf fremdem Grund und Boden errichtet ist, selbst wenn es wesentlicher Bestandteil des Grund und Bodens geworden ist.

§ 51
Abgrenzung des Grundvermögens von anderen Vermögensarten

(1) Zum Grundvermögen gehört nicht Grundbesitz, der zum land- und forstwirtschaftlichen Vermögen gehört.

(2) Land- und forstwirtschaftlich genutzte Grundstücksflächen sind dem Grundvermögen zuzurechnen, wenn nach ihrer Lage und den sonstigen Verhältnissen, insbesondere mit Rücksicht auf die bestehenden Verwertungsmöglichkeiten, anzunehmen ist, dass sie in absehbarer Zeit anderen als land- und forstwirtschaftlichen Zwecken dienen werden, z. B. wenn sie hiernach als Bauland, Industrieland oder als Land für Verkehrszwecke anzusehen sind.

(3) – *gegenstandslos* –

(4) Zum Grundvermögen gehören nicht die Betriebsgrundstücke (§ 57) und die Gewerbeberechtigungen (§ 58).

§ 52
Bewertung von bebauten Grundstücken

(1) Für die Bewertung der bebauten und der im Bau befindlichen Grundstücke erlässt der Minister der Finanzen die erforderlichen Rechtsvorschriften.

(2) Mindestens ist der Wert anzusetzen, mit dem der Grund und Boden allein als unbebautes Grundstück nach § 53 zu bewerten wäre.

§ 53
Bewertung von unbebauten Grundstücken

Unbebaute Grundstücke sind mit dem Wert gemäß § 10 zu bewerten.

10.
Grundsteuergesetz (GrStG)[1]

vom 7.8.1973 (BGBl. I S. 965),
zuletzt geändert durch Art. 38 G vom 19.12.2008 (BGBl. I S. 2794)

– Auszug –

ABSCHNITT I
Steuerpflicht

§ 1
Heberecht

(1) Die Gemeinde bestimmt, ob von dem in ihrem Gebiet liegenden Grundbesitz Grundsteuer zu erheben ist.

...

§ 2
Steuergegenstand

Steuergegenstand ist der Grundbesitz im Sinne des Bewertungsgesetzes:
1. die Betriebe der Land- und Forstwirtschaft (§§ 33, 48a und 51a des Bewertungsgesetzes). Diesen stehen die in § 99 Abs. 1 Nr. 2 des Bewertungsgesetzes bezeichneten Betriebsgrundstücke gleich;
2. die Grundstücke (§§ 68, 70 des Bewertungsgesetzes). Diesen stehen die in § 99 Abs. 1 Nr. 1 des Bewertungsgesetzes bezeichneten Betriebsgrundstücke gleich.

...

§ 9
Stichtag für die Festsetzung der Grundsteuer, Entstehung der Steuer

(1) Die Grundsteuer wird nach den Verhältnissen zu Beginn des Kalenderjahres festgesetzt.

---

[1] Dieses Gesetz ist Art. 1 des Gesetzes zur Reform des Grundsteuerrechts vom 7.8.1973 (BGBl. I S. 965). Es ist am 12.8.1973 in Kraft getreten.

(2) Die Steuer entsteht mit dem Beginn des Kalenderjahres, für das die Steuer festzusetzen ist.

§ 10
Steuerschuldner

(1) Schuldner der Grundsteuer ist derjenige, dem der Steuergegenstand bei der Feststellung des Einheitswerts zugerechnet ist.

(2) Derjenige, dem ein Erbbaurecht, ein Wohnungserbbaurecht oder ein Teilerbbaurecht zugerechnet ist, ist auch Schuldner der Grundsteuer für die wirtschaftliche Einheit des belasteten Grundstücks.

(3) Ist der Steuergegenstand mehreren Personen zugerechnet, so sind sie Gesamtschuldner.

§ 11
Persönliche Haftung

(1) Neben dem Steuerschuldner haften der Nießbraucher des Steuergegenstandes und derjenige, dem ein dem Nießbrauch ähnliches Recht zusteht.

(2) Wird ein Steuergegenstand ganz oder zu einem Teil einer anderen Person übereignet, so haftet der Erwerber neben dem früheren Eigentümer für die auf den Steuergegenstand oder Teil des Steuergegenstandes entfallende Grundsteuer, die für die Zeit seit dem Beginn des letzten vor der Übereignung liegenden Kalenderjahres zu entrichten ist. Das gilt nicht für Erwerbe aus einer Insolvenzmasse und für Erwerbe im Vollstreckungsverfahren.

§ 12
Dingliche Haftung

Die Grundsteuer ruht auf dem Steuergegenstand als öffentliche Last.

ABSCHNITT II
Bemessung der Grundsteuer

§ 13
Steuermesszahl und Steuermessbetrag

(1) Bei der Berechnung der Grundsteuer ist von einem Steuermessbetrag auszugehen. Dieser ist durch Anwendung eines Tausendsatzes

(Steuermesszahl) auf den Einheitswert oder seinen steuerpflichtigen Teil zu ermitteln, der nach dem Bewertungsgesetz im Veranlagungszeitpunkt (§ 16 Abs. 1, § 17 Abs. 3, § 18 Abs. 3) für den Steuergegenstand maßgebend ist.

§ 14
Steuermesszahl für Betriebe der Land- und Forstwirtschaft

Für Betriebe der Land- und Forstwirtschaft beträgt die Steuermesszahl 6 vom Tausend.

§ 15
Steuermesszahl für Grundstücke

(1) Die Steuermesszahl beträgt 3,5 vom Tausend.

(2) Abweichend von Absatz 1 beträgt die Steuermesszahl

1. für Einfamilienhäuser im Sinne des § 75 Abs. 5 des Bewertungsgesetzes mit Ausnahme des Wohnungseigentums und des Wohnungserbbaurechts einschließlich des damit belasteten Grundstücks 2,6 vom Tausend für die ersten 38 346,89 Euro des Einheitswerts oder seines steuerpflichtigen Teils und 3,5 vom Tausend für den Rest des Einheitswerts oder seines steuerpflichtigen Teils;
2. für Zweifamilienhäuser im Sinne des § 75 Abs. 6 des Bewertungsgesetzes 3,1 vom Tausend.

§ 16
Hauptveranlagung

(1) Die Steuermessbeträge werden auf den Hauptfeststellungszeitpunkt (§ 21 Abs. 2 des Bewertungsgesetzes) allgemein festgesetzt (Hauptveranlagung). Dieser Zeitpunkt ist der Hauptveranlagungszeitpunkt.

(2) Der bei der Hauptveranlagung festgesetzte Steuermessbetrag gilt vorbehaltlich der §§ 17 und 20 von dem Kalenderjahr an, das zwei Jahre nach dem Hauptveranlagungszeitpunkt beginnt. Dieser Steuermessbetrag bleibt unbeschadet der §§ 17 und 20 bis zu dem Zeitpunkt maßgebend, von dem an die Steuermessbeträge der nächsten Hauptveranlagung wirksam werden. Der sich nach den Sätzen 1 und 2 ergebende Zeitraum ist der Hauptveranlagungszeitraum.

(3) Ist die Festsetzungsfrist (§ 169 der Abgabenordnung) bereits abgelaufen, so kann die Hauptveranlagung unter Zugrundelegung der Verhältnisse vom Hauptveranlagungszeitpunkt mit Wirkung für

einen späteren Veranlagungszeitpunkt vorgenommen werden, für den diese Frist noch nicht abgelaufen ist.

§ 17
Neuveranlagung

(1) Wird eine Wertfortschreibung (§ 22 Abs. 1 des Bewertungsgesetzes) oder eine Artfortschreibung oder Zurechnungsfortschreibung (§ 22 Abs. 2 des Bewertungsgesetzes) durchgeführt, so wird der Steuermessbetrag auf den Fortschreibungszeitpunkt neu festgesetzt (Neuveranlagung).

(2) Der Steuermessbetrag wird auch dann neu festgesetzt, wenn dem Finanzamt bekannt wird, dass

1. Gründe, die im Feststellungsverfahren über den Einheitswert nicht zu berücksichtigen sind, zu einem anderen als dem für den letzten Veranlagungszeitpunkt festgesetzten Steuermessbetrag führen oder

2. die letzte Veranlagung fehlerhaft ist; § 176 der Abgabenordnung ist hierbei entsprechend anzuwenden; das gilt jedoch nur für Veranlagungszeitpunkte, die vor der Verkündung der maßgeblichen Entscheidung eines obersten Gerichts des Bundes liegen.

(3) Der Neuveranlagung werden die Verhältnisse im Neuveranlagungszeitpunkt zugrunde gelegt. Neuveranlagungszeitpunkt ist

...

§ 18
Nachveranlagung

(1) Wird eine Nachfeststellung (§ 23 Abs. 1 des Bewertungsgesetzes) durchgeführt, so wird der Steuermessbetrag auf den Nachfeststellungszeitpunkt nachträglich festgesetzt (Nachveranlagung).

...

(3) Der Nachveranlagung werden die Verhältnisse im Nachveranlagungszeitpunkt zugrunde gelegt. Nachveranlagungszeitpunkt ist

...

ABSCHNITT III
Festsetzung und Entrichtung der Grundsteuer

§ 25
Festsetzung des Hebesatzes

(1) Die Gemeinde bestimmt, mit welchem Hundertsatz des Steuermessbetrags oder des Zerlegungsanteils die Grundsteuer zu erheben ist (Hebesatz).

(2) Der Hebesatz ist für ein oder mehrere Kalenderjahre, höchstens jedoch für den Hauptveranlagungszeitraum der Steuermessbeträge festzusetzen.

(3) Der Beschluss über die Festsetzung oder Änderung des Hebesatzes ist bis zum 30. Juni eines Kalenderjahres mit Wirkung vom Beginn dieses Kalenderjahres zu fassen. Nach diesem Zeitpunkt kann der Beschluss über die Festsetzung des Hebesatzes gefasst werden, wenn der Hebesatz die Höhe der letzten Festsetzung nicht überschreitet.

(4) Der Hebesatz muss jeweils einheitlich sein
1. für die in einer Gemeinde liegenden Betriebe der Land- und Forstwirtschaft;
2. für die in einer Gemeinde liegenden Grundstücke.

Wird das Gebiet von Gemeinden geändert, so kann die Landesregierung oder die von ihr bestimmte Stelle für die von der Änderung betroffenen Gebietsteile auf eine bestimmte Zeit verschiedene Hebesätze zulassen.

§ 26
Koppelungsvorschriften und Höchsthebesätze

In welchem Verhältnis die Hebesätze für die Grundsteuer der Betriebe der Land- und Forstwirtschaft, für die Grundsteuer der Grundstücke und für die Gewerbesteuer zueinander stehen müssen, welche Höchstsätze nicht überschritten werden dürfen und inwieweit mit Genehmigung der Gemeindeaufsichtsbehörde Ausnahmen zugelassen werden können, bleibt einer landesrechtlichen Regelung vorbehalten.

§ 27
Festsetzung der Grundsteuer

(1) Die Grundsteuer wird für das Kalenderjahr festgesetzt. Ist der Hebesatz für mehr als ein Kalenderjahr festgesetzt, kann auch die jährlich zu erhebende Grundsteuer für die einzelnen Kalenderjahre dieses Zeitraums festgesetzt werden.

(2) Wird der Hebesatz geändert (§ 25 Abs. 3), so ist die Festsetzung nach Absatz 1 zu ändern.

(3) Für diejenigen Steuerschuldner, die für das Kalenderjahr die gleiche Grundsteuer wie im Vorjahr zu entrichten haben, kann die Grundsteuer durch öffentliche Bekanntmachung festgesetzt werden. Für die Steuerschuldner treten mit dem Tage der öffentlichen Bekanntmachung die gleichen Rechtswirkungen ein, wie wenn ihnen an diesem Tage ein schriftlicher Steuerbescheid zugegangen wäre.

§ 28
Fälligkeit

(1) Die Grundsteuer wird zu je einem Viertel ihres Jahresbetrags am 15. Februar, 15. Mai, 15. August und 15. November fällig.

(2) Die Gemeinden können bestimmen, dass Kleinbeträge wie folgt fällig werden:
1. am 15. August mit ihrem Jahresbetrag, wenn dieser fünfzehn Euro nicht übersteigt;
2. am 15. Februar und 15. August zu je einer Hälfte ihres Jahresbetrags, wenn dieser dreißig Euro nicht übersteigt.

(3) Auf Antrag des Steuerschuldners kann die Grundsteuer abweichend vom Absatz 1 oder Absatz 2 Nr. 2 am 1. Juli in einem Jahresbetrag entrichtet werden. Der Antrag muss spätestens bis zum 30. September des vorangehenden Kalenderjahres gestellt werden. Die beantragte Zahlungsweise bleibt so lange maßgebend, bis ihre Änderung beantragt wird; die Änderung muss spätestens bis zum 30. September des vorangehenden Jahres beantragt werden.

11.
Gesetz zur Regelung offener Vermögensfragen (Vermögensgesetz – VermG)

i.d.F. der Bek. vom 9.2.2005 (BGBl. I S. 205),
zuletzt geändert durch Art. 6 G vom 1.10.2013 (BGBl. I S. 3719)

– Auszug –

ABSCHNITT I
Allgemeine Bestimmungen

§ 1
Geltungsbereich

(1) Dieses Gesetz regelt vermögensrechtliche Ansprüche an Vermögenswerten, die

a) entschädigungslos enteignet und in Volkseigentum überführt wurden;

b) gegen eine geringere Entschädigung enteignet wurden, als sie Bürgern der früheren Deutschen Demokratischen Republik zustand;

c) durch staatliche Verwalter oder nach Überführung in Volkseigentum durch den Verfügungsberechtigten an Dritte veräußert wurden;

d) auf der Grundlage des Beschlusses des Präsidiums des Ministerrates vom 9. Februar 1972 und im Zusammenhang stehender Regelungen in Volkseigentum übergeleitet wurden.

(2) Dieses Gesetz gilt des Weiteren für bebaute Grundstücke und Gebäude, die aufgrund nicht kostendeckender Mieten und infolgedessen eingetretener oder unmittelbar bevorstehender Überschuldung durch Enteignung, Eigentumsverzicht, Schenkung oder Erbausschlagung in Volkseigentum übernommen wurden.

(3) Dieses Gesetz betrifft auch Ansprüche an Vermögenswerten sowie Nutzungsrechte, die aufgrund unlauterer Machenschaften, zum Beispiel durch Machtmissbrauch, Korruption, Nötigung oder Täuschung von Seiten des Erwerbers, staatlicher Stellen oder Dritter, erworben wurden.

(4) Dieses Gesetz regelt ferner die Aufhebung der

- staatlichen Treuhandverwaltung über Vermögenswerte von Bürgern, die das Gebiet der Deutschen Demokratischen Republik ohne die zum damaligen Zeitpunkt erforderliche Genehmigung verlassen haben;
- vorläufigen Verwaltung über Vermögenswerte von Bürgern der Bundesrepublik Deutschland und Berlin (West) sowie von juristischen Personen mit Sitz in der Bundesrepublik Deutschland oder Berlin (West), die Staatsorganen der Deutschen Demokratischen Republik durch Rechtsvorschrift übertragen wurde;
- Verwaltung des ausländischen Vermögens, die der Regierung der Deutschen Demokratischen Republik übertragen wurde

(im Folgenden staatliche Verwaltung genannt) und die damit im Zusammenhang stehenden Ansprüche der Eigentümer und Berechtigten.

(5) Dieses Gesetz schließt die Behandlung von Forderungen und anderen Rechten in Bezug auf Vermögenswerte gemäß den Absätzen 1 bis 4 ein.

(6) Dieses Gesetz ist entsprechend auf vermögensrechtliche Ansprüche von Bürgern und Vereinigungen anzuwenden, die in der Zeit vom 30. Januar 1933 bis zum 8. Mai 1945 aus rassischen, politischen, religiösen oder weltanschaulichen Gründen verfolgt wurden und deshalb ihr Vermögen infolge von Zwangsverkäufen, Enteignungen oder auf andere Weise verloren haben. Zugunsten des Berechtigten wird ein verfolgungsbedingter Vermögensverlust nach Maßgabe des II. Abschnitts der Anordnung BK/O (49) 180 der Alliierten Kommandantur Berlin vom 26. Juli 1949 (VOBl. für Groß-Berlin I S. 221) vermutet.

(7) Dieses Gesetz gilt entsprechend für die Rückgabe von Vermögenswerten, die im Zusammenhang mit der nach anderen Vorschriften erfolgten Aufhebung rechtsstaatswidriger straf-, ordnungsstraf- oder verwaltungsrechtlicher Entscheidungen steht.

(8) Dieses Gesetz gilt vorbehaltlich seiner Bestimmungen über Zuständigkeiten und Verfahren nicht für

a) Enteignungen von Vermögenswerten auf besatzungsrechtlicher oder besatzungshoheitlicher Grundlage; Ansprüche nach den Absätzen 6 und 7 bleiben unberührt;
b) vermögensrechtliche Ansprüche, die seitens der Deutschen Demokratischen Republik durch zwischenstaatliche Vereinbarungen geregelt wurden;
c) Anteilrechte an der Altguthabenablösungsanleihe;

d) Ansprüche von Gebietskörperschaften des beitretenden Gebiets gemäß Artikel 3 des Einigungsvertrages, soweit sie vom Kommunalvermögensgesetz vom 6. Juli 1990 (GBl. I Nr. 42 S. 660) erfasst sind.

...

ABSCHNITT II
Rückübertragung von Vermögenswerten

§ 3
Grundsatz

(1) Vermögenswerte, die den Maßnahmen im Sinne des § 1 unterlagen und in Volkseigentum überführt oder an Dritte veräußert wurden, sind auf Antrag an die Berechtigten zurückzuübertragen, soweit dies nicht nach diesem Gesetz ausgeschlossen ist. Der Anspruch auf Rückübertragung, Rückgabe oder Entschädigung kann abgetreten, verpfändet oder gepfändet werden; die Abtretung ist unwirksam, wenn sie unter einer Bedingung oder Zeitbestimmung erfolgt; sie und die Verpflichtung hierzu bedürfen der notariellen Beurkundung, wenn der Anspruch auf Rückübertragung eines Grundstücks, Gebäudes oder Unternehmens gerichtet ist; eine ohne Beachtung dieser Form eingegangene Verpflichtung oder Abtretung wird ihrem ganzen Inhalte nach gültig, wenn das Eigentum an dem Grundstück, Gebäude oder Unternehmen gemäß § 34 oder sonst wirksam auf den Erwerber des Anspruchs übertragen wird. Ein Berechtigter, der einen Antrag auf Rückgabe eines Unternehmens stellt oder stellen könnte, kann seinen Antrag nicht auf die Rückgabe einzelner Vermögensgegenstände beschränken, die sich im Zeitpunkt der Schädigung in seinem Eigentum befanden; § 6 Abs. 6a Satz 1 bleibt unberührt. Gehören Vermögensgegenstände, die mit einem nach § 1 Abs. 6 in Verbindung mit § 6 zurückzugebenden oder einem nach diesem oder einem anderen nach dem 8. Mai 1945 ergangenen Gesetz bereits zurückgegebenen Unternehmen entzogen oder von ihm später angeschafft worden sind, aus irgendwelchen Gründen nicht mehr zum Vermögen des Unternehmens, so kann der Berechtigte verlangen, dass ihm an diesen Gegenständen im Wege der Einzelrestitution in Höhe der ihm entzogenen Beteiligung Bruchteilseigentum eingeräumt wird; dieser Anspruch besteht auch, wenn eine unmittelbare oder mittelbare Beteiligung an einem Unternehmen Gegenstand der Schädigung nach § 1 Abs. 6 ist und das Unternehmen zum Zeitpunkt der Schädigung nicht

von Maßnahmen nach § 1 betroffen war; in Fällen der mittelbaren Beteiligung gilt dies nur, wenn das Beteiligungsunternehmen jeweils mehr als den fünften Teil der Anteile, auf deren Berechnung § 16 Abs. 2 und 4 des Aktiengesetzes anzuwenden ist, am gezeichneten Kapital eines Unternehmens besaß; als Zeitpunkt der Schädigung gilt der Zeitpunkt der Entziehung des Unternehmens oder der Beteiligung. Berechtigter im Sinne des Satzes 4 ist der geschädigte Gesellschafter und nicht das in § 6 Abs. 1a bezeichnete Unternehmen. Es wird vermutet, dass Gegenstände, die von einem dieser Unternehmen bis zum 8. Mai 1945 angeschafft worden sind, mit Mitteln des Unternehmens erworben wurden. Dem Verfügungsberechtigten ist auf seinen Antrag zu gestatten, den Anspruch des Berechtigten auf Einräumung von Bruchteilseigentum mit dem anteiligen Verkehrswert abzufinden. Ist der Anspruch auf Vermögenswerte gerichtet, die zu einem selbstständigen Unternehmen zusammengefasst sind oder ohne erhebliche wirtschaftliche Nachteile für den Berechtigten zu einem Unternehmen zusammengefasst werden können, so ist der Berechtigte auf Antrag des Verfügungsberechtigten an dem Unternehmen entsprechend zu beteiligen; gehören solche Vermögenswerte zu einem Unternehmen, das auch anderes Vermögen besitzt, so ist auf Antrag des Verfügungsberechtigten dem Berechtigten eine entsprechende Beteiligung an dem die Vermögenswerte besitzenden Unternehmen einzuräumen, wenn dies nicht zu erheblichen wirtschaftlichen Nachteilen für den Berechtigten führt. Der Berechtigte hat dem Verfügungsberechtigten die nach dem 2. Oktober 1990 aufgewendeten Kosten für vor der Konkretisierung des Antrags auf Rückübertragung (§ 11 Abs. 1 Grundstücksverkehrsordnung) in Bezug auf den Vermögenswert durchgeführte oder begonnene Bebauungs-, Modernisierungs- oder Instandsetzungsmaßnahmen anteilig zu erstatten, sobald über die Einräumung von Bruchteilseigentum bestandskräftig entschieden wurde, soweit diese Kosten nicht mit Entgelten im Sinne des § 7 Abs. 7 Satz 2 und 4 oder entsprechend der Finanzierung mit künftigen Entgelten dieser Art verrechenbar sind; im Streitfall entscheiden die ordentlichen Gerichte. Die Sätze 4 bis 9 sind entsprechend auf Vermögenswerte anzuwenden, die nach § 1 Abs. 6 in Verbindung mit § 6 Abs. 6a Satz 1 zurückzuübertragen sind, auch wenn sie schon vor der Stilllegung nicht mehr zum Vermögen des Unternehmens gehörten; § 6 Abs. 1a, Abs. 6a Satz 2 gilt nicht. Die Sätze 4 bis 10 sind nicht anzuwenden, wenn für den Wohnungsbau bestimmte Vermögenswerte entsprechend dem überwiegenden Unternehmenszweck eines Entwicklungs-, Siedlungs- oder Wohnungsbauunternehmens, wie er vor der Schädigung bestanden hat, bis zum 8. Mai 1945 an natürliche Personen veräußert wurden, es sei denn, die Veräußerung ist nicht zu einem für das Unternehmen üblichen Preis erfolgt.

(1a) Die Rückübertragung von dinglichen Rechten an einem Grundstück oder Gebäude erfolgt dadurch, dass das Amt zur Regelung offener Vermögensfragen diese an rangbereiter Stelle in dem Umfang begründet, in dem sie nach § 16 zu übernehmen wären. Auf Geldleistung gerichtete Rechte können nur in Deutscher Mark begründet werden. Eine Haftung für Zinsen kann höchstens in Höhe von 13 vom Hundert ab dem Tag der Entscheidung über die Rückübertragung begründet werden. Kann das frühere Recht nach den seit dem 3. Oktober 1990 geltenden Vorschriften nicht wiederbegründet werden, ist dasjenige Recht zu begründen, das dem früheren Recht entspricht oder am ehesten entspricht. Bei Grundpfandrechten ist die Erteilung eines Briefes ausgeschlossen. Hypotheken und Aufbauhypotheken nach dem Zivilgesetzbuch der Deutschen Demokratischen Republik sind als Hypotheken zu begründen. Eine Wiederbegründung erfolgt nicht, wenn der Eigentümer des Grundstücks das zu begründende Grundpfandrecht oder eine dadurch gesicherte Forderung ablöst. Eine Wiederbegründung erfolgt ferner nicht, wenn die Belastung mit dem Recht für den Eigentümer des Grundstücks mit Nachteilen verbunden ist, welche den beim Berechtigten durch die Nichtbegründung des Rechts entstehenden Schaden erheblich überwiegen und der Eigentümer des Grundstücks dem Berechtigten die durch die Nichtbegründung des Rechts entstehenden Vermögensnachteile ausgleicht.

(2) Werden von mehreren Personen Ansprüche auf Rückübertragung desselben Vermögenswertes geltend gemacht, so gilt derjenige als Berechtigter, der von einer Maßnahme gemäß des § 1 als Erster betroffen war.

(3) Liegt ein Antrag nach § 30 vor, so ist der Verfügungsberechtigte verpflichtet, den Abschluss dinglicher Rechtsgeschäfte oder die Eingehung langfristiger vertraglicher Verpflichtungen ohne Zustimmung des Berechtigten zu unterlassen. Ausgenommen sind solche Rechtsgeschäfte, die

a) zur Erfüllung von Rechtspflichten des Eigentümers, insbesondere bei Anordnung eines Modernisierungs- und Instandsetzungsgebots nach § 177 des Baugesetzbuchs zur Beseitigung der Missstände und zur Behebung der Mängel oder

b) zur Erhaltung und Bewirtschaftung des Vermögenswerts

erforderlich sind. Ausgenommen sind, soweit sie nicht bereits nach den Sätzen 2 und 5 ohne Zustimmung des Berechtigten zulässig sind, ferner Instandsetzungsmaßnahmen, wenn die hierfür aufzuwendenden Kosten den Verfügungsberechtigten als Vermieter nach Rechtsvorschriften zu einer Erhöhung der jährlichen Miete berechtigen. Der Berechtigte ist verpflichtet, dem Verfügungsberechtigten die aufgewendeten Kosten, soweit diese durch eine instandsetzungsbedingte Mieterhöhung nicht bereits ausgeglichen sind, zu erstatten, sobald über die Rückübertragung des Eigentums bestandskräftig entschieden ist. Satz 2 gilt entsprechend für Maßnahmen der in Satz 2 Buchstabe a bezeichneten Art, die ohne eine Anordnung nach § 177 des Baugesetzbuchs vorgenommen werden, wenn die Kosten der Maßnahmen von der Gemeinde oder einer anderen Stelle nach Maßgabe des § 177 Abs. 4 und 5 des Baugesetzbuchs erstattet werden. Der Verfügungsberechtigte hat diese Rechtsgeschäfte so zu führen, wie das Interesse des Berechtigten mit Rücksicht auf dessen wirklichen oder mutmaßlichen Willen es erfordert, soweit dem nicht das Gesamtinteresse des von dem Verfügungsberechtigten geführten Unternehmens entgegensteht; § 678 des Bürgerlichen Gesetzbuchs ist entsprechend anzuwenden, jedoch bleiben die Befugnisse als gegenwärtig Verfügungsberechtigter in den Fällen des § 177 des Baugesetzbuchs und der Sätze 3 und 5 sowie nach dem Investitionsgesetz von diesem Satz unberührt. Der Verfügungsberechtigte ist zur Liquidation berechtigt und zur Abwendung des Insolvenzverfahrens nicht verpflichtet, wenn der Berechtigte trotz Aufforderung innerhalb eines Monats einen Antrag auf vorläufige Einweisung nach § 6a nicht stellt oder ein solcher Antrag abgelehnt worden ist. Dies gilt auch bei verspäteter Anmeldung. Die Treuhandanstalt ist zur Abwendung des Insolvenzverfahrens nicht verpflichtet, wenn der Berechtigte bis zum 1. September 1992 keinen Antrag nach § 6a zur vorläufigen Einweisung gestellt hat oder wenn über einen gestellten Antrag bis zum 1. Dezember 1992 nicht entschieden worden ist.

(4) Wird die Anmeldefrist (§ 3 der Anmeldeverordnung) versäumt und liegt keine verspätete Anmeldung vor, kann der Verfügungsberechtigte über das Eigentum verfügen oder schuldrechtliche oder dingliche Verpflichtungen eingehen. Ist über das Eigentum noch nicht verfügt worden, so kann der Berechtigte den Anspruch auf Rückübertragung noch geltend machen. Anderenfalls steht ihm nur noch ein Anspruch auf den Erlös zu. Übernimmt die Bundesanstalt für vereinigungsbedingte Sonderaufgaben oder die Bundesanstalt für Immobilienaufgaben oder eine sonstige Behörde des Bundes die einem Verfügungsberechtigten obliegende Verpflichtung zur Auszahlung des Erlöses oder zur Zahlung des Verkehrswertes aus einer mit Zustimmung des Berechtigten erfolgten Veräußerung, bedarf es für die Über-

tragung dieser Verpflichtung der Zustimmung des Gläubigers nach § 415 des Bürgerlichen Gesetzbuches nicht. Dies gilt ebenfalls in den Fällen des Anwendungsbereiches des Satzes 3.

(5) Der Verfügungsberechtigte hat sich vor einer Verfügung bei dem Amt zur Regelung offener Vermögensfragen, in dessen Bezirk der Vermögenswert belegen ist, und, soweit ein Unternehmen betroffen ist, bei dem Landesamt zur Regelung offener Vermögensfragen, in dessen Bezirk das Unternehmen seinen Sitz (Hauptniederlassung) hat, zu vergewissern, dass keine Anmeldung im Sinne des Absatzes 3 hinsichtlich des Vermögenswertes vorliegt; diese Pflicht besteht in beiden Fallgruppen auch gegenüber dem Bundesamt für zentrale Dienste und offene Vermögensfragen.

...

ABSCHNITT III
Aufhebung der staatlichen Verwaltung

§ 11
Grundsatz

(1) Die staatliche Verwaltung über Vermögenswerte wird auf Antrag des Berechtigten durch Entscheidung der Behörde aufgehoben. Der Berechtigte kann stattdessen unter Verzicht auf sein Eigentum Entschädigung nach dem Entschädigungsgesetz wählen. In diesem Fall steht das Aneignungsrecht dem Entschädigungsfonds zu. Mit dem Wirksamwerden des Verzichts wird der Berechtigte von allen Verpflichtungen frei, die auf den Zustand des Vermögenswertes seit Anordnung der staatlichen Verwaltung zurückzuführen sind. Bei staatlich verwalteten Unternehmen gehen die Gesellschafterrechte oder das Unternehmensvermögen eines Einzelkaufmanns oder einer Gesellschaft im Sinne des § 6 Abs. 1a Satz 4 mit dem Verzicht auf die Bundesanstalt für vereinigungsbedingte Sonderaufgaben über. Sie haftet nur mit dem übergegangenen Unternehmensvermögen. Erzielt die Bundesanstalt für vereinigungsbedingte Sonderaufgaben einen Verwertungserlös, so gibt sie diesen an den Entschädigungsfonds heraus.

(2) Hat der Berechtigte seinen Anspruch bis zum Ablauf der Anmeldefrist (§ 3 der Anmeldeverordnung) nicht angemeldet, ist der staatliche Verwalter berechtigt, über den verwalteten Vermögenswert zu verfügen. Die Verfügung über den Vermögenswert ist nicht mehr

zulässig, wenn der Berechtigte seinen Anspruch am verwalteten Vermögen nach Ablauf der Frist angemeldet hat.

(3) Der Verwalter hat sich vor einer Verfügung zu vergewissern, dass keine Anmeldung im Sinne der Anmeldeverordnung vorliegt.

(4) Dem Berechtigten steht im Falle der Verfügung der Verkaufserlös zu. Wird von dem Berechtigten kein Anspruch angemeldet, ist der Verkaufserlös an die für den Entschädigungsfonds zuständige Behörde zur Verwaltung abzuführen.

(5) Soweit staatlich verwaltete Geldvermögen aufgrund von Vorschriften diskriminierenden oder sonst benachteiligenden Charakters gemindert wurden, wird ein Ausgleich nach § 5 Abs. 1 Satz 6 des Entschädigungsgesetzes gewährt.

(6) Ist für Kontoguthaben oder sonstige privatrechtliche geldwerte Ansprüche, die unter staatlicher Verwaltung standen und zum 1. Juli 1990 auf Deutsche Mark umgestellt worden sind, Hauptentschädigung nach dem Lastenausgleichsgesetz gezahlt worden, gehen diese Ansprüche insoweit auf den Entschädigungsfonds über; die Ausgleichsverwaltung teilt der auszahlenden Stelle die Höhe der Hauptentschädigung mit. Ist das Kontoguthaben schon an den Berechtigten ausgezahlt worden, wird die gewährte Hauptentschädigung nach den Vorschriften des Lastenausgleichsgesetzes durch die Ausgleichsverwaltung zurückgefordert. Die auszahlende Stelle teilt dem Bundesamt für zentrale Dienste und offene Vermögensfragen und der Ausgleichsverwaltung den an den Berechtigten ausgezahlten Betrag ohne besondere Aufforderung mit (Kontrollmitteilung); die übermittelten Daten dürfen nur für die gesetzlichen Aufgaben der Ausgleichsverwaltung verwendet werden.

§ 11a
Beendigung der staatlichen Verwaltung

(1) Die staatliche Verwaltung über Vermögenswerte endet auch ohne Antrag des Berechtigten mit Ablauf des 31. Dezember 1992. Das Wahlrecht nach § 11 Abs. 1 Satz 2 muss bis zum Ablauf zweier Monate nach Inkrafttreten des Entschädigungsgesetzes ausgeübt werden. Ist der Vermögenswert ein Grundstück oder ein Gebäude, so gilt der bisherige staatliche Verwalter weiterhin als befugt, eine Verfügung vorzunehmen, zu deren Vornahme er sich wirksam verpflichtet hat, wenn vor dem 1. Januar 1993 die Eintragung des Rechts oder die Eintragung einer Vormerkung zur Sicherung des Anspruchs bei dem Grundbuchamt beantragt worden ist.

(2) Ist in dem Grundbuch eines bisher staatlich verwalteten Grundstücks oder Gebäudes ein Vermerk über die Anordnung der staatlichen Verwaltung eingetragen, so wird dieser mit Ablauf des 31. Dezember 1992 gegenstandslos. Er ist von dem Grundbuchamt auf Antrag des Eigentümers oder des bisherigen staatlichen Verwalters zu löschen.

(3) Von dem Ende der staatlichen Verwaltung an treffen den bisherigen staatlichen Verwalter, bei Unklarheit über seine Person den Landkreis oder die kreisfreie Stadt, in dessen oder deren Bezirk der Vermögenswert liegt, die den Beauftragten nach dem Bürgerlichen Gesetzbuch bei Beendigung seines Auftrags obliegenden Pflichten. Der Verwalter kann die Erfüllung der in Satz 1 genannten Pflichten längstens bis zum 30. Juni 1993 ablehnen, wenn und soweit ihm die Erfüllung aus organisatorischen Gründen nicht möglich ist.

(4) Mit der Aufhebung der staatlichen Verwaltung gehen Nutzungsverhältnisse an einem Grundstück oder Gebäude auf den Eigentümer über.

...

ABSCHNITT IV
Rechtsverhältnisse zwischen Berechtigten und Dritten

§ 16
Übernahme von Rechten und Pflichten

(1) Mit der Rückübertragung von Eigentumsrechten oder der Aufhebung der staatlichen Verwaltung sind die Rechte und Pflichten, die sich aus dem Eigentum am Vermögenswert ergeben, durch den Berechtigten selbst oder durch einen vom Berechtigten zu bestimmenden Verwalter wahrzunehmen.

(2) Mit der Rückübertragung von Eigentumsrechten oder der Aufhebung der staatlichen Verwaltung oder mit der vorläufigen Einweisung nach § 6a tritt der Berechtigte in alle in Bezug auf den jeweiligen Vermögenswert bestehenden Rechtsverhältnisse ein. Dies gilt für vom staatlichen Verwalter geschlossene Kreditverträge nur insoweit, als die darauf beruhenden Verbindlichkeiten im Falle ihrer dinglichen Sicherung gemäß Absatz 9 Satz 2 gegenüber dem Berechtigten, dem staatlichen Verwalter sowie deren Rechtsnachfolgern fortbestünden. Absatz 9 Satz 3 gilt entsprechend.

(3) Dingliche Nutzungsrechte sind mit dem Bescheid gemäß § 33 Abs. 4 aufzuheben, wenn der Nutzungsberechtigte bei Begründung des Nutzungsrechts nicht redlich im Sinne des § 4 Abs. 3 gewesen ist. Mit der Aufhebung des Nutzungsrechts erlischt das Gebäudeeigentum nach § 288 Abs. 4 oder § 292 Abs. 3 des Zivilgesetzbuchs der Deutschen Demokratischen Republik. Das Gebäude wird Bestandteil des Grundstücks. Grundpfandrechte an einem aufgrund des Nutzungsrechts errichteten Gebäude werden Pfandrechte an den in den §§ 7 und 7a bezeichneten Ansprüchen sowie an dinglichen Rechten, die zu deren Sicherung begründet werden. Verliert der Nutzungsberechtigte durch die Aufhebung des Nutzungsrechts das Recht zum Besitz seiner Wohnung, so treten die Wirkungen des Satzes 1 sechs Monate nach Unanfechtbarkeit der Entscheidung ein.

(4) Fortbestehende Rechtsverhältnisse können nur auf der Grundlage der jeweils geltenden Rechtsvorschriften geändert oder beendet werden.

(5) Eingetragene Aufbauhypotheken und vergleichbare Grundpfandrechte zur Sicherung von Baukrediten, die durch den staatlichen Verwalter bestellt wurden, sind in dem sich aus § 18 Abs. 2 ergebenden Umfang zu übernehmen. Von dem so ermittelten Betrag sind diejenigen Tilgungsleistungen abzuziehen, die nachweislich auf das Recht oder eine durch das Recht gesicherte Forderung erbracht worden sind. Im Rahmen einer Einigung zwischen dem Gläubiger des Rechts, dem Eigentümer und dem Amt zur Regelung offener Vermögensfragen als Vertreter der Interessen des Entschädigungsfonds kann etwas Abweichendes vereinbart werden. Weist der Berechtigte nach, dass eine der Kreditaufnahme entsprechende Baumaßnahme an dem Grundstück nicht durchgeführt wurde, ist das Recht nicht zu übernehmen.

(6) Das Amt zur Regelung offener Vermögensfragen bestimmt mit der Entscheidung über die Aufhebung der staatlichen Verwaltung den zu übernehmenden Teil des Grundpfandrechts, wenn nicht der aus dem Grundpfandrecht Begünstigte oder der Berechtigte beantragt, vorab über die Aufhebung der staatlichen Verwaltung zu entscheiden. In diesem Fall ersucht das Amt zur Regelung offener Vermögensfragen die das Grundbuch führende Stelle um Eintragung eines Widerspruchs gegen die Richtigkeit des Grundbuchs zugunsten des Berechtigten. Wird die staatliche Verwaltung ohne eine Entscheidung des Amtes zur Regelung offener Vermögensfragen beendet, so hat auf Antrag des aus dem Grundpfandrecht Begünstigten oder des Berechtigten das Amt zur Regelung offener Vermögensfragen, in dessen Bereich das belastete Grundstück belegen ist, den zu übernehmenden

Teil der Grundpfandrechte durch Bescheid zu bestimmen. Wird der Antrag nach Satz 3 innerhalb der in § 30a Abs. 3 Satz 1 bestimmten Frist nicht gestellt, bleibt der Eigentümer im Umfang der Eintragung aus dem Grundpfandrecht verpflichtet, soweit die gesicherte Forderung nicht durch Tilgung erloschen ist. Auf die Beschränkungen der Übernahmepflicht nach Absatz 5 Satz 1 und 4 kann er sich in diesem Fall nur berufen, wenn er diese Absicht dem Gläubiger oder der Sparkasse, in deren Geschäftsgebiet das Grundstück belegen ist, bis zum 31. März 1995 schriftlich mitgeteilt hat. Ist die Sparkasse nicht Gläubigerin, ist sie lediglich zur Bestätigung des Eingangs dieser Mitteilung verpflichtet. Der Bescheid ergeht gemeinsam für sämtliche auf dem Grundstück lastenden Rechte gemäß Absatz 5.

(7) Die Absätze 5 und 6 gelten für eingetragene sonstige Grundpfandrechte, die auf staatliche Veranlassung vor dem 8. Mai 1945 oder nach Eintritt des Eigentumsverlustes oder durch den staatlichen Verwalter bestellt wurden, entsprechend, es sei denn, das Grundpfandrecht dient der Sicherung einer Verpflichtung des Berechtigten, die keinen diskriminierenden oder sonst benachteiligenden Charakter hat.

(8) Der Bescheid über den zu übernehmenden Teil der Rechte gemäß den Absätzen 5 bis 7 ist für den Berechtigten und den Gläubiger des Grundpfandrechts selbstständig anfechtbar.

(9) Soweit eine Aufbauhypothek oder ein vergleichbares Grundpfandrecht gemäß Absatz 5 oder ein sonstiges Grundpfandrecht gemäß Absatz 7 nicht zu übernehmen ist, gilt das Grundpfandrecht als erloschen. Der Berechtigte tritt in dem Umfang, in dem das Grundpfandrecht von ihm zu übernehmen ist, an die Stelle des Schuldners der dem Grundpfandrecht zugrunde liegenden Forderung. § 417 des Bürgerlichen Gesetzbuches findet entsprechende Anwendung. Soweit der Berechtigte die Schuld nicht nach Satz 2 zu übernehmen hat, erlischt die Forderung, wenn sie durch den staatlichen Verwalter oder sonst auf staatliche Veranlassung zu Lasten einer natürlichen Person begründet worden ist. In diesem Falle erlischt auch der bereits entstandene Zinsanspruch. Handelt es sich um eine Forderung aus einem Darlehen, für das keine staatlichen Mittel eingesetzt worden sind, so ist der Gläubiger vorbehaltlich einer abweichenden Regelung angemessen zu entschädigen.

(10) Die Absätze 5 bis 9 finden keine Anwendung, wenn das Grundstück nach § 6 zurückübertragen wird. Die Absätze 5 bis 9 gelten ferner nicht, wenn das Grundpfandrecht nach dem 30. Juni 1990 bestellt worden ist. In diesem Falle hat der Berechtigte gegen denjeni-

gen, der das Grundpfandrecht bestellt hat, einen Anspruch auf Befreiung von dem Grundpfandrecht in dem Umfang, in dem es gemäß den Absätzen 5 bis 9 nicht zu übernehmen wäre. Der aus dem Grundpfandrecht Begünstigte ist insoweit verpflichtet, die Löschung des Grundpfandrechts gegen Ablösung der gesicherten Forderung und gegen Ersatz eines aus der vorzeitigen Ablösung entstehenden Schadens zu bewilligen.

§ 17
Miet- und Nutzungsrechte

Durch die Rückübertragung von Grundstücken und Gebäuden oder die Aufhebung der staatlichen Verwaltung werden bestehende Miet- oder Nutzungsrechtsverhältnisse nicht berührt. War der Mieter oder Nutzer bei Abschluss des Vertrages nicht redlich im Sinne des § 4 Abs. 3, so ist das Rechtsverhältnis mit dem Bescheid gemäß § 33 Abs. 4 aufzuheben. Dies gilt auch in den Fällen des § 11a Abs. 4. § 16 Abs. 3 Satz 5 gilt entsprechend. Ist ein redlich begründetes Miet- oder Nutzungsverhältnis durch Eigentumserwerb erloschen, so lebt es mit Bestandskraft des Rückübertragungsbescheides mit dem Inhalt, den es ohne die Eigentumsübertragung seit dem 3. Oktober 1990 gehabt hätte, unbefristet wieder auf.

...

12.
Zivilgesetzbuch der ehemaligen DDR (ZGB)

i. d. F. der Bek. vom 28.6.1990 (GBl I 1990 S. 524),
zuletzt geändert durch Gesetz vom 22.7.1990 (GBl I 1990 S. 903)

– Auszug –

DRITTER TEIL
Verträge zur Gestaltung des materiellen und kulturellen Lebens

ERSTES KAPITEL
Allgemeine Bestimmung über Verträge

ERSTER ABSCHNITT
Grundsätze

...

§ 45
Bestimmungen des Vertragsinhalts

(1) Die Rechte und Pflichten beim Abschluss und bei der Erfüllung von Verträgen ergeben sich aus den Bestimmungen dieses Gesetzes.

(2) Werden vom den Partnern besondere Vereinbarungen getroffen, sollen sie ihre gegenseitigen Rechte und Pflichten im Vertrag so festlegen, dass der mit dem Vertrag beabsichtigte Zweck eindeutig bestimmt und Streit über den Vertragsinhalt vermieden wird.

(3) Die Partner können auch Vereinbarungen treffen, die in diesem Gesetz nicht geregelt sind oder die von seinen Bestimmungen abweichen, soweit ihre Anwendung nicht verbindlich vorgeschrieben ist. Die Vereinbarungen dürfen jedoch nicht gegen Inhalt und Zweck dieses Gesetzes verstoßen.

(4) Die Verantwortlichkeit wegen vorsätzlicher oder grob fahrlässiger Pflichtverletzung kann nicht ausgeschlossen oder eingeschränkt werden; das Gleiche gilt für die Verantwortlichkeit für nicht qualitätsgerechte Leistung, soweit dieses Gesetz nicht abweichende Vereinbarungen zulässt.

...

ZWEITES KAPITEL
Verleihung von Nutzungsrechten an volkseigenen Grundstücken

§ 287
Entstehen des Nutzungsrechts

(1) Bürgern kann zur Errichtung und persönlichen Nutzung eines Eigenheimes oder eines anderen persönlichen Bedürfnisses dienenden Gebäudes an volkseigenen Grundstücken ein Nutzungsrecht verliehen werden.

(2) Über die Verleihung des Nutzungsrechts wird dem Berechtigten durch das zuständige staatliche Organ eine auf seinen Namen lautende Urkunde ausgestellt. Das Nutzungsrecht entsteht mit dem in der Urkunde festgelegten Zeitpunkt.

§ 288
Inhalt des Nutzungsrechts

(1) Der Nutzungsberechtigte ist berechtigt und verpflichtet, das volkseigene Grundstück bestimmungsgemäß zu nutzen.

(2) Das Nutzungsrecht ist unbefristet. In Ausnahmefällen kann das Nutzungsrecht befristet verliehen werden.

(3) Für das Nutzungsrecht ist ein Entgelt zu entrichten. Durch Rechtsvorschriften kann festgelegt werden, dass die Nutzung unentgeltlich erfolgt.

(4) Die auf dem volkseigenen Grundstück errichteten Gebäude, Anlagen und Anpflanzungen sind persönliches Eigentum des Nutzungsberechtigten.

§ 289
Übergang des Nutzungsrechts

(1) Gebäude auf volkseigenen Grundstücken, für die ein Nutzungsrecht verliehen wurde, können veräußert und vererbt werden.

(2) Mit der staatlichen Genehmigung des Vertrages über die Veräußerung geht das Nutzungsrecht auf den Erwerber über. Der Übergang des Nutzungsrechts auf den Erben bestimmt sich nach den dafür geltenden Rechtsvorschriften.

(3) Dem Erwerber oder dem Erben ist durch das zuständige staatliche Organ eine auf seinen Namen lautende Urkunde auszustellen, aus der sich der Übergang des Nutzungsrechts ergibt.

§ 290
Entzug des Nutzungsrechts

(1) Wird das volkseigene Grundstück nicht bestimmungsgemäß genutzt, kann das zuständige staatliche Organ das Nutzungsrecht entziehen.

(2) Bei Entzug des Nutzungsrechts gehen Gebäude, Anlagen und Anpflanzungen in Volkseigentum über. Die Entschädigung erfolgt nach den dafür geltenden Rechtsvorschriften. Für Gebäude wird eine Entschädigung gewährt, wenn sie mit staatlicher Genehmigung auf dem volkseigenen Grundstück errichtet wurden.

DRITTES KAPITEL
Persönliche Nutzung genossenschaftlich genutzten Bodens

§ 291
Entstehen des Nutzungsrechts

Landwirtschaftliche Produktionsgenossenschaften und andere sozialistische Genossenschaften können, soweit Rechtsvorschriften das vorsehen, Bürgern genossenschaftlich genutzten Boden zum Bau von Eigenheimen oder anderen persönlichen Bedürfnissen dienenden Gebäuden zuweisen.

§ 292
Inhalt des Nutzungsrechts

(1) Der Nutzungsberechtigte ist berechtigt und verpflichtet, die zugewiesene Bodenfläche bestimmungsgemäß zu nutzen.

(2) Das Nutzungsrecht an der zugewiesenen Bodenfläche ist unbefristet. In Ausnahmefällen kann das Nutzungsrecht befristet werden.

(3) Die auf der zugewiesenen Bodenfläche errichteten Gebäude, Anlagen und Anpflanzungen sind unabhängig vom Eigentum an der Bodenfläche persönliches Eigentum des Nutzungsberechtigten.

§ 293
Übergang des Nutzungsrechts

(1) Die errichteten Gebäude können an Bürger, denen nach § 291 Boden zugewiesen werden kann, veräußert werden. Mit Zustimmung der Genossenschaft ist eine Veräußerung an andere Bürger zulässig, wenn das Gebäude persönlichen Wohnbedürfnissen dienen soll.

(2) Die errichteten Gebäude können vererbt werden.

(3) Mit dem Übergang des Eigentums am Gebäude geht auch das Nutzungsrecht an der zugewiesenen Bodenfläche auf den neuen Eigentümer über.

§ 294
Entzug des Nutzungsrechts

(1) Wird die zugewiesene Bodenfläche nicht bestimmungsgemäß genutzt, kann das zuständige staatliche Organ das Nutzungsrecht entziehen.

(2) Nach Entzug des Nutzungsrechts ist der Gebäudeeigentümer verpflichtet, das Gebäude nach § 293 Abs. 1 zu veräußern.

...

VIERTES KAPITEL
Persönliches Eigentum an Grundstücken und Gebäuden

§ 296
Eigentum an Wochenendhäusern und anderen Baulichkeiten auf vertraglich genutzten Bodenflächen

(1) Wochenendhäuser sowie andere Baulichkeiten, die der Erholung, Freizeitgestaltung oder ähnlichen persönlichen Bedürfnissen der Bürger dienen und in Ausübung eines vertraglich vereinbarten Nutzungsrechts errichtet werden, sind unabhängig vom Eigentum am Boden Eigentum des Nutzungsberechtigten, soweit nicht anderes vereinbart ist. Für das Eigentum an diesen Baulichkeiten gelten die Bestimmungen über das Eigentum an beweglichen Sachen entsprechend.

(2) Endet das Nutzungsverhältnis und wird ein neues Nutzungsverhältnis vertraglich vereinbart, kann das Eigentum an der Baulichkeit durch schriftlichen Vertrag auf den nachfolgenden Nutzungsberechtigten übertragen werden. Der Vertrag über die Begründung des neuen Nutzungsverhältnisses bedarf der Schriftform und der staatlichen Genehmigung.

...

FÜNFTES KAPITEL
Nutzung von Bodenflächen zur Erholung

§ 312
Abschluss des Vertrages

(1) Land- und forstwirtschaftlich nicht genutzte Bodenflächen können Bürgern zum Zwecke der kleingärtnerischen Nutzung, Erholung und Freizeitgestaltung überlassen werden. Der Vertrag über die Nutzung ist schriftlich abzuschließen und bedarf der staatlichen Genehmigung, soweit das in Rechtsvorschriften vorgesehen ist.

(2) Der Vertrag kann unbefristet oder befristet abgeschlossen werden. Ein Vertrag darf nur befristet abgeschlossen werden, wenn dafür gesellschaftlich gerechtfertigte Gründe vorliegen. Sie sind im Vertrag anzugeben.

§ 313
Rechte und Pflichten des Nutzungsberechtigten

(1) Der Nutzungsberechtigte ist berechtigt und verpflichtet, die ihm überlassene Bodenfläche bestimmungsgemäß zu nutzen. Er kann insbesondere Anpflanzungen vornehmen und sich den Ertrag aneignen.

(2) Zwischen den Vertragspartnern kann vereinbart werden, dass der Nutzungsberechtigte auf der Bodenfläche ein Wochenendhaus oder andere Baulichkeiten errichtet, die der Erholung, Freizeitgestaltung oder ähnlichen persönlichen Bedürfnissen dienen.

(3) Der Nutzungsberechtigte ist verpflichtet, das Entgelt für die Nutzung termingemäß zu zahlen. Die Übertragung der Nutzung an andere Bürger ist nicht zulässig.

§ 314
Beendigung des Nutzungsverhältnisses

(1) Das Nutzungsverhältnis kann durch Vereinbarung der Vertragspartner beendet werden.

(2) Der Nutzungsberechtigte kann unter Einhaltung einer Frist von 3 Monaten zum 31. Oktober des laufenden Jahres kündigen. Aus gesellschaftlich gerechtfertigten Gründen kann zum Ende eines Quartals mit einer Frist von einem Monat gekündigt werden.

(3) Der Überlassende kann mit einer Frist von 3 Monaten zum 31. Oktober des laufenden Jahres kündigen, wenn dafür gesellschaft-

lich gerechtfertigte Gründe vorliegen, insbesondere dann, wenn der Nutzungsberechtigte seine Pflichten wiederholt gröblich verletzt, andere Nutzungsberechtigte erheblich belästigt oder sich auf andere Weise gemeinschaftsstörend verhält. Bei besonders schwerwiegendem vertragswidrigem Verhalten kann auch zum Ende des Quartals mit einer Frist von einem Monat gekündigt werden. Erfolgt die Nutzung außerhalb einer Kleingartenanlage, kann das Nutzungsverhältnis auch bei Vorliegen von dringendem Eigenbedarf gekündigt werden.

(4) Die Kündigung des Nutzungsverhältnisses durch einen Vertragspartner bedarf der Schriftform. Hat der Nutzungsberechtigte in Ausübung des Nutzungsrechts auf der Bodenfläche ein Wochenendhaus oder eine Garage errichtet, kann das Nutzungsverhältnis gegen seinen Willen nur durch gerichtliche Entscheidung aufgehoben werden.

(5) Endet das Nutzungsverhältnis, hat der Nutzungsberechtigte die Bodenfläche in einem ordnungsgemäßen Zustand zurückzugeben. Wertverbesserungen sind dem Nutzungsberechtigten zu entschädigen.

(6) Im Falle der Kündigung nach Abs. 3 aus dringendem Eigenbedarf ist der Überlassende verpflichtet, auf Verlangen des Nutzungsberechtigten von ihm errichtete Baulichkeiten oder Anpflanzungen durch Kauf zu erwerben.

...

SECHSTES KAPITEL
Benachbarte Grundstücksnutzer

...

Mitbenutzungsrecht an Grundstücken

§ 321
Vereinbarung

(1) Die Begründung eines Rechts zur vorübergehenden oder dauernden Mitbenutzung eines Grundstücks in bestimmter Weise (wie Lagerung vom Baumaterial, Aufstellen von Gerüsten, Einräumen von Wegerechten und Überfahrtrechten) bedarf der Vereinbarung zwischen den Nutzungsberechtigten. Die Mitbenutzung kann auch das Unterlassen bestimmter Handlungen durch den Nutzungsberechtigten des Grundstücks zum Inhalt haben. Dauernde Mitbenutzung bedarf eines schriftlichen Vertrages und der Zustimmung des Eigentü-

mers des betroffenen Grundstücks. Vorübergehende Mitbenutzung bedarf der Zustimmung des Eigentümers des betroffenen Grundstücks nur dann, wenn dessen Rechte durch die Mitbenutzung beeinträchtigt würden.

(2) Kommt eine Vereinbarung über die Mitbenutzung nicht zustande, kann die Einräumung des Rechts auf Mitbenutzung gefordert werden, wenn das im Interesse der ordnungsgemäßen Nutzung benachbarter Grundstücke erforderlich ist. Der Anspruch ist gegen den Nutzungsberechtigten und, soweit die Zustimmung des Eigentümers des betroffenen Grundstücks erforderlich ist, auch gegen diesen geltend zu machen.

(3) Der Eigentümer oder der Nutzungsberechtigte kann eine angemessene Entschädigung verlangen, soweit seine Rechte durch die Mitbenutzung wesentlich beeinträchtigt werden. Weitere Ansprüche bleiben unberührt.

(4) Für die Mitbenutzung von Grundstücken zum Zwecke der Durchführung staatlicher oder wirtschaftlicher Maßnahmen, insbesondere der Nachrichtenübermittlung sowie der Energie- und Wasserwirtschaft, gelten die dafür bestehenden besonderen Rechtsvorschriften.

§ 322
Wege-Überfahrtsrecht

(1) Wird ein Wege- oder Überfahrtsrecht eingeräumt, kann mit dem Eigentümer des betroffenen Grundstücks vereinbart werden, dass das Recht im Grundbuch eingetragen wird. Der Vertrag bedarf der Beglaubigung und der staatlichen Genehmigung. Durch Rechtsvorschriften kann die Eintragung weiterer Mitbenutzungsrechte im Grundbuch vorgesehen werden.

(2) Das Recht auf Mitbenutzung geht auf den jeweiligen Rechtsnachfolger des berechtigten Nachbars über, wenn es im Grundbuch eingetragen ist oder wenn der Übergang zwischen den beteiligten Eigentümern oder mit Zustimmung des Eigentümers des betroffenen Grundstücks vereinbart wurde.

(3) Das Recht auf Mitbenutzung erlischt, wenn die Voraussetzungen für seine Begründung weggefallen sind oder wenn es länger als 4 Jahre nicht ausgeübt wurde, soweit nichts anderes vereinbart ist. Das gilt auch, wenn das Mitbenutzungsrecht im Grundbuch eingetragen ist.

13.
Gesetz über Vereinigungen (Vereinigungsgesetz) der ehemaligen DDR

vom 21.2.1990 (GBl I S. 75),
geändert durch (bereinigtes) Gesetz vom 22.6.1990 (GBl I S. 470)

Grundsätze

§ 1
Begriffsbestimmungen; Geltungsbereich des Gesetzes

(1) Vereinigungen im Sinne dieses Gesetzes sind freiwillige, sich selbst verwaltende Zusammenschlüsse von Bürgerinnen und Bürgern zur Wahrnehmung gemeinsamer Interessen und Erreichung gemeinsamer Ziele, unabhängig von ihrer Rechtsfähigkeit.

(2) Die Bestimmungen dieses Gesetzes finden keine Anwendung für

a) Gemeinschaften der Bürger nach dem Zivilgesetzbuch der Deutschen Demokratischen Republik vom 19. Juni 1975 (GBl I Nr. 27 S. 465),

b) Zusammenschlüsse, die auf Erwerbstätigkeit gerichtet sind,

c) Bürgerkomitees, die auf der Grundlage spezieller Rechtsvorschriften tätig sind,

d) Kirchen und Religionsgemeinschaften – außer Vereinigungen, die ausschließlich diakonischen oder caritativen Zwecken dienen.

(3) Die Bestimmungen dieses Gesetzes finden für Parteien und politische Vereinigungen Anwendung, soweit sich das aus dem Parteiengesetz vom 21. Februar 1990 (GBl I Nr. 9 S. 66) ergibt.

§ 2
Genehmigungsfreiheit; Verbot

(1) Die Bildung von Vereinigungen ist frei und bedarf keiner Genehmigung.

(2) Die Gründung und Tätigkeit von Vereinigungen, die faschistische, militaristische, antihumanistische Ziele verfolgen sowie Glaubens-, Rassen- und Völkerhass bekunden oder verbreiten, die Personen und Gruppen aufgrund ihrer Nationalität, ihrer politischen Zugehörigkeit, ihres Geschlechts, ihrer sexuellen Orientierung oder ihrer körperlichen

bzw. geistigen Behinderungen diskriminieren oder ihre Ziele mit Gewalt oder durch Androhung von Gewalt zu verwirklichen suchen, sind verboten.

(3) Die Aufnahme von Vereinigungen des Auslands, deren Tätigkeit auf Ziele im Sinne des Abs. 2 ausgerichtet ist, als Mitglieder in Vereinigungen der Deutschen Demokratischen Republik ist verboten.

§ 3
Mitgliedschaft

(1) Jede volljährige Bürgerin und jeder volljährige Bürger kann Mitglied einer Vereinigung werden. Mitglieder können auch Vereinigungen oder juristische Personen sein, soweit dadurch nicht ein Zusammenschluss entsteht, der auf Erwerbstätigkeit gerichtet ist.

(2) Jugendliche von 14 bis 18 Jahren können einer Vereinigung beitreten, wenn es das Statut der Vereinigung vorsieht.

(3) Kinder können mit Zustimmung ihrer gesetzlichen Vertreter einer Vereinigung beitreten, wenn es das Statut der Vereinigung vorsieht.

(4) Soweit Kinder und Jugendliche unter 18 Jahren mit Zustimmung ihrer gesetzlichen Vertreter eine rechtsfähige Vereinigung gründen wollen, muss dem Vorstand mindestens ein volljähriges Mitglied angehören.

(5) Die Mitgliedschaft in einer Vereinigung ist nicht übertragbar und nicht vererblich.

(6) Die Mitglieder sind berechtigt, aus der Vereinigung auszutreten. Die gesetzlichen Vertreter für Kinder und Jugendliche können den Austritt erklären, wenn die Weiterführung der Mitgliedschaft die Erziehung und Entwicklung, die Gesundheit oder die wirtschaftlichen Interessen des Kindes und des Jugendlichen gefährdet.

Rechtsfähige Vereinigung

§ 4
Rechtsfähigkeit; Registrierung

(1) Eine Vereinigung erlangt mit ihrer Registrierung Rechtsfähigkeit.

(2) Die Registrierung ist bei Erfüllung folgender Voraussetzungen vorzunehmen:

- Nachweis einer Mitgliedschaft von mindestens 7 Personen,
- Übergabe einer namentlichen Aufstellung der Mitglieder des gewählten Vorstandes einschließlich deren Wohnanschriften und eines Statuts (Satzung),
- Mitteilung über den Namen und Sitz der Vereinigung sowie ihre Vertretung im Rechtsverkehr.

(3) Das Statut muss Festlegungen enthalten über

a) Name und Sitz der Vereinigung,
b) Ziele und Aufgaben der Vereinigung.

(4) Das Statut soll als weitere Festlegungen enthalten:

a) Struktur und territorialer Tätigkeitsbereich der Vereinigung,
b) Erwerb und Beendigung der Mitgliedschaft sowie Rechte und Pflichten der Mitglieder,
c) Aufgaben, Rechte und Pflichten sowie Einberufung, Beschlussfähigkeit und Beschlussfassung der Mitgliederversammlung oder Delegiertenversammlung,
d) Wählbarkeit des Vorstandes und der anderen durch Statut bestimmten Organe sowie deren Aufgaben, Rechte und Pflichten,
e) Finanzierung, einschließlich Beitragszahlung, Eigentumsverhältnisse, Haftung und Gewährleistung der Revision,
f) Vertretung im Rechtsverkehr,
g) Auflösung der Vereinigung und die damit verbundene Abwicklung der Geschäfte.

§ 5
Namen

(1) Die Vereinigung muss einen Namen haben, der sich von dem einer anderen bereits bestehenden Vereinigung im territorialen Tätigkeitsbereich deutlich unterscheidet.

(2) Vereinigungen führen zum Namen die Bezeichnung „eingetragene Vereinigung" (e. V.).

§ 6
Mitgliederversammlung

(1) Das höchste Organ der Vereinigung ist die Mitgliederversammlung bzw. die Delegiertenversammlung (im Folgenden Mitgliederversammlung).

(2) Die Mitgliederversammlung ist in den in dem Statut bestimmten Fällen, sowie dann einzuberufen, wenn es die Interessen der Vereinigung erfordern. Die Mitgliederversammlung ist einzuberufen, wenn mindestens ⅓ der Mitglieder es schriftlich verlangt, soweit im Statut nichts anderes bestimmt ist. Die Einberufung der Mitgliederversammlung und deren Tagesordnung ist den Mitgliedern rechtzeitig zur Kenntnis zu geben. Wird dem Verlangen nicht entsprochen, kann das Kreisgericht, in dessen Zuständigkeitsbereich die Vereinigung ihren Sitz hat, die Mitglieder, die das Verlangen gestellt haben, zur Einberufung der Mitgliederversammlung ermächtigen und über die Führung des Vorsitzes in der Mitgliederversammlung Festlegungen treffen. Auf die Ermächtigung muss bei der Einberufung der Mitgliederversammlung Bezug genommen werden.

(3) Die Beschlussfassung in der Mitgliederversammlung erfordert eine Mehrheit der erschienenen Mitglieder. Zu einem Beschluss, der eine Änderung des Statuts enthält, ist eine Mehrheit von ⅔ der Erschienenen notwendig. Zur Änderung der Ziele und Aufgaben der Vereinigung ist die Zustimmung aller Mitglieder erforderlich; die Zustimmung der nicht erschienenen Mitglieder muss schriftlich erfolgen. Diese Regelungen gelten nur, wenn das Statut nichts anderes bestimmt.

(4) Ein Mitglied ist nicht stimmberechtigt, wenn die Beschlussfassung einen Vertrag oder ein anderes Rechtsgeschäft zwischen dem Mitglied und der Vereinigung betrifft.

§ 7
Vorstand

(1) Die Vereinigung hat einen Vorstand, der durch die Mitgliederversammlung gewählt wird. Er besteht aus mindestens 3 Mitgliedern. Die Bezeichnung, die Rechte und Pflichten sowie die Struktur des Vorstandes werden durch das Statut bestimmt.

(2) Für die Beschlussfassung des Vorstandes gelten die Bestimmungen des § 6 Abs. 3 erster Satz und Abs. 4. Soweit eine Willenserklärung gegenüber der Vereinigung abzugeben ist, genügt die Abgabe gegenüber einem Mitglied des Vorstandes.

(3) Der Vorstand vertritt die Vereinigung im Rechtsverkehr. Im Statut kann bestimmt werden, dass vom Vorstand ein bevollmächtigter Vertreter berufen werden kann. Dieser muss nicht selbst der Vereinigung angehören. Ihr Handeln berechtigt und verpflichtet die Vereinigung unmittelbar.

(4) Fehlt ein handlungsfähiger Vorstand, ist ein solcher in dringenden Fällen bis zur Neuwahl durch die Mitgliederversammlung auf Antrag eines Beteiligten von dem Kreisgericht zu bestellen, in dessen Zuständigkeitsbereich die Vereinigung ihren Sitz hat.

§ 8
Verantwortlichkeit; Haftung

(1) Die Ziele der Vereinigung sind durch ihre Organe und Mitglieder so zu verwirklichen, dass die Interessen der Mitglieder gewahrt und die berechtigten Interessen Dritter nicht verletzt werden.

(2) Für Schäden, die Dritten durch das Handeln der Organe oder Vertreter in Ausübung der Tätigkeit der Vereinigung entstehen, ist diese nach den Vorschriften des Zivilrechts verantwortlich. Der Schadenersatzanspruch richtet sich gegen die Vereinigung. Die Regelungen des Statuts haben keinen Einfluss auf die Verpflichtung der Vereinigung, Schadenersatz zu leisten.

(3) Die Vereinigung haftet mit ihrem Vermögen. Die Mitglieder haften nicht mit ihrem persönlichen Eigentum für Ansprüche gegen die Vereinigung.

(4) Mitglieder des Vorstandes oder andere Bevollmächtigte, die ihre Befugnisse überschreiten, sind der Vereinigung für einen dadurch entstandenen Schaden verantwortlich.

§ 9
Auflösung

(1) Die Vereinigung kann sich durch Beschluss der Mitgliederversammlung auflösen. Für den Beschluss ist eine Mehrheit von $^2/_3$ der Mitglieder bzw. Delegierten erforderlich, soweit das Statut nichts anderes bestimmt. Der Beschluss über die Auflösung ist dem für die Registrierung zuständigen Kreisgericht schriftlich zu übersenden.

(2) Für die Abwicklung gilt die Vereinigung als fortbestehend. Die vermögensrechtlichen Angelegenheiten hat der Vorstand zu regeln. Er bleibt in diesem Umfang handlungsfähig und verantwortlich. Der Vorstand ist insbesondere verpflichtet,

a) Forderungen der Vereinigung gegenüber Dritten geltend zu machen,

b) Verpflichtungen gegenüber den Gläubigern der Vereinigung zu erfüllen,

c) Anteile des Vermögens, die aus öffentlichen Mitteln finanziert wurden, an den Haushalt des zuständigen staatlichen Organs zurückzuführen,

d) das Restvermögen der Vereinigung nach Vereinnahmung der Forderungen und Begleichung der Verbindlichkeiten gemäß Buchstaben a bis c entsprechend den Festlegungen im Statut zu verwenden.

(3) Fehlt im Statut eine Festlegung entsprechend Abs. 2 Buchst. d, fällt das Vermögen, wenn die Vereinigung ausschließlich den Interessen der Mitglieder diente, an die Mitglieder, die zur Zeit der Auflösung der Vereinigung angehören. Soweit sie gemeinnützigen oder anderen Zwecken diente, fällt das Vermögen an den Haushalt des staatlichen Organs, in dessen Bereich die Vereinigung ihren Sitz hat.

(4) Fällt entsprechend den Bestimmungen dieses Gesetzes das Vermögen einer Vereinigung an den Haushalt des zuständigen staatlichen Organs, finden die Bestimmungen des § 369 Absätze 2 und 3 des Zivilgesetzbuches entsprechende Anwendung.

(5) Die Auflösung der Vereinigung ist durch den Vorstand bzw. das in Abs. 7 genannte Gremium unverzüglich öffentlich bekannt zu machen. In der Bekanntmachung sind die Gläubiger zur Anmeldung bestehender Ansprüche aufzufordern. Die Bekanntmachung wird 2 Tage nach der ersten Veröffentlichung rechtswirksam. Bekannte Gläubiger sind durch besondere Mitteilung zur Anmeldung von Ansprüchen aufzufordern. Das Restvermögen der Vereinigung gemäß Abs. 2 Buchst. d darf nicht vor Ablauf eines Jahres nach der öffentlichen Bekanntmachung an die Berechtigten übergeben werden.

(6) Soweit der Vorstand oder das im Abs. 7 genannte Gremium die Pflichten gemäß den Absätzen 2 und 5 schuldhaft verletzt, sind sie gegenüber den Gläubigern für den daraus entstehenden Schaden als Gesamtschuldner verantwortlich.

(7) Die Mitgliederversammlung kann beschließen, dass anstelle des Vorstandes ein anderes, mindestens aus 3 gewählten Mitgliedern bestehendes Gremium die Rechte und Pflichten gemäß den Absätzen 2 und 5 wahrnimmt. Der Vorstand hat die Eintragung dieses Gremiums im Vereinigungsregister zu beantragen.

§ 10
Gesamtvollstreckung

(1) Die Vereinigung verliert ihre Rechtsfähigkeit, wenn gegen sie das Verfahren der Gesamtvollstreckung eröffnet wird.

(2) Der Vorstand ist verpflichtet, im Falle der Überschuldung die Einleitung der Gesamtvollstreckung beim Gericht zu beantragen. Wird die Pflicht zur Stellung des Antrages schuldhaft verletzt, sind die Vorstandsmitglieder für einen dadurch entstandenen Schaden als Gesamtschuldner verantwortlich.

(3) Die Eröffnung der Gesamtvollstreckung ist im Vereinigungsregister einzutragen.

§ 11
Löschung

Sinkt die Mitgliederzahl der Vereinigung unter 7 oder wird von der Vereinigung, die nach den Bestimmungen dieses Gesetzes registriert wurde, eine Erwerbstätigkeit durchgeführt, ist auf Antrag des Vorstandes, und wenn ein solcher Antrag nicht gestellt wird, nach Anhörung des Vorstandes die Vereinigung im Vereinigungsregister zu löschen.

§ 12
Registergericht; Gebühren; Öffentlichkeit des Registers

(1) Das Vereinigungsregister wird bei dem für den Sitz der Vereinigung zuständigen Kreisgericht geführt. In Großstädten mit Stadtbezirken ist das Vereinigungsregister bei einem Kreisgericht zu führen.

(2) Die Registrierung und jede weitere Eintragung sind gebührenpflichtig.

(3) Die Vereinigungsregister sind öffentlich und Dritten zugänglich.

§ 13
Keine Registrierung

Liegen die Voraussetzungen gemäß §§ 4 Absätze 2 und 3 sowie 5 Abs. 1 nicht vor, erfolgt keine Registrierung. Das gilt auch für Eintragungen über diesbezügliche Änderungen des Statuts. Dagegen ist die Beschwerde nach den Bestimmungen der Zivilprozessordnung vom 19. Juni 1975 (GBl I Nr. 29 S. 533) zulässig.

§ 14
Einzutragende Tatsachen; Urkunde

(1) In das Vereinigungsregister sind einzutragen
a) Name und Sitz der Vereinigung,
b) Datum der Annahme des Statuts,
c) Namen der Mitglieder des Vorstandes sowie Beschränkungen ihrer Vertretungsvollmacht, soweit solche im Statut festgelegt sind.

(2) Über die Registrierung einer Vereinigung ist dieser eine Urkunde auszuhändigen.

§ 15
Änderungen des Statuts; Auflösung; Verlust der Rechtsfähigkeit

(1) Änderungen des Statuts bedürfen zu ihrer Wirksamkeit der Eintragung in das Vereinigungsregister. Der Vorstand der Vereinigung ist verpflichtet, dem zuständigen Kreisgericht Veränderungen der Angaben gemäß §§ 4 Abs. 2 und 9 Abs. 1 innerhalb von 3 Wochen nach Beschlussfassung schriftlich mitzuteilen.

(2) Auf Verlangen des Kreisgerichts ist diesem durch den Vorstand eine Bescheinigung über die Zahl der Mitglieder der Vereinigung einzureichen.

(3) Wird eine Vereinigung aufgelöst, ist der Vorstand verpflichtet, die Beendigung der Abwicklung der Auflösung dem zuständigen Kreisgericht mitzuteilen sowie die Urkunde über die Registrierung zurückzugeben. Die Vereinigung ist im Vereinigungsregister zu löschen.

(4) Verliert eine Vereinigung ihre Rechtsfähigkeit, ist die Urkunde über die Registrierung einzuziehen.

Nichtrechtsfähige Vereinigungen

§ 16
Anwendbare Bestimmungen

(1) Die Bestimmungen der §§ 1 bis 3, 6 Absätze 1, 2 und 4, 7 Abs. 1 und 8 Abs. 1 finden auf nichtrechtsfähige Vereinigungen entsprechende Anwendung.

(2) Soweit sich die Vereinigung ein Statut gibt, gelten die im § 4 Absätze 2 und 3 dazu getroffenen Festlegungen. Anstelle des Statuts kann auch eine Vereinbarung der Mitglieder abgeschlossen werden.

(3) Gibt sich die Vereinigung einen Namen, gilt § 5 Abs. 1 entsprechend.

(4) Als Sitz der Vereinigung gilt der Ort, an dem die Verwaltung geführt wird, soweit das Statut oder die Vereinbarung der Mitglieder nichts anderes bestimmt.

§ 17
Gemeinschaftliche Verwaltung

(1) Die Vertretung der Vereinigung steht allen Mitgliedern gemeinschaftlich zu. Mitglieder der Vereinigung oder andere Personen können entsprechend den Festlegungen im Statut oder durch Vereinbarung der Mitglieder zur Vertretung der Vereinigung bevollmächtigt werden. Die Bevollmächtigten können im Namen der Mitglieder klagen und verklagt werden.

(2) Die von den Mitgliedern eingezahlten Beiträge, erhaltene Zuwendungen und andere Einnahmen aus Leistungen im Rahmen der Tätigkeit der Vereinigung werden gemeinschaftliches Eigentum der Mitglieder. Die Mitglieder können darüber nur gemeinschaftlich verfügen.

(3) Forderungen der Vereinigung stehen gemäß § 435 des Zivilgesetzbuches den Mitgliedern als Gesamtgläubiger zu. Für Verbindlichkeiten der Vereinigung haften die Mitglieder entsprechend § 434 Zivilgesetzbuch als Gesamtschuldner.

(4) Handeln Mitglieder der Vereinigung ohne Vertretungsbefugnis oder wird diese durch Bevollmächtigte überschritten, gelten die Bestimmungen des § 59 Absätze 1 und 2 des Zivilgesetzbuches.

(5) Für Schäden, die Dritten durch das Handeln der Mitglieder der Vereinigung entstehen, ist der Handelnde nach den Bestimmungen der §§ 330 ff. Zivilgesetzbuch persönlich verantwortlich.

§ 18
Auflösungsbeschluss; Folgen der Auflösung

(1) Die Vereinigung kann sich durch Beschluss der Mitglieder auflösen. Dieser bedarf der Zustimmung aller Mitglieder, soweit das Statut oder die Vereinbarung der Mitglieder nichts anderes vorsieht.

(2) Die vermögensrechtlichen Angelegenheiten sind durch die Mitglieder gemeinschaftlich oder durch bevollmächtigte Vertreter zu regeln.

(3) Reicht das gemeinschaftliche Eigentum zur Erfüllung bestehender Verbindlichkeiten nicht aus, sind die Mitglieder verpflichtet, zu gleichen Teilen den Fehlbetrag zu erstatten.

(4) Das nach Erfüllung aller Verbindlichkeiten verbleibende gemeinschaftliche Eigentum ist wertmäßig zu gleichen Teilen an die Mitglieder zu verteilen, soweit die Festlegungen im Statut oder der Vereinbarung der Mitglieder nichts anderes vorsehen.

Verbot einer Vereinigung

§ 19
Verfahren

(1) Das Verbot einer Vereinigung kann nur im Ergebnis eines gerichtlichen Verfahrens ausgesprochen werden.

(2) Anträge auf Verbot einer Vereinigung können der Minister für Innere Angelegenheiten, der Generalstaatsanwalt der DDR, das Mitglied des Rates des Bezirkes für Innere Angelegenheiten und der Staatsanwalt des Bezirkes stellen.

(3) Über das Verbot einer Vereinigung oder die Untersagung bestimmter Tätigkeiten oder Aktivitäten entscheidet das für den Sitz der Vereinigung zuständige Bezirksgericht in 1. Instanz. Für das Verfahren gilt die Zivilprozessordnung entsprechend.

§ 20
Auflösung

(1) Wird eine Vereinigung gemäß § 19 verboten, ist sie unverzüglich aufzulösen. Die zur Auflösung erforderlichen Maßnahmen sind durch das für den Sitz der Vereinigung zuständige staatliche Organ wahrzunehmen. Die Registrierung im Vereinigungsregister ist zu löschen.

(2) Das Vermögen einer verbotenen Vereinigung fällt an den Haushalt des zuständigen staatlichen Organs.

§ 21
Gemeinnützige Vereinigungen

(1) Eine gemeinnützige Vereinigung im Sinne dieses Gesetzes ist eine rechtsfähige Vereinigung, deren Tätigkeit auf als besonders förderungswürdig anerkannte gemeinnützige Zwecke gerichtet ist. Die Gemeinnützigkeit wird im § 52 ff. der Abgabenordnung der DDR geregelt.

(2) Gemeinnützige Vereinigungen haben Anspruch auf steuerliche Vergünstigungen.

(3) Über die Gemeinnützigkeit und die steuerlichen Vergünstigungen entscheidet gemäß den geltenden steuerrechtlichen Rechtsvorschriften auf Antrag der Vereinigung das zuständige Finanzamt, in dessen Bereich die Vereinigung ihren Sitz hat.

(4) Das Rechtsbehelfsverfahren gegen die Entscheidung nach Absatz 3 richtet sich nach den betreffenden Rechtsvorschriften.

§ 21 a
Finanzielle Unterstützung von gemeinnützigen und anderen Vereinigungen

(1) Vereinigungen, insbesondere als gemeinnützig und besonders förderungswürdig anerkannte Vereinigungen, können auf Antrag zweckbestimmte bzw. aufgabenbezogene finanzielle Unterstützung im Rahmen des Haushaltsplanes von den Volksvertretungen der Gemeinden und Kreise sowie von den Ministerien, deren Aufgabenbereich durch den Charakter sowie die Zielstellung der Vereinigung berührt wird und in deren territorialen Wirkungskreis die Vereinigung tätig ist, erhalten.

(2) Über die Verwendung der finanziellen Unterstützung aus öffentlichen Mitteln ist den zuständigen Volksvertretungen und Ministerien jährlich zum 31. März ein Finanzbericht über das vorangegangene Jahr einzureichen, der mit einem Prüfungsvermerk eines unabhängigen Revisionsorgans versehen ist.

§ 22
Übergangsbestimmungen

(1) Vereinigungen, die zum Zeitpunkt des Inkrafttretens dieses Gesetzes aufgrund staatlicher Anerkennung oder des Erlasses von Rechtsvorschriften rechtsfähig sind, haben sich bei dem für den Sitz der Vereinigung zuständigen Kreisgericht innerhalb von 6 Monaten nach Inkrafttreten dieses Gesetzes registrieren zu lassen. Die Bestimmung des § 4 Abs. 2 gilt entsprechend.

(2) Soweit sich Vereinigungen bis zum Ablauf der in Abs. 1 genannten Frist nicht registrieren lassen, erlischt deren Rechtsfähigkeit.

(3) Das Ministerium für Innere Angelegenheiten sowie die Räte der Bezirke und Kreise übergeben die Unterlagen über staatlich aner-

kannte Vereinigungen innerhalb von 6 Wochen nach Inkrafttreten dieses Gesetzes an die zuständigen Kreisgerichte.

Schlussbestimmungen

§ 23
Ausländer und Staatenlose

Dieses Gesetz gilt auch für Ausländer und Staatenlose, die sich mit einer Aufenthaltserlaubnis oder Aufenthaltsgenehmigung in der Deutschen Demokratischen Republik aufhalten.

§ 24
Durchführungsbestimmungen

Die zur Durchführung dieses Gesetzes erforderlichen Rechtsvorschriften erlässt der Ministerrat der Deutschen Demokratischen Republik.

§ 25
Inkrafttreten; Außerkrafttreten

(1) Dieses Gesetz tritt am 21. Februar 1990 in Kraft.

(2) Gleichzeitig treten die Verordnung vom 6. November 1975 über die Gründung und Tätigkeit von Vereinigungen (GBl I Nr. 44 S. 723) sowie Ziff. 8 der Anlage zur Verordnung vom 14. Dezember 1988 zur Anpassung von Regelungen über Rechtsmittel der Bürger und zur Festlegung der gerichtlichen Zuständigkeit für die Nachprüfung von Verwaltungsentscheidungen (GBl I Nr. 28 S. 330) außer Kraft.

(3) Die von zentralen staatlichen Organen erlassenen Rechtsvorschriften, nach denen Vereinigungen die Rechtsfähigkeit erlangt haben, treten nach Ablauf der im § 22 Abs. 1 genannten Frist außer Kraft.

14.
Erste Durchführungsverordnung zum Vereinigungsgesetz der ehemaligen DDR

vom 8.3.1990 (GBl I S.159)

Auf der Grundlage von §24 des Gesetzes vom 21. Februar 1990 über Vereinigungen – Vereinigungsgesetz – (GBl I Nr. 10 S. 75) wird zur Führung des Vereinigungsregisters Folgendes verordnet:

§ 1
Zuständigkeit

(1) Das Vereinigungsregister wird bei dem für den Sitz der Vereinigung zuständigen Kreisgericht geführt.

(2) Die Führung des Vereinigungsregisters in Großstädten mit Stadtbezirken erfolgt

- für die Hauptstadt der DDR, Berlin, beide Stadtbezirksgericht Berlin-Mitte,
- für die Stadt Dresden beim Kreisgericht Dresden, Stadtbezirk Mitte,
- für die Stadt Erfurt beim Kreisgericht Erfurt, Stadtbezirk Mitte,
- für die Stadt Karl-Marx-Stadt beim Kreisgericht Karl-Marx-Stadt, Stadtbezirk Mitte-Nord,
- für die Stadt Leipzig beim Kreisgericht Leipzig, Stadtbezirk Südost,
- für die Stadt Magdeburg beim Kreisgericht Magdeburg, Stadtbezirk Süd.

§ 2
Einrichtung des Vereinigungsregisters

(1) Das Vereinigungsregister wird in Buchform geführt. Es enthält
- laufende Registernummer,
- Name und Sitz der Vereinigung,
- Datum der Annahme des Statuts (Datum der Änderung des Statuts),
- Name und Wohnanschrift des Vorsitzenden, stellvertretender Vorsitzender und weiterer Mitglieder des Vorstandes sowie eines bevollmächtigten Vertreters,

- Ausgabe/Einziehung der Urkunde über die Registrierung der Vereinigung,
- Anerkennung der Gemeinnützigkeit und Datum,
- Auflösung, Verlust der Rechtsfähigkeit, Anordnung der Gesamtvollstreckung, mit der Auflösung Beauftragte (Liquidatoren),
- Bemerkungen (Spalte zur Verweisung auf weitere Eintragungen im Register).

Weitere Einzelheiten der Führung des Vereinigungsregisters werden durch die Anlage 1 bestimmt.

(2) Jede Registrierung oder sonstige Eintragung ist mit dem Datum und der Unterschrift des Justizsekretärs zu versehen.

(3) Für jede eingetragene Vereinigung werden unter der laufenden Registernummer besondere Akten geführt, in die die den Eintragungen zugrunde liegenden Schriftstücke aufzunehmen sind. Darüber hinaus ist ein alphabetisches Verzeichnis der Vereinigungen (Name, Sitz und Registernummer) zu führen.

§ 3
Führung des Vereinigungsregisters

(1) Die Führung des Vereinigungsregisters obliegt dem Justizsekretär, soweit nicht eine Entscheidung durch den Richter vorgeschrieben ist. Der Justizsekretär erteilt die Urkunde über die Registrierung der Vereinigung (Anlage 2).

(2) Die Entscheidung über die Registrierung einer Vereinigung und nach § 6 Abs. 2, § 7 Abs. 4 und § 11 des Gesetzes trifft der Richter.

§ 4
Anmeldung zur Registrierung

(1) Die Anmeldung zur Registrierung einer Vereinigung hat schriftlich unter Beifügung der im § 4 des Gesetzes geforderten Unterlagen beim zuständigen Kreisgericht zu erfolgen.

(2) Absatz 1 gilt auch für alle weiteren die Eintragungen im Register betreffenden Mitteilungen (Ergänzungen, Änderungen und Löschungen).

§ 5
Prüfung der Voraussetzungen der Registrierung

(1) Der Richter prüft die gesetzlichen Voraussetzungen für die Registrierung und verfügt die Eintragung der Vereinigung in das Register.

(2) Stellt er fest, dass die gesetzlichen Voraussetzungen nicht vollständig erfüllt sind, veranlasst er die Ergänzung der Anmeldung.

(3) Liegen die gesetzlichen Voraussetzungen für die Registrierung der Vereinigung nicht vor, ist die Eintragung durch richterlichen Beschluss abzulehnen.

§ 6
Einsichtnahme

Das Vereinigungsregister ist öffentlich. Es kann von jedem, der darum ersucht, während der Öffnungszeiten der Gerichte eingesehen werden. Wenn ein Interesse daran nachgewiesen wird, ist auch Einsicht in die dazugehörige Akte zu gewähren.

§ 7
Abschriften und Beglaubigungen

(1) Auf Antrag werden Abschriften der Eintragungen und der zum Register eingereichten Schriftstücke erteilt. Bei Antragstellung durch Dritte ist ein rechtliches Interesse nachzuweisen. Gelöschte (gerötete) Eintragungen werden nur dann in die Abschriften aufgenommen, wenn das ausdrücklich beantragt wird.

(2) Abschriften werden auf Antrag durch den Justizsekretär beglaubigt.

§ 8
Auflösung der Vereinigung

(1) Beschließt eine Vereinigung gemäß § 9 des Gesetzes ihre Auflösung, ist nach Übersendung des Beschlusses eine Eintragung darüber in das Vereinigungsregister vorzunehmen. Die vom Vorstand benannten Liquidatoren sind einzutragen.

(2) Nach Beendigung der Abwicklung ist auf Antrag des Vorstandes bzw. der Liquidatoren die Löschung vorzunehmen.

§ 9
Gesamtvollstreckung und Verbot

(1) Wird gegen eine Vereinigung die Gesamtvollstreckung angeordnet, hat der Justizsekretär dies dem registerführenden Gericht unverzüglich zur Eintragung gemäß § 10 Abs. 3 des Gesetzes mitzuteilen. Nach Mitteilung über die Beendigung der Gesamtvollstreckung ist die Löschung im Vereinigungsregister vorzunehmen.

(2) Wird eine bereits registrierte Vereinigung gemäß § 19 des Gesetzes verboten, ist das dem registerführenden Gericht nach Rechtskraft mitzuteilen.

§ 10
Gebühren

(1) Für die Eintragung ist das Vereinigungsregister sowie für die Erteilung von schriftlichen Auskünften (Auszügen) aus dem Register werden Gebühren erhoben.

(2) Es gelten folgende Gebühren:

1. Registrierung einer Vereinigung — 150 DM
2. für jede weitere Eintragung — 20 DM
3. für die Löschung der Gesamteintragung — 50 DM
4. für schriftliche Auskünfte (Auszüge) aus dem Register
   - ohne Beglaubigung — 10 DM
   - mit Beglaubigung — 20 DM.

(3) Vereinigungen, die zum Zeitpunkt des Inkrafttretens des Vereinigungsgesetzes auf Grund staatlicher Anerkennung oder von Rechtsvorschriften rechtsfähig waren, sind bei der Registrierung von der Zahlung von Gebühren befreit.

§ 11
Zwangsgeld

(1) Kommt ein Vorstand seinen sich aus § 9 Abs. 7, § 15 Absätze 1 und 3 des Gesetzes ergebenden Pflichten nicht nach oder gibt er bei Auflösung der Vereinigung oder Verlust der Rechtsfähigkeit (Eröffnung der Gesamtvollstreckung bzw. Verbot) die Urkunde über die Registrierung der Vereinigung nicht zurück, kann gegen ihn ein Zwangsgeld in Höhe bis zu 1000 DM festgesetzt werden.

(2) Die Zahlung des Zwangsgeldes kann durch Erfüllung der geforderten Pflicht abgewendet werden.

(3) Die Entscheidung über die Festsetzung des Zwangsgeldes trifft der Richter.

§ 12
Beschwerde

(1) Wird die Änderung einer Maßnahme des Justizsekretärs verlangt, so entscheidet, wenn dieser dem Verlangen nicht entspricht, der Richter.

(2) Gegen die Entscheidung des Richters ist das Rechtsmittel der Beschwerde zulässig.

(3) Im Übrigen finden auf das Verfahren, soweit diese Verordnung nichts anderes bestimmt, die Bestimmungen der Zivilprozessordnung vom 19. Juni 1975 (GBl I Nr. 29 S. 533) entsprechende Anwendung.

§ 13
Schlussbestimmung

Diese Durchführungsverordnung tritt mit ihrer Veröffentlichung in Kraft.

Anhang

1. Bauordnungen der Länder

Stand: Januar 2015

Baden-Württemberg

Landesbauordnung für Baden-Württemberg (LBO) i. d. F. der Bek. vom 5.3.2010 (GVBl. S. 357, ber. S. 416), zuletzt geändert durch Gesetz vom 11.11.2014 (GVBl. S. 501)

Bayern

Bayerische Bauordnung (BayBO) i. d. F. der Bek. vom 14.8.2007 (GVBl. S. 588), zuletzt geändert durch Gesetz vom 17.11.2014 (GVBl. S. 478)

Berlin

Bauordnung für Berlin (BauO Bln) i. d. F. der Bek. vom 29.9.2005 (GVBl. S. 495), zuletzt geändert durch Gesetz vom 29.6.2011 (GVBl. S. 315)

Brandenburg

Brandenburgische Bauverordnung (BbgBO) i. d. F. der Bek. vom 17.9.2008 (GVBl. S. 226), zuletzt geändert durch Art. 2 des Gesetzes vom 29.11.2010 (GVBl. Nr. 39 S. 1)

Bremen

Bremische Landesbauordnung (BremLBO) i. d. F. der Bek. vom 6.10.2009 (GVBl. S. 401), zuletzt geändert durch Art. 1 Abs. 1 des Gesetzes vom 27.5.2014 (GVBl. S. 263)

Hamburg

Hamburgische Bauordnung (HBauO) vom 14.12.2005 (GVBl. S. 525, ber. S. 563), zuletzt geändert durch Gesetz vom 28.1.2014 (GVBl. S. 33)

Hessen

Hessische Bauordnung (HBO) i. d. F. der Bek. vom 15.1.2011 (GVBl. I S. 46, ber. S. 180), zuletzt geändert durch Art. 40 des Gesetzes vom 13.12.2012 (GVBl. S. 622)

Mecklenburg-Vorpommern

Landesbauordnung Mecklenburg-Vorpommern (LBauO M-V) i. d. F. der Bek. vom 18.4.2006 (GVOBl. S. 102), zuletzt geändert durch Art. 2 des Gesetzes vom 20.5.2011 (GVOBl. S. 323)

Niedersachsen

Niedersächsische Bauordnung (NBauO) i. d. F. der Bek. vom 3.4.2012 (GVBl. S. 46), zuletzt geändert durch Art. 2 des Gesetzes vom 23.7.2014 (GVBl. S. 206)

Nordrhein-Westfalen

Bauordnung für das Land Nordrhein-Westfalen (BauO NRW) i. d. F. der Bek. vom 1.3.2000 (GV.NRW. S. 256), zuletzt geändert durch Art. 2 des Gesetzes vom 20.5.2014 (GV.NRW. S. 294)

Rheinland-Pfalz

Landesbauordnung für Rheinland-Pfalz (LBauO) i. d. F. der Bek. vom 24.11.1998 (GVBl. S. 365), zuletzt geändert durch § 47 des Gesetzes vom 9.3.2011 (GVBl. S. 47)

Saarland

Landesbauordnung für das Saarland (LBO) i. d. F. der Bekanntmachung vom 18.2.2004 (AmtsBl S. 827), zuletzt geändert durch Art. 1 des Gesetzes vom 11.12.2012 (GVBl. S. 1554)

Sachsen

Sächsische Bauordnung (SächsBO) i. d. F. der Bek. vom 28.5.2004 (GVBl. S. 200), zuletzt geändert durch Art. 4 des Gesetzes vom 2.4.2014 (GVBl. S. 238, 322)

Sachsen-Anhalt

Bauordnung des Landes Sachsen-Anhalt i. d. F. der Bek. vom 10.9.2013 (GVBl. S. 440), zuletzt geändert durch Art. 13 des Gesetzes vom 17.6.2014 (GVBl. S. 288, 341)

Schleswig-Holstein

Landesbauordnung für das Land Schleswig-Holstein i. d. F. der Bek. vom 22.1.2009 (GVBl. S. 6), zuletzt geändert durch Art. 4 des Gesetzes vom 17.1.2011 (GVBl. S. 3)

Thüringen

Thüringer Bauordnung (ThürBO) i. d. F. der Bek. vom 13.3.2014 (GVBl. S. 49)

2.
Bauordnung für das Land Nordrhein-Westfalen (Landesbauordnung – BauO NRW)[1]

i.d.F. der Bek. vom 1.3.2000 (GV. NRW. S. 256),
zuletzt geändert durch Art. 2 G vom 20.5.2014 (GV. NRW. S. 294)

– Auszug –

ERSTER TEIL
Allgemeine Vorschriften

§ 1
Anwendungsbereich

(1) Dieses Gesetz gilt für bauliche Anlagen und Bauprodukte. Es gilt auch für Grundstücke sowie für andere Anlagen und Einrichtungen, an die in diesem Gesetz oder in Vorschriften aufgrund dieses Gesetzes Anforderungen gestellt werden.

(2) Dieses Gesetz gilt nicht für

1. Anlagen des öffentlichen Verkehrs einschließlich Zubehör, Nebenanlagen und Nebenbetriebe, mit Ausnahme von Gebäuden,

2. Anlagen, soweit sie der Bergaufsicht unterliegen, mit Ausnahme von Gebäuden,

3. Leitungen, die der öffentlichen Versorgung mit Wasser, Gas, Elektrizität, Wärme, der öffentlichen Abwasserbeseitigung oder dem Fernmeldewesen dienen, einschließlich ihrer Masten, Unterstützungen sowie unterirdischen Anlagen und Einrichtungen,

4. Rohrleitungen, die dem Ferntransport von Stoffen dienen, einschließlich ihrer unterirdischen Anlagen und Einrichtungen,

5. Kräne.

---

[1] Hinweis:
Die Verpflichtungen aus der Richtlinie 98/34/EG des Europäischen Parlaments und des Rates vom 22. Juni 1998 über ein Informationsverfahren auf dem Gebiet der Normen und technischen Vorschriften (ABl. EG Nr. L 204, S. 37), zuletzt geändert durch die Richtlinie 98/48/EG des Europäischen Parlaments und des Rates vom 20. Juli 1998 (ABl. EG Nr. L 217, S. 18), sind beachtet worden.

§ 2
Begriffe

(1) Bauliche Anlagen sind mit dem Erdboden verbundene, aus Bauprodukten hergestellte Anlagen. Eine Verbindung mit dem Erdboden besteht auch dann, wenn die Anlage durch eigene Schwere auf dem Erdboden ruht oder auf ortsfesten Bahnen begrenzt beweglich ist oder wenn die Anlage nach ihrem Verwendungszweck dazu bestimmt ist, überwiegend ortsfest benutzt zu werden.

Als bauliche Anlagen gelten

1. Aufschüttungen und Abgrabungen,
2. Lager-, Abstell- und Ausstellungsplätze,
3. Camping- und Wochenendplätze,
4. Sport- und Spielflächen,
5. Stellplätze,
6. Gerüste,
7. Hilfseinrichtungen zur statischen Sicherung von Bauzuständen.

(2) Gebäude sind selbstständig benutzbare, überdachte bauliche Anlagen, die von Menschen betreten werden können und geeignet oder bestimmt sind, dem Schutz von Menschen, Tieren oder Sachen zu dienen.

(3) Gebäude geringer Höhe sind Gebäude, bei denen der Fußboden keines Geschosses mit Aufenthaltsräumen im Mittel mehr als 7 m über der Geländeoberfläche liegt. Gebäude mittlerer Höhe sind Gebäude, bei denen der Fußboden mindestens eines Aufenthaltsraumes im Mittel mehr als 7 m und nicht mehr als 22 m über der Geländeoberfläche liegt. Hochhäuser sind Gebäude, bei denen der Fußboden mindestens eines Aufenthaltsraumes mehr als 22 m über der Geländeoberfläche liegt.

(4) Geländeoberfläche ist die Fläche, die sich aus der Baugenehmigung oder den Festsetzungen des Bebauungsplanes ergibt, im Übrigen die natürliche Geländeoberfläche.

(5) Vollgeschosse sind Geschosse, deren Deckenoberkante im Mittel mehr als 1,60 m über die Geländeoberfläche hinausragt und die eine Höhe von mindestens 2,30 m haben. Ein gegenüber den Außenwänden des Gebäudes zurückgesetztes oberstes Geschoss (Staffelgeschoss) ist nur dann ein Vollgeschoss, wenn es diese Höhe über mehr als zwei Drittel der Grundfläche des darunterliegenden Geschosses hat. Ein Geschoss mit geneigten Dachflächen ist ein Vollgeschoss, wenn es

diese Höhe über mehr als drei Viertel seiner Grundfläche hat. Die Höhe der Geschosse wird von Oberkante Fußboden bis Oberkante Fußboden der darüberliegenden Decke, bei Geschossen mit Dachflächen bis Oberkante Dachhaut gemessen.

(6) Geschosse über der Geländeoberfläche sind Geschosse, deren Deckenoberkante im Mittel mehr als 1,60 m über die Geländeoberfläche hinausragt. Hohlräume zwischen der obersten Decke und dem Dach, in denen Aufenthaltsräume nicht möglich sind, gelten nicht als Geschosse.

(7) Aufenthaltsräume sind Räume, die zum nicht nur vorübergehenden Aufenthalt von Menschen bestimmt oder geeignet sind.

(8) Stellplätze sind Flächen, die dem Abstellen von Kraftfahrzeugen außerhalb der öffentlichen Verkehrsfläche dienen. Garagen sind ganz oder teilweise umschlossene Räume zum Abstellen von Kraftfahrzeugen.

(9) Bauprodukte sind

1. Baustoffe, Bauteile und Anlagen, die hergestellt werden, um dauerhaft in bauliche Anlagen eingebaut zu werden,
2. aus Baustoffen und Bauteilen vorgefertigte Anlagen, die hergestellt werden, um mit dem Erdboden verbunden zu werden, wie Fertighäuser, Fertiggaragen und Silos.

(10) Bauart ist das Zusammenfügen von Bauprodukten zu baulichen Anlagen oder Teilen von baulichen Anlagen.

§ 3
Allgemeine Anforderungen

(1) Bauliche Anlagen sowie andere Anlagen und Einrichtungen im Sinne von § 1 Abs. 1 Satz 2 sind so anzuordnen, zu errichten, zu ändern und instand zu halten, dass die öffentliche Sicherheit oder Ordnung, insbesondere Leben, Gesundheit oder die natürlichen Lebensgrundlagen, nicht gefährdet wird. Die der Wahrung dieser Belange dienenden allgemein anerkannten Regeln der Technik sind zu beachten. Von diesen Regeln kann abgewichen werden, wenn eine andere Lösung in gleicher Weise die allgemeinen Anforderungen des Satzes 1 erfüllt. § 20 Abs. 3 und § 24 bleiben unberührt. Mit Boden, Wasser und Energie ist sparsam umzugehen. Die Möglichkeiten zur Vermeidung und Verwertung von Bauabfällen und Bodenaushub sind zu nutzen.

(2) Bauprodukte dürfen nur verwendet werden, wenn bei ihrer Verwendung die baulichen Anlagen bei ordnungsgemäßer Instandhaltung während einer dem Zweck entsprechenden angemessenen Zeitdauer die Anforderungen dieses Gesetzes oder aufgrund dieses Gesetzes erfüllen und gebrauchstauglich sind.

(3) Als allgemein anerkannte Regeln der Technik gelten auch die von der obersten Bauaufsichtsbehörde durch öffentliche Bekanntmachung als Technische Baubestimmungen eingeführten technischen Regeln. Bei der Bekanntmachung kann hinsichtlich ihres Inhalts auf die Fundstelle verwiesen werden. Die Beachtung der technischen Regeln ist, soweit sie eingeführt sind, von den Bauaufsichtsbehörden gemäß § 72 Abs. 4 zu prüfen.

(4) Für den Abbruch baulicher Anlagen sowie anderer Anlagen und Einrichtungen im Sinne des § 1 Abs. 1 Satz 2 und für die Änderung ihrer Benutzung gelten Absätze 1 und 3 sinngemäß.

...

FÜNFTER TEIL
Bauaufsichtsbehörden und Verwaltungsverfahren

ERSTER ABSCHNITT
Bauaufsichtsbehörden

§ 60
Bauaufsichtsbehörden

(1) Bauaufsichtsbehörden sind:
1. Oberste Bauaufsichtsbehörde: das für die Bauaufsicht zuständige Ministerium;
2. Obere Bauaufsichtsbehörde: die Bezirksregierungen für die kreisfreien Städte und Kreise sowie in den Fällen des § 80, im Übrigen die Landräte als untere staatliche Verwaltungsbehörden;
3. Untere Bauaufsichtsbehörden:
   a) die kreisfreien Städte, die Großen kreisangehörigen Städte und die Mittleren kreisangehörigen Städte,
   b) die Kreise für die übrigen kreisangehörigen Gemeinden

als Ordnungsbehörden.

(2) Die den Bauaufsichtsbehörden obliegenden Aufgaben gelten als solche der Gefahrenabwehr. § 86 bleibt unberührt.

(3) Die Bauaufsichtsbehörden sind zur Durchführung ihrer Aufgaben ausreichend mit Personen zu besetzen, die aufgrund eines Hochschulabschlusses der Fachrichtungen Architektur oder Bauingenieurwesen die Berufsbezeichnung „Ingenieurin" oder „Ingenieur" führen dürfen und die insbesondere die erforderlichen Kenntnisse des öffentlichen Baurechts, der Bautechnik und der Baugestaltung haben.

§ 61
Aufgaben und Befugnisse der Bauaufsichtsbehörden[1])

(1) Die Bauaufsichtsbehörden haben bei der Errichtung, der Änderung, dem Abbruch, der Nutzung, der Nutzungsänderung sowie der Instandhaltung baulicher Anlagen sowie anderer Anlagen und Einrichtungen im Sinne des § 1 Abs. 1 Satz 2 darüber zu wachen, dass die öffentlich-rechtlichen Vorschriften und die aufgrund dieser Vorschriften erlassenen Anordnungen eingehalten werden. Sie haben in Wahrnehmung dieser Aufgaben nach pflichtgemäßem Ermessen die erforderlichen Maßnahmen zu treffen. Die gesetzlich geregelten Zuständigkeiten und Befugnisse anderer Behörden bleiben unberührt.

(2) Auch nach Erteilung einer Baugenehmigung (§ 75) oder einer Zustimmung nach § 80 können Anforderungen gestellt werden, um dabei nicht voraussehbare Gefahren oder unzumutbare Belästigungen von der Allgemeinheit oder denjenigen, die die bauliche Anlage benutzen, abzuwenden. Satz 1 gilt entsprechend, wenn bauliche Anlagen oder andere Anlagen oder Einrichtungen im Sinne von § 1 Abs. 1 Satz 2 ohne Genehmigung oder Zustimmung errichtet werden dürfen.

(3) Die Bauaufsichtsbehörden können zur Erfüllung ihrer Aufgaben Sachverständige und sachverständige Stellen heranziehen.

(4) Sind Bauprodukte entgegen § 25 Abs. 4 mit dem Ü-Zeichen gekennzeichnet, so kann die Bauaufsichtsbehörde die Verwendung dieser Bauprodukte untersagen und deren Kennzeichnung entwerten oder beseitigen lassen.

---

1) Bauliche Anlagen, die im Widerspruch zu öffentlich-rechtlichen Vorschriften errichtet oder geändert werden, sind auf Anordnung der Bauaufsichtsbehörde vollständig oder teilweise zu beseitigen, wenn nicht auf andere Weise rechtmäßige Zustände hergestellt werden können. Die Beseitigungsanordnung ist in der BauO NRW nicht ausdrücklich geregelt. Sie kann auf § 61 Abs. 1 Satz 2 gestützt werden. Bauordnungen anderer Länder enthalten dagegen in Übereinstimmung mit der Musterbauordnung eine ausdrückliche Bestimmung über die Beseitigung (Abbruch von baulichen Anlagen), die rechtswidrig hergestellt oder genutzt werden.

(5) Die Einstellung der Bauarbeiten kann angeordnet werden, wenn Bauprodukte verwendet werden, die unberechtigt mit der CE-Kennzeichnung (§ 20 Abs. 1 Nr. 2) oder dem Ü-Zeichen (§ 25 Abs. 4) gekennzeichnet sind.

(6) Die mit dem Vollzug dieses Gesetzes beauftragten Personen sind berechtigt, in Ausübung ihres Amtes Grundstücke und bauliche Anlagen einschließlich der Wohnungen zu betreten. Das Grundrecht der Unverletzlichkeit der Wohnung (Artikel 13 des Grundgesetzes) wird insoweit eingeschränkt.

...

ZWEITER ABSCHNITT
Genehmigungsbedürftige und genehmigungsfreie Vorhaben

§ 63
Genehmigungsbedürftige Vorhaben

(1) Die Errichtung, die Änderung, die Nutzungsänderung und der Abbruch baulicher Anlagen sowie anderer Anlagen und Einrichtungen im Sinne des § 1 Abs. 1 Satz 2 bedürfen der Baugenehmigung, soweit in den §§ 65 bis 67, 79 und 80 nichts anderes bestimmt ist. Soweit für das bauliche Vorhaben nach § 1 i. V. m. Anlage 1 Nrn. 20, 21, 27, 28 des Gesetzes über die Umweltverträglichkeitsprüfung in Nordrhein-Westfalen (UVPG NW) eine Umweltverträglichkeitsprüfung oder eine Vorprüfung des Einzelfalls durchzuführen ist, müssen die Durchführung der Umweltverträglichkeitsprüfung sowie die Vorprüfung des Einzelfalles den Anforderungen des UVPG NW entsprechen.

(2) Die Genehmigung nach § 4 und § 15 Abs. 1 des Bundes-Immissionsschutzgesetzes, auch wenn sie im vereinfachten Verfahren nach § 19 Bundes-Immissionsschutzgesetzes erteilt wird, die Erlaubnis nach § 11 des Gerätesicherheitsgesetzes, die Anlagengenehmigung nach § 8 des Gentechnikgesetzes, die Genehmigung nach § 7 Abs. 3 des Abfallgesetzes und die Verbindlichkeitserklärung eines Sanierungsplanes nach § 13 Abs. 6 Bundes-Bodenschutzgesetz oder § 15 Abs. 3 Landesbodenschutzgesetz schließen eine Genehmigung nach Absatz 1 sowie eine Zustimmung nach § 80 ein.

(3) Die Vorschriften über gesetzlich geregelte Planfeststellungsverfahren bleiben unberührt.

...

Bauordnung Nordrhein-Westfalen § 65 BauO NRW Anhang 2

§ 65
Genehmigungsfreie Vorhaben

(1) Die Errichtung oder Änderung folgender baulicher Anlagen sowie anderer Anlagen und Einrichtungen im Sinne des § 1 Abs. 1 Satz 2 bedarf keiner Baugenehmigung:

Gebäude

1. Gebäude bis zu 30 m³ Brutto-Rauminhalt ohne Aufenthaltsräume, Ställe, Aborte oder Feuerstätten, im Außenbereich nur, wenn sie einem land- oder forstwirtschaftlichen Betrieb dienen (§ 35 Abs. 1 Nr. 1 des Baugesetzbuches); dies gilt nicht für Garagen und Verkaufs- und Ausstellungsstände,
2. Gartenlauben in Kleingartenanlagen nach dem Bundeskleingartengesetz,
3. Wochenendhäuser auf genehmigten Wochenendplätzen,
4. Gebäude bis zu 4,0 m Firsthöhe, die nur zum vorübergehenden Schutz von Pflanzen und Tieren bestimmt sind und die einem land- oder forstwirtschaftlichen Betrieb dienen,
5. Gewächshäuser ohne Verkaufsstätten mit einer Firsthöhe bis zu 5,0 m und nicht mehr als 1 600 m² Grundfläche, die einem land- oder forstwirtschaftlichen Betrieb oder einem Betrieb der gartenbaulichen Erzeugung im Sinne des § 35 Abs. 1 Nrn. 1 und 2, und des § 201 BauGB dienen,
6. Fahrgastunterstände des öffentlichen Personenverkehrs oder der Schülerbeförderung,
7. Schutzhütten für Wanderer,

Anlagen in, an und außerhalb von Gewässern

7a. Anlagen an und in oberirdischen Gewässern einschließlich der Lande- und Umschlagstellen und der Rückhaltebecken, Anlagen der Gewässerbenutzung wie Anlagen zur Entnahme von Wasser, Anlagen zur Einleitung von Abwasser, Stauanlagen, Anlagen der Gewässerunterhaltung und des Gewässerausbaues, Deiche, Dämme und Stützmauern, mit Ausnahme von Gebäuden, Aufbauten und Überbrückungen,

Bauteile

8. nichttragende oder nichtaussteifende Bauteile innerhalb baulicher Anlagen; dies gilt nicht für Wände, Decken und Türen von notwendigen Fluren als Rettungswege,
8a. Verkleidung von Balkonbrüstungen,

8b. Terrassenüberdachungen mit einer Fläche bis zu 30 m² und einer Tiefe bis zu 3 m,

Versorgungsanlagen, Leitungen, Behälter, Abwasserbehandlungsanlagen, Aufzüge

9. Lüftungsanlagen, raumlufttechnische Anlagen, Warmluftheizungen, Installationsschächte und Installationskanäle, die keine Gebäudetrennwände und – außer in Gebäuden geringer Höhe – keine Geschosse überbrücken; § 66 Satz 1 Nr. 7 bleibt unberührt,

9a. bauliche Anlagen, die dem Fernmeldewesen, der allgemeinen Versorgung mit Elektrizität, Gas, Öl, Wärme und Wasser dienen, wie Transformatoren-, Schalt-, Regler- oder Pumpstationen, bis 20 m² Grundfläche und 4 m Höhe,

10. Energieleitungen einschließlich ihrer Masten und Unterstützungen,

11. Behälter und Flachsilos bis zu 50 m³ Fassungsvermögen und bis zu 3,0 m Höhe außer ortsfesten Behältern für brennbare oder schädliche Flüssigkeiten oder für verflüssigte oder nicht verflüssigte Gase und offenen Behältern für Jauche und Flüssigmist,

12. Abwasserbehandlungsanlagen, mit Ausnahme von Gebäuden,

12a. Aufzüge mit Ausnahme solcher in Sonderbauten (§ 54),

Kernenergieanlagen, Sprengstofflager, Füllanlagen

12b. Anlagen, die einer Genehmigung nach § 7 des Atomgesetzes bedürfen,

12c. bauliche Anlagen, die ausschließlich zur Lagerung von Sprengstoffen dienen,

12d. Füllanlagen für Kraftfahrzeuge an Tankstellen,

Einfriedungen, Stützmauern, Brücken

13. Einfriedungen bis zu 2,0 m, an öffentlichen Verkehrsflächen bis zu 1,0 m Höhe über der Geländeoberfläche, im Außenbereich nur bei Grundstücken, die bebaut sind oder deren Bebauung genehmigt ist,

14. offene Einfriedungen für landwirtschaftlich (§ 201 des Baugesetzbuches) oder forstwirtschaftlich genutzte Grundstücke im Außenbereich,

15. Brücken und Durchlässe bis zu 5,0 m Lichtweite,

16. Stützmauern bis zu 2,0 m Höhe über der Geländeoberfläche,

Bauordnung Nordrhein-Westfalen § 65 BauO NRW Anhang 2

Masten, Antennen und ähnliche Anlagen und Einrichtungen
17. Unterstützungen von Seilbahnen,
18. Parabolantennen mit Reflektorschalen bis zu einem Durchmesser von 1,20 m und bis zu einer Höhe von 10,0 m, sonstige Antennen und Sendeanlagen einschließlich der Masten mit einer Höhe bis zu 10,0 m und zugehörige nach der Nummer 9a zulässige Versorgungseinheiten sowie die Änderung der Nutzung oder der äußeren Gestalt der baulichen Anlage, wenn die Antenne, Sendeanlage oder die Versorgungseinheit in, auf oder an einer bestehenden baulichen Anlage errichtet werden,
19. ortsveränderliche Antennenträger, die nur vorübergehend aufgestellt werden,
20. Blitzschutzanlagen,
21. Signalhochbauten der Landesvermessung,
22. Fahnenmasten,
23. Flutlichtanlagen bis zu 10,0 m Höhe über der Geländeoberfläche,

Stellplätze, Abstellplätze, Lagerplätze
24. nicht überdachte Stellplätze für Personenkraftwagen und Motorräder bis zu insgesamt 100 m²,
25. überdachte und nicht überdachte Fahrradabstellplätze bis zu insgesamt 100 m²,
26. Ausstellungsplätze, Abstellplätze und Lagerplätze bis zu 300 m² Fläche außer in Wohngebieten und im Außenbereich,
27. unbefestigte Lagerplätze, die einem land- oder forstwirtschaftlichen Betrieb dienen, für die Lagerung land- oder forstwirtschaftlicher Produkte,

Bauliche Anlagen in Gärten und zur Freizeitgestaltung
28. bauliche Anlagen, die der Gartengestaltung oder der zweckentsprechenden Einrichtung von Gärten dienen, wie Bänke, Sitzgruppen, Pergolen,
29. bauliche Anlagen, die der zweckentsprechenden Einrichtung von Sport- und Spielflächen dienen, die Tore für Ballspiele, Schaukeln und Klettergerüste, ausgenommen Tribünen,
30. Wasserbecken bis zu 100 m³ Fassungsvermögen außer im Außenbereich,
31. Landungsstege,
32. Sprungschanzen und Sprungtürme bis zu 10,0 m Höhe,

Anhang 2   BauO NRW   § 65   Bauordnung Nordrhein-Westfalen

Werbeanlagen, Warenautomaten

33. Werbeanlagen und Hinweiszeichen nach § 13 Abs. 3 Nr. 3 bis zu einer Größe von 1 m²,
33a. Werbeanlagen in durch Bebauungsplan festgesetzten Gewerbe-, Industrie- und vergleichbaren Sondergebieten an der Stätte der Leistung, an und auf Flugplätzen, Sportanlagen, an und in abgegrenzten Versammlungsstätten, sowie auf Ausstellungs- und Messegeländen, soweit sie nicht in die freie Landschaft wirken,
33b. Werbeanlagen im Geltungsbereich einer Satzung nach § 86 Abs. 1 Nr. 1, wenn die Satzung Festsetzungen über Art, Größe und Anbringungsort der Werbeanlagen enthält und die Werbeanlagen diesen Festsetzungen entsprechen,
34. Werbeanlagen für zeitlich begrenzte Veranstaltungen, insbesondere für Ausverkäufe und Schlussverkäufe an der Stätte der Leistung, jedoch nur für die Dauer der Veranstaltung,
35. Werbeanlagen, die an der Stätte der Leistung vorübergehend angebracht oder aufgestellt sind, soweit sie nicht fest mit dem Boden oder anderen baulichen Anlagen verbunden sind,
36. Warenautomaten,

Vorübergehend aufgestellte oder genutzte Anlagen

37. Gerüste und Hilfseinrichtungen zur statischen Sicherung von Bauzuständen,
38. Baustelleneinrichtungen einschließlich der Lagerhallen, Schutzhallen und Unterkünfte,
39. Behelfsbauten, die der Landesverteidigung, dem Katastrophenschutz oder der Unfallhilfe für kurze Zeit dienen,
40. bauliche Anlagen, die zu Straßenfesten, Märkten und ähnlichen Veranstaltungen nur für kurze Zeit aufgestellt werden und die keine Fliegenden Bauten sind,
41. bauliche Anlagen, die für höchstens drei Monate auf genehmigtem Messe- und Ausstellungsgelände errichtet werden, ausgenommen Fliegende Bauten,

Sonstige bauliche Anlagen und Einrichtungen

41a. Zugänge und Zufahrten, ausgenommen solche nach § 5,
42. selbstständige Aufschüttungen oder Abgrabungen bis zu 2,0 m Höhe oder Tiefe, im Außenbereich nur, wenn die Aufschüttungen und Abgrabungen nicht mehr als 400 m² Fläche haben,
43. Regale mit einer Lagerhöhe (Oberkante Lagergut) von bis zu 7,50 m Höhe,

Bauordnung Nordrhein-Westfalen § 65 BauO NRW Anhang 2

44. Anlagen zur Nutzung erneuerbarer Energien:
    a) Solaranlagen in, an und auf Dach- und Außenwandflächen oder als untergeordnete Nebenanlagen,
    b) Kleinwindanlagen bis zu 10 m Anlagengesamthöhe, außer in reinen, allgemeinen und besonderen Wohngebieten, sowie Mischgebieten,
45. Denkmale, Skulpturen und Brunnenanlagen sowie Grabdenkmale und Grabsteine auf Friedhöfen,
46. Brunnen,
47. Fahrzeugwaagen,
48. Hochsitze,
49. unbedeutende bauliche Anlagen und Einrichtungen, soweit sie nicht durch die Nummern 1 bis 48 erfasst sind, wie Teppichstangen, Markisen, nicht überdachte Terrassen sowie Kleintierställe bis zu 5 m³.

(2) Keiner Baugenehmigung bedürfen ferner:
1. eine geringfügige, die Standsicherheit nicht berührende Änderung tragender oder aussteifender Bauteile innerhalb von Gebäuden; die nicht geringfügige Änderung dieser Bauteile, wenn eine Sachkundige oder ein Sachkundiger der Bauherrin oder dem Bauherrn die Ungefährlichkeit der Maßnahme schriftlich bescheinigt,
2. die Änderung der äußeren Gestaltung durch Anstrich, Verputz, Verfugung, Dacheindeckung, durch Einbau oder Austausch von Fenstern und Türen, Austausch von Umwehrungen sowie durch Bekleidungen und Verblendungen; dies gilt nicht in Gebieten, für die eine örtliche Bauvorschrift nach § 86 Abs. 1 Nr. 1 oder 2 besteht,
3. die mit Solaranlagen in, an und auf Dach- und Außenwandflächen verbundene Änderung der Nutzung oder der äußeren Gestalt des Gebäudes,
4. die mit Kleinwindanlagen bis zu 10 m Anlagengesamthöhe verbundene Änderung der Nutzung oder der äußeren Gestalt des Gebäudes, außer in reinen, allgemeinen und besonderen Wohngebieten, sowie Mischgebieten,
5. Nutzungsänderungen, wenn die Errichtung oder Änderung der Anlage für die neue Nutzung genehmigungsfrei wäre,
6. das Auswechseln von gleichartigen Teilen haustechnischer Anlagen, wie Abwasseranlagen, Lüftungsanlagen und Feuerungsanlagen,
7. das Auswechseln von Belägen auf Sport- und Spielflächen,

8. die Instandhaltung von baulichen Anlagen sowie anderen Anlagen und Einrichtungen.

(3) Der Abbruch oder die Beseitigung von baulichen Anlagen sowie anderen Anlagen und Einrichtungen nach Absatz 1 bedarf keiner Baugenehmigung. Dies gilt auch für den Abbruch oder die Beseitigung von

1. genehmigungsfreien Anlagen nach § 66,
2. Gebäuden bis zu 300 m³ umbauten Raum,
3. ortsfesten Behältern,
4. luftgetragenen Überdachungen,
5. Mauern und Einfriedungen,
6. Schwimmbecken,
7. Regalen,
8. Stellplätzen für Kraftfahrzeuge,
9. Lager- und Abstellplätzen,
10. Fahrradabstellplätzen,
11. Camping- und Wochenendplätzen,
12. Werbeanlagen.

(4) Die Genehmigungsfreiheit entbindet nicht von der Verpflichtung zur Einhaltung der Anforderungen, die in diesem Gesetz, in Vorschriften aufgrund dieses Gesetzes oder in anderen öffentlich-rechtlichen Vorschriften gestellt werden.

…

3.
Rechts- und Verwaltungsvorschriften der Länder zum Kleingartenrecht

Stand: März 2014

Baden-Württemberg[1])	– Verordnung des Ministeriums Ländlicher Raum über die Zuständigkeiten im Kleingartenrecht (KleingZuVO) vom 30.9.1992 (GBl Nr. 26 S. 687)
	– Verwaltungsvorschrift des Ministeriums Ländlicher Raum über die Anerkennung und Prüfung der kleingärtnerischen Gemeinnützigkeit nach dem BKleingG vom 28.12.2006 (GABl v. 2007 S. 90); geändert durch Verwaltungsvorschrift vom 17.7.2013 (GABl S. 395)
Bayern	– Gesetz über Zuständigkeiten im Kleingartenrecht und über die Aufhebung von Zuständigkeiten im Siedlungs- und Wohnungsrecht vom 6.8.1986 (Bay. GVBl S. 217)
	– Bekanntmachung des Bayerischen Staatsministeriums des Innern vom 30.4.1987: „Vollzug des BKleingG; Anerkennung und Überwachung der kleingärtnerischen Gemeinnützigkeit" Bay. MABl S. 272 i.d.F. der Bekanntmachung vom 9.9.1987 (Bay. MABl S. 696), zuletzt geändert durch Bek. 7.12.2001 (AllMBl S. 850)
	– Richtlinien des Landesverbandes bayerischer Kleingärtner e. V. für die Bewertung von Anpflanzungen und Anlagen nach § 11 Abs. 1 des Bundeskleingartengesetzes – Bewertungsrichtlinien – Fassung Oktober 2000 (AllMBl S. 729)
	– Genehmigung der o. a. Richtlinien – Bekanntmachung des Bayerischen Staatsministeriums des Innern vom 23.10.2000 (AllMBl S. 728)

---

[1] Die o. g. Vorschriften sind im Gültigkeitsverzeichnis aufgeführt. In das Gültigkeitsverzeichnis nicht aufgenommene Vorschriften haben mit dem Stichtag 1.1.2000 ihre Gültigkeit verloren.

Anhang 3 Kleingartenrecht der Länder

Berlin
- Verwaltungsvorschriften über Kündigungsentschädigungen auf Kleingartenland vom 11.2.2003 (ABl S. 814)
- Allgemeine Anweisung zur Änderung der Allgemeinen Anweisung über die Angleichung des Pachtzinses und der Festsetzung des Wohnlaubenentgeltes für Kleingärten auf landeseigenen Grundstücken gemäß § 20a BKleingG vom 6.7.1993 (ABl S. 2118)
- Verwaltungsvorschriften über die Anerkennung und Überwachung der kleingärtnerischen Gemeinnützigkeit vom 15.9.2009 (ABl S. 2310)
- Verwaltungsvorschriften über Dauerkleingärten und Kleingärten auf landeseigenen Grundstücken vom 15.12.2009 (ABl 2009 S. 2835)
- Zuständigkeiten sind im Allgemeinen Zuständigkeitsgesetz (AZG) i.d.F. vom 22.7.1996 (GVBl S. 302, ber. S. 472) geregelt, zuletzt geändert durch Gesetz vom 16.5.2014 (GVBl S. 122)

Brandenburg
- Verordnung über Zuständigkeiten im Kleingartenrecht vom 3.4.1993 (GVBl Nr. 26 S. 190)
- Anerkennung und Entzug der kleingärtnerischen Gemeinnützigkeit von Kleingärtnerorganisationen sowie regelmäßige Prüfung der Geschäftsführung der als kleingärtnerisch gemeinnützig anerkannten Kleingärtnerorganisationen vom 22.4.1993 (ABl Nr. 46 S. 938)
- Genehmigung der Richtlinie des Landesverbandes Brandenburg der Gartenfreunde e. V. für die Bewertung von Anpflanzungen, Gartenlauben, Garteneinrichtungen und sonstigen Anlagen in Kleingärten bei Kündigungsentschädigung nach § 11 Abs. 1 BKleingG (Amtl. Anz. Nr. 8, 2006 S. 267 ff.)

Bremen
- Bekanntmachung über die Zuständigkeit zur Anerkennung der kleingärtnerischen Gemeinnützigkeit nach dem Bundeskleingartengesetz vom 10.4.1984 (ABl S. 165); zuletzt geändert durch Bekanntmachung vom 20.7.1988 (ABl S. 227)

	– Zulässige Nutzung und Bebauung der Dauerkleingartengebiete, die durch Bebauungspläne festgesetzt oder im Flächennutzungsplan dargestellt sind (Dienstanweisung der Freien Hansestadt Bremen MinLand Nr. 263 10/89 S. V vom 29.8.1989)
Hamburg	– Verwaltungsvorschrift der Umweltbehörde über die Anerkennung, die Prüfung und den Widerruf der kleingärtnerischen Gemeinnützigkeit vom 8.7.1985 (Amtl. Anzeiger S. 1266)
	– Bauaufsichtliche Anforderungen an Nutzungen in Kleingartenanlagen – Fachliche Weisung BOA 1/1985 – (Hamburger Gartenfreund, 6/1985)
	– Richtlinien für die Schätzung von Kleingärten bei Pächterwechsel vom 15.10.2001
	– Anordnung über Zuständigkeiten im Kleingartenwesen vom 10.7.1984 (Amtl. Anzeiger S. 1185), zuletzt geändert durch Bek. vom 28.12.1984 (Amtl. Anzeiger S. 1185)
Hessen[1])	
Mecklenburg-Vorpommern	– Landesverordnung über die zuständigen Behörden nach dem BKleinG vom 30.9.1992 (GVBl Nr. 24 S. 575), zuletzt geändert durch VO vom 14.11.1994 (GVBl S. 1049)
	– Bekanntmachung des Ministeriums für Ernährung, Landwirtschaft, Forsten und Fischerei über die Genehmigung der Richtlinie für die Schätzung von Kleingärten bei Parzellenwechsel und bei Räumung von Kleingärten/Kleingartenanlagen im Landesverband der Gartenfreunde Mecklenburg und Vorpommern e. V. (Schätzungsrichtlinie) vom 13.12.2001 (ABl S. 1462)

---

1) Nach der Gemeinsamen Anordnung zur Bereinigung der für die Geschäftsbereiche des Ministerpräsidenten und der Ministerinnen und Minister erlassenen Verwaltungsvorschriften vom 28.11.2000 treten die Verwaltungsvorschriften, die vor dem 6.7.1999 erlassen wurden, zehn Jahre, soweit sie danach erlassen wurden, fünf Jahre nach Ablauf des Erlassjahres ohne besondere Aufhebung außer Kraft. Mit dem Ablauf des Jahres 2000 sind sämtliche der Erlassbereinigung unterliegenden Vorschriften – hierzu gehören auch die Ausführungsvorschriften zum BKleingG –, die vor dem 1.1.1991 erlassen worden sind, außer Kraft getreten. Im „Amtlichen Verzeichnis hessischer Verwaltungsvorschriften" sind für den Bereich des BKleingG keine Verwaltungsvorschriften nachgewiesen.

- Bekanntmachung des Landwirtschaftsministers – Richtlinie über die kleingärtnerische Gemeinnützigkeit (Gemeinnützigkeitsrichtlinie) vom 4.5.2010 (ABl 2005, Nr. 17 S. 323)
- Richtlinie zur Förderung des Kleingartenwesens in Mecklenburg-Vorpommern; Bekanntmachung des Ministeriums für Landwirtschaft, Umwelt und Verbraucherschutz vom 4.5.2010 (ABl S. 317)

Niedersachsen
- Allgemeine Zuständigkeitsverordnung für die Gemeinden und Landkreise zur Ausführung von Bundesrecht (Allg.Zust.VO-Kom.) vom 13.10.1998 (GVBl S. 661), zuletzt geändert durch Art. 1 der VO vom 1.12.1999 (Nds. GVBl S. 400) – § 3 Zuständigkeit der Gemeinden für die Anerkennung der kleingärtnerischen Gemeinnützigkeit und der Übertragung der Verwaltung
- Richtlinien über die Gewährung von Landesmitteln zur Förderung von Dauerkleingärten vom 8.8.1989 (Nds. MBl S. 1022)
- Genehmigung der Richtlinien der Landesverbände Braunschweig, Niedersachsen und Ostfriesland der Kleingärtner für die Bewertung von Anpflanzungen und Anlagen nach § 11 Abs. 1 des Bundeskleingartengesetzes (BKleingG) – Bewertungsrichtlinien – Bekanntmachung des MI vom 12.7.2001 (Nds. MBl 2001, S. 638)

Nordrhein-Westfalen
- Richtlinien über die Gewährung von Zuwendungen zur Förderung von Dauerkleingärten vom 26.11.1992 (MBl NW Nr. 79 S. 1856) i.d.F. des RdErl vom 10.11.2004 (MBl S. 976)
- Verordnung über die Zuständigkeiten auf dem Gebiet des Kleingartenwesens vom 19.12.1995 (GVBl S. 41) i.d.F. der VO vom 6.11.2001 (GVBl S. 798)
- Verwaltungsvorschriften über die Anerkennung und Prüfung der kleingärtnerischen Gemeinnützigkeit nach dem BKleingG vom 21.2.2002 (MBl. S. 492)

Rheinland-Pfalz –	Landesverordnung über Zuständigkeiten nach dem Bundeskleingartengesetz vom 31.10.1984 (GVBl S. 225), zuletzt geändert durch das Landesgesetz zur Anpassung und Ergänzung von Zuständigkeitsbestimmungen vom 6.7.1998 (GVBl S. 171, 176)
	– Vollzug des Bundeskleingartengesetzes; hier: Anerkennung und Überwachung der kleingärtnerischen Gemeinnützigkeit. Verwaltungsvorschrift des Ministers der Finanzen vom 20.2.1985 (MinBl S. 94)
Saarland	– Richtlinien über die Anerkennung der Gemeinnützigkeit von Kleingärtnervereinen und Führung der Gemeinnützigkeitsaufsicht (Gemeinnützigkeitsrichtlinien). Erlass des Ministers der Finanzen vom 1.1.1987 (GMBl Saarl. 1987, S. 33)
	– Richtlinien für die Bewertung von Anpflanzungen und Anlagen nach § 11 Abs. 1 des BKleingG vom 19.2.1997 (GMBl S. 88)
	– Richtlinien über die Gewährung von Zuwendungen zur Förderung von Dauerkleingärten vom 24.9.1990 (AmtsBl Saarl. v. 8. 11 1990 S. 1145)
Sachsen	– Gesetz über die Anerkennung der Gemeinnützigkeit von Kleingärtnervereinen und die Führung der Gemeinnützigkeitsaufsicht vom 12.12.2000 (GVBl S. 534), zuletzt geändert durch Gesetz vom 5.8.2009 (GVBl S. 447)
	– Verwaltungsvorschrift des Sächsischen Staatsministeriums für Umwelt und Landwirtschaft zur Durchführung des Gesetzes über die Anerkennung der Gemeinnützigkeit von Kleingartenvereinen und die Führung der Gemeinnützigkeitsaufsicht (VwV Kleingärtnerische Gemeinnützigkeit) vom 26.6.2002 (Sächs. ABl S. 845)
	– Genehmigung einer Richtlinie für die Wertermittlung gemäß § 11 Abs. 1 Satz 2 BKleingG des Landesverbandes Sachsen der Kleingärtner e. V. vom 22.7.2009 (Sächs. ABl S. 1279); veröffentlicht auf der Internetseite des Landesverbandes Sachsen der Kleingärtner e. V.

Anhang 3 Kleingartenrecht der Länder

Sachsen-Anhalt
- Allgemeine Zuständigkeitsverordnung für die Gemeinden und Landkreise zur Ausführung von Bundesrecht (AllgZustVO-Kom) vom 7.5.1994 (GVBl S. 568), zuletzt geändert durch 3. ÄndVO vom 9.12.1998 (GVBl S. 476) – § 1 Nr. 11 Zuständigkeit der Landkreise und kreisfreien Städte für die Anerkennung der kleingärtnerischen Gemeinnützigkeit
- Genehmigung der geänderten Rahmenrichtlinie für die Wertermittlung in Kleingärten; Bekanntmachung des MRLU vom 25.9.2001 (MBl LSA, S. 950)

Schleswig-Holstein
- LandesVO zur Bestimmung der zuständigen Behörde für die Anerkennung der Gemeinnützigkeit von Kleingärtnerorganisationen vom 21.6.2010 (GVOBl. S. 490)
- Richtlinien über die Anerkennung der Gemeinnützigkeit von Kleingärtnervereinen und Führung der Gemeinnützigkeitsaufsicht (Gemeinnützigkeitsrichtlinien); Erlass vom 14.7.2010 (ABl S. 537)
- Richtlinien des LV Schleswig-Holstein für die Bewertung und Entschädigung von Anpflanzungen und Anlagen nach § 11 Abs. 1 des Bundeskleingartengesetzes (BKleingG) (Bewertungsrichtlinien); Bekanntmachung des Ministeriums für Landwirtschaft, Umwelt und ländliche Räume vom 2.4.2012 (ABl S. 362)

Thüringen[1])
- Bekanntmachung des Thüringer Ministeriums für Landwirtschaft, Naturschutz und Umwelt über die Genehmigung einer Bewertungsrichtlinie nach § 11 Abs. 1 BKleingG vom 13.4.2004 (Thür. StAnz. S. 1342) in der genehmigten Fassung vom 21.11.2012
- Richtlinie für die Anerkennung und Prüfung der kleingärtnerischen Gemeinnützigkeit nach dem BKleingG vom 30.7.2008 (Thür. StAnz. S. 1484) in der Fassung der 1. Änderung vom 3.12.2012 (Thür. StAnz. 2013 S. 7)

---

1) Die aktuelle BewertungsRL ist einzusehen bei: Landesverband Thüringen der Gartenfreunde e. V., Riethstr. 33/68, 99089 Erfurt.

Stichwortverzeichnis

Die halbfett gesetzten Ziffern beziehen sich auf die Vorschriften:
1 BKleingG, **2** BKleingÄndG, **3** SchuldRÄndG, **4** BGB, **5** EGBGB, **6** SachenRBerG, **7** BauGB, **8** BNatSchG, **9a** BewG, **9b** BewG DDR, **10** GrStG, **11** VermG, **12** ZGB, **13** VereinG, **14** DVO zum VereinG – wobei die in halbfett gesetzten Ziffern die Platzierung der Vorschrift im Buch angeben, die mager gesetzten den Paragraphen bzw. die Nummer

A

Aufwendungen
– Erstattungen von **Einl.** 3.4.4 f.; **1** 5

B

BauGB
– Bauleitplanung **7** 1
– Enteignung **7** 85
– Erschließung **7** 123
– Erschließungsbeitrag **7** 127
– Gutachterausschuss **7** 192
– Teilung **7** 19
– Umlegung **7** 45
– Wertermittlung **7** 192
– Zulässigkeit von Vorhaben **7** 30, 35

Bauleitplanung
– Bebauungsplan **7** 8 ff.
– Flächennutzungsplan **7** 5 ff.
– Öffentlichkeitsbeteiligung **7** 3
– Planaufstellung **7** 2, 33
– Satzung **7** 10
– Träger öffentlicher Belange **7** 4

Bauordnung NRW
– Bauaufsicht **Anhang 2** 60
– Begriffe **Anhang 2** 2
– Vorhaben
  – genehmigungsbedürftige **Anhang 2** 63
  – genehmigungsfreie **Anhang 2** 65

Beglaubigung
– öffentliche **4** 129

Bestandsschutz **Einl.** 7.6; **1** 20a; siehe auch Sonderregelungen in den neuen Ländern

Bestandteile **1** 16, 20a
– wesentliche **4** 93 f.

Beurkundung **4** 129

Bewertungsgesetz
– Grundvermögen **9a** 68
– land- und forstwirtschaftliches Vermögen **9a** 33, 69

Bewertungsgesetz (DDR) **9b** 10
– Grundvermögen **9b** 50

Bundeskleingartengesetz (BKleingG) **1**

Bundesnaturschutzgesetz **8**
– Verhältnis zum Baurecht **8** 18

Bürgerliches Gesetzbuch (BGB) **4**
– Fristen **4** 187 ff.
– Miete **4** 535 ff.
– Pacht **4** 581
– Sachen **4** 90
– Scheinbestandteile **4** 95
– Treu und Glauben **4** 535
– Vereine **4** 21, 24 f., 54
– Willenserklärungen **4** 130, 132 f.

D

Dauerkleingärten **Einl.** 1.3; **1**; **1** 14 f.

Durchführungsverordnung zum Vereinigungsgesetz **14** 1 ff.

E

Einführungsgesetz zum BGB
– Besitz **5** 1 Art. 233
– Eigentumsinhalt **5** 2 Art. 233

- Sachen **5** 5 Art. 231
- Vereine **5** 2 Art. 231
- Vertragsmoratorium **5** 4a Art. 232

Erholungsanlagen **Einl.** 1.2

Ersatzland **Einl.** 4; **1** 14

F

Freizeitanlagen **Einl.** 1.2

Fristen **4** 187 ff.

Früchte **4** 99

G

Gartenlauben s. Laube

Gemeinschaftseinrichtungen **Einl.** 1

Gesetz zur Änderung des BKleingG **2** Art. 1

Grundsteuergesetz
- Hebesatz **10** 25
- Steuermessbetrag **10** 13
- Steuermesszahl **10** 13, 15

K

Kleingartenanlage **Einl.** 1.1; **1**

Kleingartenbegriff **Einl.** 1.1; **1**

Kleingartenpachtverträge **Einl.** 3; **1** 4

Kleingartenrecht
- Dienstbarkeiten **6** 116
- Mitbenutzungsrechte **5** 5 Art. 233
- Überleitung **6** 118

Kleingärtnerische Gemeinnützigkeit **Einl.** 3.2; **1** 2

Kleingärtnerische Nutzung **Einl.** 1.1 f.; **1**

Kostenüberwälzung
- öff.-rechtliche Lasten **Einl.** 3.4.5; **1** 5

Kündigung
- fristlose **Einl.** 3.5; **1** 8 ff.; **4** 543
- ordentliche **Einl.** 3.5.2; **1** 9
- Schriftform **1** 7
- von Zwischenpachtverträgen **Einl.** 3.5.4; **1** 10

Kündigungsentschädigung **Einl.** 3.6; **1** 11

Kündigungsfrist **Einl.** 3.5.3; **1** 9

Kündigungsgründe
- andere wirtschaftliche Verwertung **1** 9
- Eigenbedarf **1** 9
- Neuordnung der Kleingartenanlage **1** 9
- Pflichtverletzungen **1** 9
- Planverwirklichung **1** 9

L

Laube
- Ausstattung **1** 3
- Größe **Einl.** 2; **1** 3
- Ungeeignetheit zum Wohnen **Einl.** 2; **1** 3
- Ver- und Entsorgung **Einl.** 2

M

Mietrecht **4** 535 ff.
- Fortsetzung nach Veräußerung des Grundstücks **4** 566
- Räumungspflicht **4** 546
- Verlängerung nach Kündigung **4** 545
- Wegnahmerecht des Mieters **4** 539

N

Nutzungen **4** 100

Nutzungsrecht **5** 4 Art. 232, 4a Art. 232; **12** 287 ff.

Nutzungsverhältnisse **Einl.** 7.1

O

Öffentlich-rechtliche
- Beiträge **Einl.** 3.4.5
- Erstattung **Einl.** 3.4.5
- Gebühren **Einl.** 3.4.5
- Grundsteuer s. auch BewG, GrStG **Einl.** 3.4.5

P

Pachtrecht **4** 581
- Ermittlung **Einl.** 3.4
- Kündigung **4** 584 f.

Stichwortverzeichnis

Pachtzins **1** 5
- Anpassung an Höchstpacht **Einl.** 3.4.3; **1** 5
- Ermittlung **Einl.** 3.4.3; **1** 5
- Pachtobergrenze **Einl.** 3.4.1; **1** 5; **2** Art.1

S

Sachenrechtsbereinigungsgesetz **6**

Scheinbestandteile **4** 95

Schriftform **4** 126

Schuldrechtsänderungsgesetz **3**

Schuldrechtsanpassungsgesetz **3**
- Kleingartenanlagen **3** 2
- Mängel, Heilung von **3** 19

Sonderregelungen in den neuen Ländern
- Bestandsschutz **1** 20a
- Eigentum an baulichen Anlagen **Einl.** 7.2
- gemeindeeigenes Land **Einl.** 7.3; **1** 20a
- Überleitung von Nutzungsverhältnissen **Einl.** 7.1; **1** 20a
- Vertragseintritt, gesetzlicher **1** 20a; **3** 8
- Zwischenpachtprivileg **Einl.** 7.4; **1** 20a
- Zwischenpachtverhältnisse **3** 20b

T

Teilnichtigkeit **4** 188; siehe auch Textform, Schriftform

Teilung **7** 19

Textform **4** 126b

V

Verein
- Auflösung **4** 41
- Austritt aus dem **4** 39
- Eintragung des **4** 55 ff.
- Liquidation des **4** 47 f.
- Mitglieder **4** 32, 56
- nichtrechtsfähiger **Einl.** 7.4; **4** 25
- rechtsfähiger **Einl.** 7.4; **4** 25
- Rechtsfähigkeit **4** 21, 43
- Registrierung **Einl.** 7.4
- Satzung **4** 21, 33, 57
- Überleitungsrecht **1** 20a f.
- Vereinsregister **4** 21, 55
- Vorstand **4** 26 ff.

Vereinigungen **5** 2 Art. 231
- Bildung von **5** 2 Art. 231
- nichtrechtsfähige **5** 2 Art. 231
- rechtsfähige **5** 2 Art. 231

Verjährung **4** 194 ff.

Vermögensgesetz **11** 1
- Vertragseintritt **11** 17

Vertrag
- Auslegung **4** 133

W

Willenserklärungen
- Auslegung **4** 133
- Zugang **4** 130
- Zustellung **4** 132

Wochenendsiedlergärten **Einl.** 1.2

Z

Zivilgesetzbuch der ehem. DDR
- Eigentum an Baulichkeiten **12** 296
- Einzelnutzungsverträge **12** 312 ff.
- Hauptnutzungsverträge **12**; **12** 45
- Mitbenutzungsrechte **12** 321

Zubehör **4** 97

Zulässigkeit von Vorhaben
- Außenbereich **7** 35
- Innenbereich **7** 34
- Planbereich **7** 30

Zwangspacht **Einl.** 5; **1** 15

Zwischenpacht **Einl.** 3.1; **1** 4

Zwischenpächterzuschlag **Einl.** 3.4.2